"十三五"国家重点图书出版规划项目
2017年主题出版重点出版物

复兴之路
中国改革开放40年回顾与展望丛书

从计划到市场

中国计划投资体制改革40年

郑新立 徐伟 綦鲁明 ◎ 著

广东经济出版社
— 广州 —

图书在版编目（CIP）数据

从计划到市场：中国计划投资体制改革40年/ 郑新立，徐伟，綦鲁明著. —广州：广东经济出版社，2017.9（2018.4重印）
ISBN 978-7-5454-5808-4

Ⅰ.①从… Ⅱ.①郑… ②徐… ③綦… Ⅲ.①中国经济-经济体制改革-研究 Ⅳ.①F121

中国版本图书馆CIP数据核字（2017）第236541号

出 版 人：姚丹林
责任编辑：周 晶 毛一飞
责任技编：许伟斌

Cong Jihua Dao Shichang
Zhongguo Jihua Touzi Gaige 40 Nian

出版发行	广东经济出版社（广州市环市东路水荫路11号11~12楼）
经销	全国新华书店
印刷	中华商务联合印刷（广东）有限公司 （深圳市龙岗区平湖镇春湖工业区中商大厦）
开本	787毫米×1092毫米 1/16
印张	22 2插页
字数	342 000字
版次	2017年9月第1版
印次	2018年4月第2次
书号	ISBN 978-7-5454-5808-4
定价	58.00元

如发现印装质量问题，影响阅读，请与承印厂联系调换。
发行部地址：广州市环市东路水荫路11号11楼
电话：(020) 38306055 37601950 邮政编码：510075
邮购地址：广州市环市东路水荫路11号11楼
电话：(020) 37601980 营销网址：http://www.gebook.com
广东经济出版社新浪官方微博：http://e.weibo.com/gebook
广东经济出版社常年法律顾问：何剑桥律师
·版权所有 翻印必究·

复兴之路——中国改革开放40年回顾与展望丛书

编委会
EDITORIAL BOARD

编委会主任

魏礼群

编委会副主任

张卓元　迟福林

编　委

（按姓氏汉语拼音排序）

蔡　武　曹远征　常修泽
迟福林　贾　康　李晓西
隆国强　宋洪远　宋晓梧
王　珺　魏礼群　张卓元
郑新立

总序
PREFACE

坚定不移推进改革开放
实现中华民族伟大复兴

实现中华民族伟大复兴，是中华民族近代以来最伟大的梦想。这个梦想，凝聚了几代中国人的夙愿，体现了中华民族和中国人民的整体利益，是每一个中华儿女的共同期盼。为了实现中华民族伟大复兴的中国梦，中国共产党人进行了长期不懈的奋斗和极为艰辛的探索。经过深刻总结历史经验，科学认识中国国情，顺应时代发展潮流，终于找到了一条正确道路。这条道路，就是中国特色社会主义道路，而改革开放则是中国特色社会主义道路最鲜明的特征。

1978年底，中国共产党召开具有重大历史意义的十一届三中全会，开启了改革开放的伟大征程。改革开放是我们党在新的时代条件下带领人民进行的新的伟大革命，目的就是要解放和发展生产力，加快推进国家现代化；就是要推动我国社会主义制度的自我完善和发展，赋予社会主义新的生机活力；就是要在坚持和发展中国特色社会主义的伟大事业中，实现国家富强、人民幸福、民族振兴。回顾改革开放的历史进程，我们党和人民锐意推进改革，从农村到城市、从经济领域到其他各个领域，成功实现了从高度集中的计划经济体制到充满活力的社会主义市场经济体制的伟大历史性转变；我们不断扩大对外开放，从建立经济特区到开放沿海、沿江、沿边、内陆地区，再到加入世界贸易组织、主动参与经济全球化和提出"一带一路"倡议，从大规模"引进来"到大踏步"走出去"，成功实现了从封闭半封闭到全方位开放的伟大历史性转变。我们在深化经济体制改革的同时，不断深化政治体制、行政体制、文化体制、社会体制、生态文明体制改革和党的建设制度改革，在推进国家治理体系和治理能力现代化方面不断迈出新的步伐。

改革开放以来，我国经济社会发展创造了人类史上的伟大奇迹，经济总量连续跃上几个大台阶，综合国力大幅提升，全国人民总体上过上小康生活，城乡面貌焕然一新。同时，我国政治建设、文化建设、社会建设、生态文明建设等各领域各方面都取得了举世公认的巨大成就，中国的国际地位越来越高，影响力越来越大。现在，我们比历史上任何时期都更接近中华民族伟大复兴的目标。实践充分证明，改革开放是当代中国一切发展进步的动力之源，是全国人民大踏步赶上时代潮流的重要法宝，是坚持和发展中国特色社会主义的必由之路，是实现国家现代化和中华民族伟大复兴中国梦的关键抉择。

习近平总书记指出："改革开放只有进行时，没有完成时。没有改革开放，就没有中国的今天，也就没有中国的明天。"这是对我国改革开放以来走过道路的深刻总结，也是实现未来更加美好目标的根本遵循。无论过去、现在和将来，坚持和发展中国特色社会主义都必须坚定不移地依靠改革开放。具有重大历史意义的中国共产党第十九次全国代表大会即将隆重召开，这是在全面建成小康社会决胜阶段召开的一次十分重要的大会。当前，我国不仅处于全面建成小康社会、实现第一个百年奋斗目标的决胜阶段，还处于为实现第二个百年奋斗目标，即建成社会主义现代化强国奠定基础的关键时期。我们必须按照习近平总书记治国理政新理念新思想新战略，在已经取得历史性成就的基础上，不忘初心，继往开来，坚定不移地推进改革开放的伟大事业，为我国未来发展开辟更为广阔的前景，继续沿着中华民族伟大复兴的康庄大道奋勇前进。

2018年，我国将迎来改革开放40周年。为此，广东经济出版社、中国（海南）改革发展研究院联袂策划并组织出版"复兴之路——中国改革开放40年回顾与展望丛书",献礼党的十九大,献礼我国改革开放40周年。这套丛书共13本,分别针对行政体制改革、计划投资体制改革、现代市场体系建设、所有制结构改革、农村改革、财税体制改革、金融体制改革、对外开放、社会体制改革、文化体制改革、环保体制改革等重点领域,从不同角度客观记录我国改革开放40年的历史进程,并展望改革开放的未来趋势。

这套丛书的主编和作者大多是相关领域知名的专家学者,也是我国改革开放的亲历者、见证者,这套丛书集结了他们长期亲历和研究我国改革开放的重要成果,凝聚了他们对改革开放伟大事业的一腔热情。广东经济出版社对这套丛书的出版给予了全力支持;作为以直谏中国改革为己任的改革智库,中国(海南)改革发展研究院为此书的策划、出版作出了重要贡献。作为编委会主任,我对为这套丛书付出艰辛努力的各位编委会成员、作者,对出版社的领导、编辑表示由衷的感谢!

这套丛书跨越多个领域,力图客观地反映改革开放伟大历程中的理论探索与实践经验,意义重大且任务艰巨,难免有不足之处,欢迎读者批评指正。

魏礼群

2017年7月

目 录

前言 / 1

第一章 高度集中的计划经济体制束缚了生产力发展 / 1
第一节 高度集中的计划经济体制理论来源 / 1
第二节 照抄照搬苏联计划经济体制 / 4
第三节 工业化初期计划经济体制的作用 / 7
第四节 高度集中的计划经济体制的弊端 / 8
第五节 改革开放前30年对新体制的探索 / 12

第二章 对计划经济体制在认识和实践上的不断突破 / 16
第一节 商品经济大讨论 / 17
第二节 提出有计划的商品经济 / 19
第三节 计划和市场两种手段都要用 / 22
第四节 国家调节市场,市场引导企业 / 30
第五节 简政放权,放开搞活 / 33

第三章 确立社会主义市场经济体制 / 38
第一节 社会主义市场经济体制基本架构 / 38
第二节 计划在宏观调控体系中的功能 / 43
第三节 市场对资源配置的决定性作用 / 47

　　　　第四节　更好地发挥政府的作用 / 50
　　　　第五节　计划发挥作用的途径 / 53

第四章　不断完善计划体系 / 56
　　　　第一节　年度宏观调控目标的提出 / 57
　　　　第二节　五年计划的编制和作用 / 64
　　　　第三节　长期发展目标和战略 / 67
　　　　第四节　重要发展任务的专项规划 / 68
　　　　第五节　各类发展规划的衔接 / 71

第五章　产业发展政策的制定及功能 / 74
　　　　第一节　对关系国计民生的重要产业的政策 / 74
　　　　第二节　对战略性新兴产业发展的扶持政策 / 78
　　　　第三节　产业政策从选择性向功能性的转变 / 81
　　　　第四节　转变经济增长方式的提出与实践 / 84
　　　　第五节　转变发展方式的提出与进展 / 94
　　　　第六节　加强供给侧结构性改革 / 105

第六章　从科学发展观到五大发展理念 / 116
　　　　第一节　科学发展观的提出与内涵 / 116
　　　　第二节　五大发展理念的提出与内涵 / 120
　　　　第三节　从以人为本到以人民为中心 / 126
　　　　第四节　全面小康决胜阶段的任务 / 132
　　　　第五节　跃升高收入国家需聚焦的改革 / 136

第七章　从提高自主创新能力到创新驱动战略 / 142
　　　　第一节　提高自主创新能力是国家发展战略的核心 / 142

第二节　努力推动企业成为创新主体　/ 144

　　第三节　鼓励自主创新的政策和社会环境　/ 147

　　第四节　充分利用国际市场的科技资源　/ 149

　　第五节　大力培养创新型人才　/ 151

第八章　**从统筹城乡发展到城乡一体化发展**　/ 157

　　第一节　建立城乡一体化发展新体制　/ 157

　　第二节　农业现代化不能长期滞后于工业化、城镇化　/ 162

　　第三节　加快新农村建设　/ 166

　　第四节　积极推动农民工市民化　/ 170

　　第五节　改革农村土地制度　/ 173

第九章　**促进区域协调发展的体制和政策**　/ 180

　　第一节　沿海地区率先发展和开放型经济　/ 180

　　第二节　中部地区崛起和产业升级　/ 183

　　第三节　西部沿边开放和特色产业发展　/ 186

　　第四节　东北如何构建经济新优势　/ 191

　　第五节　促进区域协调发展的政策　/ 195

第十章　**不断完善宏观调控体系**　/ 200

　　第一节　在抑制通胀和扩大内需中完善宏观调控体系　/ 201

　　第二节　正确处理稳增长与调结构的关系　/ 206

　　第三节　计划、财税、金融三大调控杠杆形成合力　/ 212

　　第四节　宏观调控应注意适时适度　/ 216

　　第五节　宏观调控着眼于激发经济活力　/ 219

第十一章　投资体制的巨大变革及其影响 / 222

第一节　改革前高度集中的投资权限 / 222

第二节　下放投资审批权的改革效应 / 224

第三节　有心栽花花不开，无心插柳柳成荫 / 227

第四节　民间投资在规范中发展，在发展中规范 / 229

第五节　市场决定资源配置应主要体现在投资权上 / 231

第十二章　建立激励与约束相结合的投资管理体制 / 233

第一节　落实企业投资自主权 / 234

第二节　谁投资、谁受益、谁承担风险 / 237

第三节　建立招标投标制 / 240

第四节　建立工程建设监理制度 / 243

第五节　严格投资项目管理程序 / 246

第十三章　建立政府和社会资本合作投资模式 / 249

第一节　公共产品供给不足是当前的突出矛盾 / 249

第二节　PPP模式是增加公共产品供给的重要途径 / 252

第三节　推行PPP模式需要政府部门协调配合 / 256

第四节　吸引民间投资进入PPP项目 / 258

第五节　加强对PPP项目全过程的监管 / 260

第十四章　改进对投资总规模和投资结构的调控 / 262

第一节　保持投资总规模的合理增长 / 262

第二节　运用多种手段调控投资增速 / 263

第三节　不断优化投资结构 / 264

第四节　正确引导外商投资和到海外投资 / 266

第五节　建立竞争、开放、公平、有序的投资市场 / 270

第十五章 完善投资服务体系 / 274

第一节 建立项目咨询管理体系 / 274

第二节 完善项目融资服务体系 / 278

第三节 健全创意设计服务体系 / 279

第四节 建立投资造价审计体系 / 284

第五节 完善投资法律服务体系 / 286

第十六章 国外宏观调控体系比较与借鉴 / 289

第一节 日本宏观调控体系特点 / 290

第二节 韩国宏观调控体系特点 / 296

第三节 德国宏观调控体系特点 / 306

第四节 美国宏观调控体系特点 / 311

第十七章 进一步完善中国特色宏观调控体系 / 316

第一节 完成"三步走"战略部署对宏观调控的要求 / 316

第二节 深化宏观经济管理体制改革需考虑的因素 / 319

第三节 完善中国特色宏观调控体系的主要任务 / 325

参考文献 / 331

前　言

我国改革开放已经经历了40年的光辉历程，创造了世界经济发展的奇迹。在经济体制改革中最具全局性、决定性意义的改革是计划投资体制改革。由于全面彻底地进行了这项改革，才使我们从传统计划体制转变为社会主义市场经济体制，从而极大地解放了生产力，铸造了中国经济40年的辉煌成就。

是搞计划经济，还是搞市场经济，围绕这一关系改革方向的重大问题，我们从理论和实践上进行了不懈的探索。从计划经济为主、市场调节为辅，到有计划的商品经济，再到社会主义市场经济；从允许发展商品生产和商品交换，到发挥市场对资源配置的基础性作用，再到发挥市场对资源配置的决定性作用和更好地发挥政府的作用。这一改革过程，真实地记录了中国共产党为了中华民族伟大复兴而不断探寻正确发展道路的过程，反映了中国共产党实事求是、追求真理的彻底唯物主义精神。

马克思主义经典作家曾经把计划经济看作是社会主义制度的基本特征之一。在世界上第一个社会主义国家，计划经济也曾经在一个时期内推动了经济特别是重工业的快速增长，并以此为基础成功地击败了法西斯的疯狂进攻，从而避免了社会主义灭亡的命运。新中国成立之初，学习借鉴苏联的经验，建立计划经济体制，就成为一个必然的选择。然而，在经过30多年的实践检验之后，证明计划经济体制不是有利于而是阻碍了生产力的发展。按照生产关系必须适应生产力发展要求的历史唯物主义原理，改革计划经济体制，建立符合经济发展要求的新体制的责任，落在中国共产党人的肩上。正如改革的总设计师邓小平同志所讲，不改革"只能是死路一条"。在解放思想，实事求是，一切从实际出发的思想路线指引下，一场伟大的气势磅礴的改革吹响了号角。

商品经济是人类社会发展的一个不可逾越的历史阶段。中国从半封建半殖民地社会一下子跳到社会主义社会，没有经历过商品经济充分发展的资本主义阶段，以小生产为主要特征的自给自足的自然经济仍然占主体地位。在清醒地认识到我国仍处于社会主义初级阶段之后，我们就打破了对各种旧体制的盲目迷信，着手在旧体制中培育新的适应生产力发展的新体制。指令性计划让位于指导性、预测性计划，突出计划的宏观性、战略性、政策性；下放投资管理权限，让企业成为投资主体；逐步减少政府定价的范围，使越来越多的商品由市场定价；减少以至取消政府分配调拨的物资的品种和比例，交由市场来配置；取消对企业财务统收统支、人员统一调配、工资统一标准等规定，使企业成为独立经营、自负盈亏的市场主体；打破单一公有制，放手发展多种所有制经济；打破"大锅饭"和平均主义，实行按要素贡献的多种分配方式。这些改革的实施，极大地调动了各方面的积极性，释放出巨大的发展潜力，推动了国民经济的腾飞。

改革的成功，还在于实行了正确的实施策略和推进方式。一是允许试，不争论，让实践来证明改革的对错。二是实行渐进式改革，不急于求成。三是制定改革的总体规划和单项规划，使各项改革同步配套推进。四是尊重基层群众的首创精神，把自下而上和自上而下的改革结合起来。五是研究、比较、借鉴各个国家的体制和发展经验，以开放促改革、促发展。六是保持改革、发展、稳定三者之间的统一和协调，通过改革促进发展和稳定，通过发展检验改革的成效，通过保持经济社会的稳定，为改革创造良好的环境。我们在破除传统计划体制的同时，吸收了许多国家宏观管理体制的经验，建立起计划、财税、金融相辅相成的具有中国特色的宏观调控体系，建立起年度计划、中长期计划和专项计划相结合的计划体系。我们没有全盘否定过去，而是吸收过去的经验教训。我们没有搞什么激进式"休克疗法"，实现了从旧体制向新体制的平稳过渡，并在改革中实现了经济快速增长，从而增强了广大干部和群众改革的信心。

在改革计划体制的同时，我们成功地进行了投资体制改革。改革之前，地方和企业没有投资权，全部的投资权都集中在国家计划委员会。通过逐步下放投资权，企业渐渐成为投资主体。而且民间投资规模逐步扩大，以致民间投资占全社会投资的比重最高时为65%以上。在下放投资管理权限的同时，我们建立起适应新形势要求的投资管理体制，包括投资项目业主负责制、招标投标制、施工监理制、咨询评价制、监察审计制，对基础设施和公共服务类项目推行政府与企业合作制等。根据经济运行情况和结构调整的要求，对投资总规模和投资结构进行适时适度调控，使投资成为拉动经济增长和结构转换的强劲动力。

计划投资体制改革的顺利实施和不断完善，标志着中国特色社会主义市场经济体制已经基本确立起来，这是一个充满发展活力的新体制，为实现两个百年发展目标提供了强有力的制度保障。

本书回顾总结了 40 年来计划投资体制改革的历程，展望了未来的发展前景。全书由郑新立、徐伟、綦鲁明共同讨论形成提纲，徐伟撰写了第一、第二、第三、第四、第五、第九、第十、第十六、第十七章，綦鲁明撰写了第六、第七、第八、第十一、第十二、第十三、第十四、第十五章，初稿完成后，由郑新立统一修改定稿。受资料收集和作者水平的限制，书中缺点和疏漏难以避免，敬请读者批评指正。

借本书出版的机会，谨向为计划投资体制改革付出艰辛努力的同志和所有关心计划投资体制改革的同志致以崇高敬礼！

第一章
高度集中的计划经济体制束缚了生产力发展

新中国社会主义制度建立后，建设社会主义应当实行什么样的经济体制，这是我们党面临的一个重大问题。随着国民经济的恢复，以及对生产资料私有制的社会主义改造的全面展开，我国逐步形成了高度集中的计划经济体制。选择这样的经济体制，是由新中国的特殊环境及其内在逻辑和当时世界社会主义运动的普遍趋势双重决定的。20世纪50年代，计划经济体制在我国社会主义经济建设中发挥了重要的作用。计划经济体制使我国在当时能够比较迅速地建立起社会主义工业化的初步基础，并在此基础上初步建立了独立的比较完整的工业体系和国民经济体系。但是，随着经济的发展，高度集中的计划经济体制在运行过程中也暴露出越来越多的问题。

第一节
高度集中的计划经济体制理论来源

新中国在成立初期选择计划经济体制，是由当时特定的社会历史条件决定的。1949年冬到1950年春，我党在提出并实行统一财政经济工作的方针时，强调了高度的集中统一。这是在当时亟须稳定物价、克服财政困难等特定历史条件下的客观要求。1950年6月至1952年8月，是计划经济体制的初步形成阶段。在党的七届三中全会以后初步形成了我国计划经济体制的决策结构，在国家的集中统一领导下，以制订指令性的经济发展计划的形式，对国民经济各方面开始实行全面的计划管理，计划经济体制已初步形成。1952年9月至1956年12月，是计划经济体制的基本形成阶段。计划经济体制进一步健全并得到法律的确认。

对新中国在成立初期选择计划经济体制的原因，比较有代表性的研究观点有以下几种：

刘国光认为新中国在成立初期选择计划经济体制的原因有五个方面：一是苏联的影响；二是解放区供给制的做法；三是三大改造时期的统购包销；四是自给自足的自然经济和家长制、等级制的封建残余；五是新中国当时对社会主义的认识，认为社会主义就是计划经济。①

林中萍、黄振奇认为，就认识来说，把计划经济和市场经济看作是属于社会基本制度的范畴，认为市场经济是资本主义的东西，计划经济才是社会主义制度的一个基本特征。从当时国外经济运行模式看，资本主义发达国家1929年到1933年的经济大危机，暴露了市场经济的弊端；而当时苏联在实行计划经济的最初二三十年间取得了举世瞩目的成就。所以，当时不仅新成立的社会主义国家普遍实行计划经济，而且许多资本主义国家学者也纷纷研究计划在市场经济条件下的作用和凯恩斯主义国家干预问题，以搞好宏观调控，弥补市场调节的欠缺和不足。法国、日本等国家还制订指导性的经济计划，作为政府在资源配置上发挥作用的重要方式。这些都使人们认为在以公有制为基础的社会主义国家，确立计划经济体制是理所当然的。②

随着国民经济恢复时期的结束和国有经济的壮大，适应开展大规模经济建设和实行第一个五年计划的要求，在1952年底成立了中央人民政府国家计划委员会，负责制订和组织实施全国的经济计划工作。1956年又成立了国家经济委员会，负责年度计划工作之中。国家通过部门计划系统（通称"条条"）和地方计划系统（通称"块块"），来指导和管理全国的企业、事业等基层单位的计划工作，把它们的主要经济社会发展活动直接或间接地纳入统一的国民经济计划之中。国家对国有

---

① 刘国光：《改革开放前的中国的经济发展和经济体制》，《中共党史研究》，2002年第4期。
② 林中萍、黄振奇：《关于由计划经济体制向社会主义市场经济体制过渡问题》，《教学与研究》，1994年第3期。

企业和高级形式的公私合营企业实行直接计划，下达指令性计划指标，企业所需主要生产资料由各主管部门按计划供应，其产品由商业和物资部门收购。国家各级政府对私人资本主义企业和个体经济制订估算性计划，通过价格、税收、信贷政策和加工、订货、收购等措施促其实现，即实行单位计划。1956年前，农业和手工业也还有一定的自由。随着社会主义改造的发展，实行直接计划的企业数量大为增加，到1957年，我国高度统一的计划管理体制，已基本确立起来。

武力认为中国20世纪的计划经济具有强大的社会动员能力、政府集中资源配置职能以及高积累机制。由于中国的计划经济不是建立在资本主义经济高度发达的基础之上的，因此计划经济体制所面临的任务就不是解决生产社会化与生产资料私人占有所导致的"无政府"状态的问题，而主要是如何加快工业化，这实际上成为中国计划经济的主要目标。计划经济的上述任务，在一定程度上使得计划经济本身的作用表现为最大限度地动员社会资源，加速工业化步伐，实现赶超战略。在这种背景下，中国走上了单一公有制和计划经济道路。①

穆敏、杨明清认为新中国之所以选择和建立传统的高度集中的计划经济体制，主观因素主要有两个方面：一是对社会主义理论认识上的制约，把计划经济看成社会主义的本质特征，把单一的计划调节看作经济运行的唯一机制；二是由于缺乏经验，照搬了苏联模式。客观的因素主要有三个方面：一是社会所有制结构单一化的影响；二是新中国成立初期由稳定物价的斗争带来的商业和财政金融管理集中统一化的影响；三是发展战略和经济自身环境的影响。上述主观因素并不具有决定性的意义，决定当初选择的更主要的是客观因素。由于上述因素的影响，选择计划经济体制就成为新中国社会发展和现代化进程中的一个必然阶段。②

朱佳木认为评价在中华人民共和国历史上一度实行过的计划经济体制，不能脱离当时的历史条件，也不能把它同社会主义市场经济完全割裂和对立起来。新中国成立初期选择并实行计划经济体制并非单纯从某种理论出发和照搬别国模式的结果，而主要是为了较快实现工业化、建立独立完整工业体系。我国在革命胜利后，

---

① 武力：《中国计划经济的重新审视与评价》，《当代中国史研究》，2003年第4期。
② 穆敏、杨明清：《中国计划经济体制的选择与历史评价》，《工会论坛》，2001年第1期。

缺少的恰恰是资金、物资、技术、人才等发展重工业所必需的资源。面对这种情况，加上帝国主义的经济封锁，如果还是采取革命胜利以前的社会所采取的那种以市场为基础配置资源的办法，要想优先发展重工业、快速实现工业化是根本做不到的，唯一的办法只能是通过国家的统一计划来配置资源。①

从新中国成立到党的十一届三中全会之前，我国依靠高度集中的计划经济体制，集中了大量的人力、物力和财力，进行了大规模的社会主义建设。建立起了机械、钢铁、国防军工、电力、石油化工、煤炭、轻纺等工业部门，建立起了比较完整的工业体系和国民经济体系，为我国后来的发展奠定了坚实的物质基础。

第二节
照抄照搬苏联计划经济体制

计划经济体制下，由国家集中力量办大事，这使得苏联在"二战"后的20多年中保持了高速增长，对恢复和发展苏联经济起了重要作用。在当时，中国学习苏联模式有其主客观因素。

一、新中国选择计划经济体制的原因

20世纪50年代开始，中国学习和实施了苏联式的计划经济体制。新中国在国家成立初期选择计划经济体制，是由当时特定的社会历史条件决定的，苏联的影响是新中国在国家成立初期选择计划经济体制的原因之一。② 苏联和新中国在革命胜

---

① 朱佳木：《关于在国史研究中如何正确评价计划经济的几点思考》，当代中国研究所网站，http://www.hprc.org.cn/gsyj/jjs/jjzhds/200909/t20090914_31043.html.

② 朱佳木：《关于在国史研究中如何正确评价计划经济的几点思考》，当代中国研究所网站，http://www.hprc.org.cn/gsyj/jjs/jjzhds/200909/t20090914_31043.html.

利后，面对自身经济落后的局面和帝国主义的军事威胁，都把资金、技术密集的重工业作为自己优先发展的产业，以期在较短时间内实现国家工业化，为提高人民生活水平、增强国防实力、巩固新生政权奠定物质基础。苏联连续进行的若干个五年计划建设所取得的辉煌成就，对新中国有巨大的示范效应，向苏联学习计划经济的方法也是十分自然的。

二、新中国学习苏联计划经济体制的内容[①]

苏联实行公有制，对经济生活进行计划调节，实行按劳分配，实行无产阶级专政，坚持共产党的领导，以马克思列宁主义为指导思想等，是社会主义基本原理的实践。实行单一的全民所有制和集体所有制，通过指令性计划全面管理社会经济生活，优先发展重工业，实行权力高度集中的一党制，执政党对社会生活进行高度集中的领导等，是苏联模式自身的体制特征。

新中国成立后，如同苏联初创时一样，我国也存在先进的政治制度与落后的经济、文化发展水平的矛盾。在建设社会主义的进程中，中国社会主义建设的重要任务，就是在先进的社会主义政治制度的基础上，尽快提高社会的经济和文化水平，争取尽快建立起社会主义必备的物质文化条件。苏联也曾经有过类似的处境，其实行高度集中的指令性计划，集中全国资源、资金和劳动力，很快建成了社会主义所必须具备的物质基础。苏联在胜利地奠定了社会主义物质基础的同时，全面催熟了苏联模式。因此，在先进的社会主义政治制度的基础上尽快提高物质文化水平方面，苏联模式可以作为成功的先例。于是，当新中国提出与苏联初创时期相似的尽快提高物质文化水平的任务时，中国人民自愿走上了学习苏联模式建设社会主义的道路。

在经济体制上，中国开始对小生产和私人资本进行社会主义改造，制订并执行了国民经济计划，全面学习苏联模式对工业发展蓝图、计划指标、计划贯彻执行程序、工业体制、基本建设投资的体制、建筑业的体制以及物资供应的体制等的规

---

① 沈宗武：《新中国学习苏联模式建设社会主义的原因、过程和结果》，国史网，http://www.hprc.org.cn/gsyj/yjjg/zggsyjxh_1/gsnhlw_1/erguoshixslwj/200906/t20090628_12798.html.

定,并且通过实行指令性计划对这些规定的实行状况进行全面管理。当时我国生产资料所有制的社会主义改造已经完成,按照苏联模式建立起了高度集中的计划管理体制,企业生产任务靠国家下达,原材料靠国家调拨,产品靠国家收购,企业按照国家提供的现成条件进行生产。

三、新中国学习苏联模式进行社会主义建设取得的成绩

改革开放前,中国对苏联模式的学习经历了全面模仿和有限调整两个阶段。在这两个阶段中,尽管中国社会主义建设的道路是曲折的,但成绩却是不能否认的。

从1953年起中国开始全面学习苏联模式。到1957年,中国的经济建设已经取得了巨大进展。按照年不变价格计算,1957年,全国工业总产值比1952年增长128.6%,农业总产值比1952年增长25%,高等院校由1952年的181所增加到229所。从1956年起,新中国开始探索自己的社会主义道路,中国对工业的地域分布和重工业、轻工业和农业比例做了一些调整,取得了一些冲破苏联模式局限的成绩,努力开拓中国式社会主义发展道路。但这些调整都没有突破指令性计划经济的框架,经济体制高度集中的特点也没有改变。因此,这些调整并未能从根本上突破苏联模式的局限,中国依然在苏联模式的大框架内进行社会主义建设。从1957年到1966年的10年间,中国共产党在1956年完成三大改造后,社会主义现代化建设进入了突飞猛进的阶段。

四、新中国学习苏联模式进行社会主义建设出现的问题

新中国通过资源、资金的大量投入曾经取得了工业规模的快速发展,但经济发展呈现出粗放型的特征,劳动效率比较低,经济效益差,企业缺乏竞争力,农业生产相对滞后,轻工业发展缓慢。于是,国民经济在经过一定时期的快速发展后,当生产的发展必须由规模扩展转变为经济效益的提高时,中国的大批国营企业也出现了停滞不前的状况。

新中国成立后,我们按照苏联的计划经济体制模式,在企业之外建立了一大批专门的科研和设计院所。它们为我国在若干尖端技术领域达到世界先进水平,作出

了突出贡献。但是，这种体制脱离企业、脱离生产的弊端是显而易见的。从长时期来考察，这种体制不利于企业技术进步，加上经营机制不合理，企业缺乏技术进步的压力和动力，最终导致技术和生产落后。长期以来，我国企业的技术研究开发能力极弱，成为国民经济技术进步的瓶颈。其中一个重要因素是我国模仿苏联的科研体制，把主要的科研力量和资金集中到独立于企业之外的科研机构，造成了开发与生产的脱节。其严重后果是，科技进步成果难以转化为生产力。

这些问题的出现，迫使中国不得不对传统社会主义模式进行改革。1978年以后，中国对传统社会主义模式（苏联模式是其典型形式）进行改革，真正走上了探索本国建设社会主义的道路。

第三节
工业化初期计划经济体制的作用

新中国成立以来至1978年间，是我国高度集中的中央计划时期。我国高度集中统一的计划管理体制，是在第一个五年计划时期建立起来的。这一时期高度集中的全国计划的编制及其实施是以高度集中的计划原理为理论指导。从历史条件出发，这种传统的中央计划为新中国成立以来的经济发展起到了积极的推动作用。尤其是新中国成立初期，高度集中的计划管理体制对于有效地集中大量财力、人力、物力，构建国民经济体系，尤其是门类较为齐全的工业体系，进行大规模的建设，恢复和发展当时的国民经济，发挥了重要的作用。

新中国成立后的30年间，国家投入7000多亿元资金，建设了3000多个大中型项目，使我国的机械、电力、钢铁、石油、煤炭、化工、轻纺等工业部门开始建立起来，技术水平不断提高。汽车、国防军工（特别是"两弹一星"）等许多新的工业部门从无到有、从小到大地发展起来。在辽阔的内陆和少数民族地区，新中国成立前几乎没有什么工业，到1978年已经建起了一大批新的工业基地，工业企业达到35万家，全民所有制企业固定资产达到3200亿元左右，相当于旧中国近百年积累起来的工业固定资产的25倍，初步奠定了现代工业基础。

改革开放使中国的经济发展真正进入了腾飞时期。在确立了建立社会主义市场经济体制的目标之后，在实践的探索中，人们对计划的认识不断深化。通过引入市场机制，改革旧的计划管理体制。到20世纪90年代中期，指令性计划范围大幅度缩小，指导性计划已成为计划的主要形式，并且在广泛的领域和较大的程度上发挥了市场的作用。在工业生产领域，国家计委管理的指令性计划由1980年的120种减少到1994年的33种，占全国工业总产值的比重由1980年的40%降至4.5%；在物资流通方面，由国家计委负责平衡、分配的统配物资由1979年的256种减少到1994年的11种；在价格管理方面，国家直接管理的工业生产资料价格已由1991年的737种减少到1994年的89种，其中实行国家定价的只有33种。计划管理体制的上述改革，使企业的决策权，包括生产经营权、产品定价权、物资采购权、产品销售权等均在大多数企业基本落实，从而为经济的运行注入了活力，国民经济出现高速增长的局面。扣除物价上涨因素，1993年我国国民生产总值比1978年增长2.8倍，年均增长9%，是历史上增长最快的时期。

第四节
高度集中的计划经济体制的弊端

新中国成立初期计划体制对建立重工业基础和工业体制发挥了不可磨灭的历史作用，但随着经济发展，其弊端越来越突显出来，严重地制约了资源的优化配置，束缚了生产力的发展。概括起来说，传统计划经济体制的弊端，主要有以下几个方面。

一、片面强调计划的作用,否定和排斥市场的作用

具体表现为:第一,只讲有计划按比例的发展规律,不讲或少讲价值规律的调节作用,有时甚至说要"消灭"价值规律。"大跃进"和"一平二调"给经济发展造成的严重后果,教育人们不能忽视价值规律的作用,1959年国家曾提出按劳分配和等价交换是发展社会主义经济的两项基本原则;毛泽东也曾提出"价值法则是一个伟大的学校""计划第一,价格第二"等观点,但是,这些理论认识并没有在经济体制和经济转轨上得到落实和体现,所以价值规律和市场没有发挥应有的作用。第二,生产、流通由计划调节,市场基本不起作用。企业生产任务的确定,是根据国家下达的指令性计划,而不是基于产品的市场供应状况;企业生产所需的基本原材料、能源动力、交通运力供应是由国家计划调拨的,企业不必(也不能)去市场采购,用工指标和工资标准更是由国家有关部门严格控制的;企业产品的销售通过订货会议等形式,也基本按计划进行,企业不必(也不能)直接去市场销售。第三,企业主要与上级主管部门发生纵向的领导与被领导的关系,企业与企业之间基本不存在横向的竞争关系和优胜劣汰,只讲竞赛,不承认竞争和物质利益,否定利润是企业生产经营的主要目标,企业没有破产的问题,职工没有失业的问题,"大锅饭""铁饭碗""平均主义"现象严重,效率和效益低下。第四,商品价格的形成主要是计划机制的作用,否定市场机制对商品价格形成的作用。几乎所有生产资料的价格和绝大部分消费品的价格都首先表现为排斥和限制非国有经济的发展。在计划经济体制下,由于是权力高度集中、利益格局一元和行政本位的体制,所以在所有制方面追求的目标是国有制。片面强调公有制经济特别是国营经济的发展,否定和限制其他经济成分的发展。在计划经济体制建立期间,对于大量私营工商企业,不区别不同企业的不同情况和作用,几乎一律通过公私合营的形式(加工订货、单个企业公私合营、全行业公私合营等)逐步改造成为国有经济。对于私人个体工商业者,则采取联合的形式,逐步改造成为城市集体经济,城镇大集体企业的管理体制和政府对其管理以及实行的政策,与国营企业区别不大。所以,在城市中已不存在私营经济和个体经济,严格意义上的集体经济也很少,至于"三资企

业"更无从谈起。农村基本上是集体经济，但由于人民公社这种组织形式存在很多弊端，体制和管理制度落后，价格是由国家各级物价部门有计划制定的，不允许市场上买卖双方根据供求情况和产品质量协商定价或生产厂家自行定价。片面追求价格的稳定，有些产品价格多年保持一贯制，价格不能反映市场供求状况和价值规律的要求，因而无法及时正确引导社会资源的流动，长线产品的生产总是长线，短线产品的生产总是短线。

二、片面强调集中管理，微观经济丧失活力

高度集中的计划经济体制没有很好地反映集体经济的要求，"大锅饭""平均主义"普遍存在，有时还出现"一平二调""瞎指挥"和"穷过渡"等错误做法，脱离了我国当时的生产力水平。结果造成了所有制的单一，阻碍了社会经济的发展，其他经济成分在发展经济、活跃市场方面的积极作用便无从发挥。在对国有企业的管理上，宏观管得过多过死。各个国有企业都有一个"婆婆"，或者归行政部门管，或者归地方政府管。由于政企职责不分，国家过多地干涉企业的生产经营活动，企业实际成了国家行政部门的附属物。企业的生产、建设任务，物资劳力和资金的供应，产品的定价销售，利润的分配使用等，都是由国家计划指标规定好了的，企业没什么经营管理自主权，根本不可能做到"自主经营、自负盈亏"，很难在制定发展战略、调整生产结构、采用新技术、改进经营管理、提高产品质量和降低成本等方面发挥主动性和积极性。在分配上推行的是平均主义的分配办法，这限制了职工的积极性和创造性，造成企业吃国家的"大锅饭"和职工吃企业的"大锅饭"的局面。

三、单向宏观管理缺乏来自微观自主权的制约

由于是权力高度集中的计划经济体制，企业的各项生产经营活动完全听命于宏观指令，自己没有什么自主权。国民经济发展计划主要是根据党和国家在不同时期的政治与经济任务制定的，对国务院各部门的意见相对比较重视，而对地方和企业的意见则重视得不够。从整体上可以说，企业只有执行国家计划的义务，而对不符

合企业情况的计划指标没有抵制的权利。除非到年终了,企业实在完不成计划,才允许修改计划指标。这种情况可能带来两种后果:一是宏观决策缺乏群众基础,官僚主义不可避免,难以做到决策的科学化和民主化;二是宏观决策一旦出现失误,企业无权抵制,照样执行。所以,经济发展如果出现问题,往往是全国性的。

四、过分突出重工业,农业和轻工业落后

为了实现工业化的目标,宏观经济政策,特别是投资政策,过分向工业倾斜。所以1953—1978年间,工业平均年递增11.4%,而农业增长速度只有2.7%。虽然理论上曾提出"以农业为基础、工业为主导"的发展方针,但是在经济管理实践上,农业的基础地位一直没有得到落实,也不利于农业生产的发展,以致不能满足人民生活的需要,一些与人民生活密切相关的重要农副产品不得不长期实行凭票定量供应的办法。发展工业主要是突出重工业,特别是钢铁工业,提出"以钢为纲",甚至把工业化进程的指标简单地归结为钢产量,而对与人民生活密切相关的轻工业则重视不够。轻工业生产也不适应人民生活水平提高的需要,一些重要轻工业产品如棉布等,不得不长期实行凭票定量供应的办法。造成轻农重工、结构失调的根本原因还在于经济体制,很显然,如果是按照市场需求安排生产建设,根据市场供求状况调节社会资源配置,就不易出现重工业过重、农业和轻工业严重落后的情况。"重重""轻轻"的结果,不仅导致轻工业发展缓慢,由于消费品供给短缺,最终也制约了重工业的发展。有一个典型案例:20世纪70年代,冶金部曾连续3年提出钢产量达到2600万吨的目标,即"三打两千六",结果都未能实现。而到了20世纪90年代,每年新增的钢产量就达到三四千万吨。计划经济与市场经济两种体制孰优孰劣,真是再清楚不过了。

在计划经济体制下,由于企业不是市场的主体,既没有取得超额利润的动力,也没有市场竞争的压力,企业技术状况如何,主要靠国家计划的安排,在提高生产技术水平和开发新产品方面,企业的作用是很有限的。国家科研部门主要是根据国家计划安排开展科学技术研究活动,重视基础研究,忽视应用研究,科技成果转化率比较低,为提高企业生产技术水平服务不够。改革开放前,我国国民经济增长中

科技进步的贡献率只有10%左右，而某些发达国家，这一比例已达60%左右。在计划经济体制下，没有建立起科学的企业管理制度和现代化的管理方法。虽然在企业管理实践中，我国结合中国国情也做了一些完善和发展，例如，用"党委领导下的厂长负责制"取代"一长制"，实行"两参一改三结合"制度等，但这些仍是计划经济体制下的企业管理制度和方法。20世纪50年代末，由于"大跃进"过分夸大主观意志作用，忽视客观经济规律的作用，一度造成企业管理的混乱，导致产品质量不高，经济效益下降。特别是在1966—1976年的十年动乱中，政治冲击经济，批判"唯生产力论""管、卡、压"和"利润挂帅"，我国已建立的企业管理制度也遭到严重破坏，甚至定额管理、原始记录、统计、标准等企业管理的基础工作，都处于被取消的状态。至于借鉴西方国家适应现代市场经济的比较先进的企业管理制度和管理方法，就更谈不上了。在计划经济体制下，片面追求产值和速度，物质消耗高，劳动生产率低，产品品种花色单调，质量不高，经济效益差。

第五节
改革开放前30年对新体制的探索

新中国成立后至改革开放的30年间，我国建立了全社会高度集中的国家计划经济体制，初步建立了自我配套的工业体系和城市体系，下面就经济社会发展战略、发挥国家计划的作用以及如何体现宏观性进行探索。

一、合理确定国民经济和社会发展战略

改革开放前30年，虽然我们没有采用经济社会发展战略这个提法，但在计划工作中实际上贯彻了一个时期经济社会发展战略的路线、方针和政策，其中有成功的，也有不成功的。例如，"一五"时期实行了过渡时期的总路线和总任务所确定

的战略目标及其战略措施,并且实践证明"一五"时期的经济社会发展战略是正确的。而1958—1960年实际上采取了急于求成的冒进战略,其所确定的战略目标和战略措施都是不正确的,随后不得不对这一错误的发展战略进行调整,贯彻"调整、巩固、充实、提高"的八字方针,并取得成效。但并未彻底解决根本的战略指导思想问题,以致后来形势稍好又重犯"左"的错误,使经济处于崩毁的边缘,比例失调进一步加剧。直到党的十一届三中全会才开始拨乱反正,使经济社会发展战略逐步回到正确的轨道上来。

我们国家的经济发展战略出现过一些现象,如建设上要求过急,政策上要求过激,片面追求经济增长,忽视比例与效益。放眼一些发展中国家,它们也推行过"传统的"或"旧的"经济发展战略,片面追求增长速度,过度提高积累率,忽视农业和人民生活,造成了财政赤字、外债剧增、通货膨胀、商品匮乏等不良后果,出现"有增长而无发展"的畸形现象。在发展战略方面的经验教训,值得我们借鉴和记取。反观改革开放以来,我国从经济发展所处阶段、特征和国内外环境出发,采取了社会主义现代化建设分三步走的战略,以及科教兴国、可持续发展、"两个根本性转变"等一系列新的发展战略,并在这些发展战略的指引下取得了举世瞩目的成就。

从以上的历史回顾中可以看出,当发展战略决策正确时,经济就发展,人民生活就得以改善,社会事业发展,社会秩序稳定。当发展战略失误时,经济发展就受挫,人民生活不能改善,社会主义制度也会受到削弱。发展战略事关全局和长远。战略决策失误,即使有局部性的成绩,总体上仍然会造成重大损失,导致全局性失败。计划工作的历史经验昭示我们,发展计划工作必须把合理确定国民经济和社会发展战略作为一项重大任务,这是制订计划与实施计划的核心问题。

二、国家计划要规划好重大经济结构和合理确定产业政策

"一五"时期和20世纪60年代初及改革开放后的30年,由于正确处理了比例关系,国民经济顺利发展;而1958年、1970年和1978年的三次冒进,由于没有正确处理速度、比例和效益三者的关系,经济发展受到严重挫折。突出的是1958年

的"大跃进",片面追求"以钢为纲"的快速发展,造成国民经济比例的严重失调和经济效益的急剧下降,也破坏了经济进一步发展的基础,结果被迫进行三年调整。而党的十一届三中全会以来,从总体上看,重视了处理好速度、比例、效益三者的关系,经济发展取得令人瞩目的成就,逐步调整了长期形成的不合理的产业结构,使各个产业部门普遍得到了迅速发展。我国经济体制改革的基本任务之一,就是要做到"政企分开",赋予国有企业以自主权,使企业有权安排自己的产供销活动,选择灵活多样的经营方式,真正成为自主经营、自负盈亏、自我发展、自我约束的法人实体和市场竞争主体。这是建立社会主义市场经济体制的中心环节。历史的经验教训启示我们,必须在发展计划中规划好重大经济结构,确定合理的产业政策,以促使进一步合理调整和优化产业结构。

三、宏观性是发展计划在内容和实施手段方面的基本特征

第一,突出宏观性要求在制订计划时就注重保持宏观经济总量的大体平衡。在经济运行中,更需要以计划、财政、金融等手段及时地进行综合调控,保持宏观经济总量的大体平衡。总量平衡,包括一系列经济关系的平衡,其中最重要的是社会总需求和社会总供给的平衡,它是总量平衡的综合反映。保持总量平衡,是经济正常运行的基本条件,也是实现国民经济快速健康发展,正确处理改革、发展、稳定三者关系的重要保证。否则,比例失调、结构失衡、效益下滑,就难以达到预期的发展目标。总量平衡是确定计划目标的准则和提出经济政策的依据,是避免通货膨胀或通货紧缩,保持经济持续稳定增长的前提条件。提出计划期的目标需要以总量平衡作为前提。要围绕保持总量平衡提出和实施各种调控政策,特别是货币政策。只有在总量平衡、经济稳定的条件下,才能形成正常的市场环境,才能有效地解决结构调整、提高经济素质等问题。

第二,突出宏观性要求发展计划必须充分发挥市场和社会需求对经济运行的导向作用和推动作用,在全面地反映市场、利用市场、指导市场、调控市场的同时,注重市场不能反映和无能为力的社会需求,弥补市场的缺陷和不足,促进社会经济持续、健康地发展。

第三，发展计划突出宏观性，也是在社会经济发展中正确处理利益关系的要求。国家利益和地方利益，全局利益和局部利益，长远利益和目前利益以及地区利益之间，存在矛盾是普遍性的。此类矛盾具体说是经济问题，从根本上看则是政治问题。如何正确处理这些矛盾，不仅需要一般准则，还要根据特定条件作出政治决策。对此，各国不论社会制度如何，都要从宏观上看问题，解决问题。我们是社会主义国家，要以国家为主体，统筹兼顾，全面安排，并反映在计划的制订和实施中，才能充分调动各方面的积极性。邓小平同志说："现在中央说话，中央行使权力，是在大的问题上，在方向问题上。""宏观管理要体现在中央说话能够算数。"

第四，突出发展计划的宏观性，可避免计划管理以政府决策代替企业、地方政府等自我决策的弊端。发展计划不直接指挥企业，而是通过宏观经济政策的引导，让企业从相关的信息中决定自己的经济行为，使社会经济的综合成果大体符合预期的目标。

第五，发展计划的宏观性，还要求为实施计划而提出的政策是配套的宏观政策体系。这些政策不是针对个别企业、个别行为的，作为调控经济运行的数量目标和经济参数，也是总量性的或是总平均的数值。它们首先关注的是经济总量的平衡协调，在短期计划或年度计划中，更侧重总需求管理的政策，并根据当时形势进行政策目标、政策手段搭配和组合的选择。

第二章
对计划经济体制在认识和实践上的不断突破

我国从党的十一届三中全会提出全面改革经济体制的任务,到最终确定经济体制改革的目标模式就是建立社会主义市场经济体制,曾经历了一个艰苦的较长时期的从理论到实践的探索过程。1978年党的十一届三中全会在提出全面改革经济体制任务的同时,重新确立了解放思想、实事求是的思想路线,拨乱反正,重新认识什么是社会主义和怎样建设社会主义。十一届三中全会提出了一系列新的方针政策,中心点是从以阶级斗争为纲要转到以发展生产力为中心,从封闭转到开放,从墨守成规转到各方面改革。就经济体制改革的理论来说:一方面是认识了改革经济体制的核心问题是正确认识和处理国家与企业的关系,正确认识和处理计划与市场的关系;另一方面是明确了改革的方向,即要扩大企业自主权,扩大市场与市场机制的调节作用。

改革开放以来,指令性计划大幅度缩减,市场作用显著增强。中央直接计划决策范围明显减少,地方和企业决策权限相应扩大。行政性手段逐步削弱,经济手段、经济政策和经济法规的作用越来越重要。计划管理职能逐步转变,计划方法制度也有所改进。我国高度集中的计划管理体制已经发生了根本性的变化。随着简政放权和搞活经济的改革不断深入,计划体制改革取得了重大进展。所有这些改革,对调动地方、企业和劳动者各个方面的积极性,增强经济活力,推动整个改革开放和经济发展发挥了重要的积极作用。

第一节
商品经济大讨论

1986年9月《中共中央关于社会主义精神文明建设指导方针的决议》下达后，在思想理论界展开了一场转变观念、增强商品经济意识的大讨论。马克思主义认为，思想解放，观念转变，从来都是社会改革的前导，因此，正确地认识社会主义商品经济的性质地位和作用，对于贯彻《中共中央关于社会主义精神文明建设指导方针的决议》，坚定不移地实行"改革、开放、搞活"的方针，有着十分重要的意义。

一、商品经济的含义

所谓商品经济，是一种直接以交换为目的的经济形式，包括商品生产和商品交换两个环节。它不是一个独立的社会经济形态，也并非为资本主义所独有。它曾经在不同的社会制度下存在，为不同的社会制度服务。列宁的著作中，使用了商品经济概念，将商品经济分为小商品经济和资本主义商品经济两类。但列宁并没有解决社会主义制度建立以后的商品生产的命运问题。斯大林在《苏联社会主义经济问题》一书中指出，不能把商品生产和资本主义混为一谈。斯大林在后期承认社会主义社会存在商品生产，但是斯大林也有不彻底的一面，就是他认为在社会主义社会里，只有生活资料是商品，而生产资料却不是商品。受这种历史与理论背景的影响，新中国在成立以后的长时期中，对商品经济的理论与实践问题不断地进行讨论。

在1950—1952年这几年中，报刊上没有发表专门讨论我国的商品经济问题的理论文章。之后，研究我国社会主义条件下商品价值规律问题的论著开始显著增加。党的十一届三中全会迎来了改革开放的新时期，改革传统经济体制逐渐成为共识，例如，重视发挥市场机制的作用，突破对计划经济与商品经济关系的传统认识，进一步认识与评价商品经济与市场机制在社会主义经济中的地位和作用。

二、商品经济与计划经济

在新中国成立后,我们国家无论是在教科书上,还是在实际工作中,推行的都是苏联的经济理论和有计划的产品经济模式,因而人们往往容易把社会主义经济的本质特征之一,简单地归结为计划经济同商品经济相对立,因此,也就主张对商品经济采取限制措施,甚至予以取消。

由于我们长期以来忽视商品经济,因此也就忽视了价值规律和市场调节的作用。关于社会主义商品经济与计划经济的关系问题,是20世纪80年代初我国经济理论界一直在讨论的问题。从党的十一届三中全会召开到党的十二届三中全会召开的这几年中,经济理论界对该问题展开了热烈的争论。争论的不同意见大致归纳为五种:社会主义经济是计划经济,不是商品经济;社会主义经济是商品经济,不是计划经济;社会主义经济是计划经济与商品经济的统一;社会主义经济是有商品关系的计划经济;社会主义经济是有计划的商品经济。

商品经济与计划经济也不是对立的,1984年12月,中国社会科学院院长马洪撰写了《关于社会主义制度下我国商品经济的再探索》一文,刊发在《经济研究》上。文章重新肯定此前被否定的"社会主义经济是有计划的商品经济"的提法。文章提出,在肯定社会主义经济是计划经济时,不要否定社会主义经济同时也具有商品经济的属性。商品经济的对立物不是计划经济,而是自然经济,不能把计划经济同商品经济对立起来。而且商品经济越发达,说明生产的社会化程度越高,越需要宏观计划的指导。在这方面,社会主义制度比资本主义制度优越得多。社会主义商品经济可以比资本主义商品经济更迅速、更健康、更有效率地发展。

三、商品经济与价值规律

1984年10月,党的十二届三中全会发布的《中共中央关于经济体制改革的决定》指出:"在商品经济和价值规律问题上,社会主义经济同资本主义经济的本质区别,不在于商品经济是否存在和价值规律是否发挥作用,而在于所有制不同,在于剥削阶级是否存在,在于劳动人民是否当家做主,在于能否在全社会的规模上,自觉地运用价值规律,还在于商品关系的范围不同。"社会主义商品经济,是建立在生产资料公有制基础上的有计划的商品经济。在资本主义商品经济中,由于存在生产的社会性和生产资料私人占有的矛盾,社会劳动的分配形式只能借助价值规律的自发作用,通过因价格与价值的背离所引起的资本的盲目转移来实现。与这种社会劳动分配方式相伴随,必然是周期性的经济震荡和生产力的破坏。在社会主义社会中,由于实行生产资料公有制基础上的有计划的商品经济,社会劳动的分配形式将是自觉依据和运用价值规律的形式。大力发展社会主义商品经济,是建设中国特色社会主义的必由之路。发展社会主义商品经济,必须自觉地运用价值规律。价值规律是商品生产和商品交换,也就是商品经济的基本规律。社会主义经济是有计划的商品经济,因此,价值规律必然要在生产、交换、分配、消费领域里发生作用。在社会主义建设中,应把价值规律与有计划的发展规律结合起来,更好地发挥调节作用与核算作用,以保证国民经济大体上按比例协调发展,不断提高经济效益。

要把社会主义商品经济同资本主义的界限划分开来。商品经济和资本主义制度并无必然联系,商品经济并不是资本主义特有的。社会主义商品经济是在生产资料公有制的条件下发展的,同资本主义商品经济有着本质的区别。

社会主义经济是商品经济意味着:社会经济关系的商品货币化,商品生产和商品流通在社会经济活动中占统治地位。生产与消费、供给与需求通过竞争能够达到暂时的均衡。市场协调是商品经济运行机制的基础特征,价值规律通过市场价格及其变化自发地调节商品生产和商品流通,实现资源的有效配置。

第二节
提出有计划的商品经济

早在1979年,邓小平同志就明确提出"我们是计划经济为主,也结合市场经济""社会主义也可以搞市场经济"。虽然这是从以计划经济为主、市场调节为辅的角度来阐述的，但也明确了恢复市场交换关系的发展方向。

一、"有计划的商品经济"的提出

1984年，《中共中央关于经济体制改革的决定》（简称《决定》）明确指出，社会主义经济是公有制基础上的有计划的商品经济。这是我们党对社会主义经济作出的新的概括，是对马克思主义的重大发展，是我国经济体制改革的基本理论依据。《决定》突破了把计划经济同商品经济对立起来的传统观念，明确指出："建立自觉运用价值规律的计划体制，发展社会主义商品经济。""改革计划体制，首先要突破把计划经济同商品经济对立起来的传统观念，明确认识社会主义计划经济必须自觉依据和运用价值规律，是在公有制基础上的有计划的商品经济。商品经济的充分发展，是社会经济发展不可逾越的阶段，是实现我国经济现代化的必要条件。只有充分发展商品经济，才能把经济真正搞活，促使各个企业提高效率，灵活经营，灵敏地适应复杂多变的社会需求，而这是单纯依靠行政手段和指令性计划所不能做到的。同时还应该看到，即使是社会主义的商品经济，它的广泛发展也会产生某种盲目性，必须进行有计划地指导、调节和行政的管理，这在社会主义条件下是能够做到的。因此，实行计划经济同运用价值规律、发展商品经济，不是互相排斥的，而是统一的，把它们对立起来是错误的。"《决定》明确指出，我国的社会主义经济是在公有制基础上的有计划的商品经济，在当时的历史条件下，这是相当大的突破，是对马克思主义政治经济学的一个重大发展，突破了把计划经济同商品经济对立起来的传统观点。这个提法为后来社会主义市场经济理论的提出做了铺垫，为我国全面改革经济体制奠定了科学的理论基础。1987年，党的十三大进一步提出了"逐步建立起有计划商品经济新体制的基本框架""社会主义有计划商品经济的体制应该是计划与市场内在统一的体制""必须把计划工作建立在商品交换和价值规律的基础上""计划和市场的作用范围都是覆盖全社会的。新的经济运行机制应当是国家调节市场，市场引导企业的机制"。按照这些要求，计划体制改革迈出了较大的步伐。这些关于社会主义商品经济的论断是对马克思主义政治经济学的一个重大发展。

二、有计划的商品经济是客观经济规律的要求

在突破传统计划经济的初期，发展有计划的商品经济是客观经济规律所要求的，也是经济建设不断前进的必然趋势。实行专业化生产，可以较快地提高生产的商品率，是发展商品经济的必然途径。党的十一届三中全会以来，我国农村出现了大量专业户，冲破了农村自给和半自给经济的束缚，发展了商品生产和商品交换，商品率由原来的20%左右提高到50%~60%，有的地方达到70%。实行专业化生产，根据各地区、各部门的优势条件来组织，这是发挥经济优势、扬长避短的一种好方式。这样做，一是能够发挥人员的专长和才干，不仅可以实现人尽其才，而且可以不断提高劳动者的劳动熟练程度和技术、管理水平，从而提高劳动者的劳动效益。二是有利于发挥资源条件的优势，合理地利用自然资源，具备什么优势条件，就经营什么，可以生产具有各地特色的产品，以及各种传统的名牌产品，在市场上有竞争力量。三是可以使有限的资金与经济优势条件相结合，把钱用在刀刃上，有利于经济效益的提高。

20世纪80年代所坚持的计划经济，已经不是产品型的计划经济，而是有计划的商品经济，即商品型的计划经济。所有的国营企业、集体企业和个体劳动者，都是商品生产经营者，所有的生产资料和消费资料，都是商品。国家通过立法、出台政策等行政的和经济的手段，依据国民经济计划进行间接的或直接的控制和调节，实现经济的按比例发展。可以看出，我们在改革中所创造的多种经济形式、多层次的按劳分配和有计划的商品经济，既从本质上坚持了公有制、按劳分配和计划经济，从而坚持了社会主义方向，同时又从实际出发采取了灵活多样的形式，使我国的社会主义充满了生机和活力。

这种建立在生产资料公有制基础上的有计划的商品经济最大的优越性，就在于通过统一的计划，合理地、节约地使用人力、物力、财力资源，对国民经济的各个分系统和各种生产要素进行综合平衡，保持合理的比例关系，做到人尽其能，物尽其用，财尽其力，以求得最大的宏观经济效益。

第三节
计划和市场两种手段都要用

马克思主义经典作家曾设想，替代资本主义的未来社会不存在商品交换关系，个体劳动可以直接转换为社会劳动。在此设想的指引下，各社会主义国家大都在生产资料公有制的基础上建立起了计划经济体制。此后不久，计划经济的弊端就开始显现。实践经验的积累和深入的研究充分表明：计划经济难以有效解决维系经济有效运转的信息问题和激励问题。要提高经济运行效率，必须转向市场经济。

一、对计划与市场关系认识的变化

改革之初，占主导地位的观点认为，计划经济与市场经济是相互对立、相互排斥的。随着经济体制改革的展开，人们逐渐认识到，由于我国存在着不同的所有制形式，并且在同一所有制内部也存在着物质利益的差别，因而，社会主义经济在一定范围内必然存在商品生产和商品交换关系。这种认识，开始对传统观念产生冲击，对推动改革和发展起了重要作用。在农村，过去被视为"资本主义尾巴"的商品生产和商品交换受到党的政策的鼓励，土地的家庭联产承包责任制逐步推开，城镇集体经济、个体经济在商业、服务业、交通业和工业领域迅速发展，市场开始繁荣起来。党的十二大在总结这一实践经验的基础上，提出计划经济为主，市场调节为辅。十二届三中全会以后，人们普遍对市场经济与计划经济对立的观念提出了质疑，对计划经济为主，市场调节为辅的提法展开了争论。特别是随着农村商品经济的发展，粮食等农副产品产量打破了多年徘徊的局面，乡镇企业迅速崛起；轻纺工业产品放开价格之后，生产连年大幅度增长，满足了市场的需要。"票证供应"的短缺现象逐步结束，市场对于经济的发展显示出了神奇的魔力。人们开始认识到，商品经济是社会经济发展不可逾越的历史阶段，开始接受有计划的商品经济的提法，并倾向于强调市场机制的作用。1987年党的十三大提出社会主义有计划商品经济的体制应该是计划与市场内在统一的体制；十三届四中全会后，又提出了建立适应有计划的商品经济发展的计划经济和与市场调节相结合的经济体制和运行机制。所有这些，都反映了党和国家对市场的作用以及计划与市场的关系不断有新的认识，即通过实践的检验，我们的认识一步步地逼近真理。但是，这些观点和提法有一个共同点，就是没有完全摒弃将计划作为社会主义经济的本质特征、把市场经济划归资本主义经济制度范畴的传统观念。如果这个问题不从认识上彻底解决，商品经济的发展就会受到这样那样的阻碍，生产力就不能得到真正解放。

"计划和市场都是经济手段。""在建立社会主义市场经济体制的过程中，计划与市场两种手段相结合的范围、程度和形式在不同时期、不同领域和不同地区可以有所不同。"一般来说，属于经济总量控制、经济结构和经济布局的调整以及关系全局的重大经济活动，这些领域主要发挥计划的作用；企业日常的生产经营、一般性技术改造和小型建设等经济活动，主要由市场调节。我们要建立的社会主义市场经济体制，就是要使市场在社会主义国家宏观调控下对资源配置起基础性作用，宏观调控与市场机制相结合，也就是计划与市场相结合在现阶段的体制形式。我们要进一步扩大市场的作用，同时，也必须加强和改善国家对经济的宏观调控。

党的十二届三中全会提出，社会主义经济体制是有计划的商品经济，十三大提出了"社会主义有计划商品经济的体制，应该是计划与市场内在统一的体制"。1992年1月，邓小平同志南方谈话使改革回到了正确的航向。邓小平同志明确提出："计划多一点还是市场多一点，不是社会主义与资本主义的本质区别。计划经济不等于社会主义，资本主义也有计划。市场经济不等于资本主义，社会主义也有市场。计划和市场都是经济手段。"十四大提出"市场在社会主义国家宏观调控下对资源配置起基础性作用"。十四届三中全会将表述修正为"市场在国家调控下发挥基础性作用"。党的十六大提出"在更大程度上发挥市场在资源配置中的基础性作用"，党的十七大提出"从制度上更好发挥市场在资源配置中的基础性作用"，党的十八大提出"更大程度更广范围发挥市场在资源配置中的基础性作用"。党的历次大会对计划与市场关系表述上的变化,表明了我们党对客观经济规律认识上的不断深化,记录了我们党探索真理的过程,体现了实事求是的唯物主义思想路线的强大认识能力。

二、计划体制改革的成效

十一届三中全会之后的 20 年,我国大步推进了计划体制改革,取得了重大成果。主要表现在:一是指令性计划和实物性指标大幅度缩减,国家计划对微观经济活动的直接干预明显减少,市场配置资源的基础性作用逐步增强。二是计划管理实现了由实物平衡为主向价值平衡为主的转变。国家计划突出了宏观性、战略性和政策性,并增强了预测性和导向性。政府主要运用经济手段、经济政策和经济法规对国民经济进行管理和调控。三是原来高度集中的计划经济体制已被彻底打破,企业和地方的决策权明显扩大,企业正在逐步成为适应市场的法人实体和竞争主体,依法自主经营、自负盈亏。四是统一、开放、竞争、有序的市场体系逐步完善。市场形成价格的机制基本确立,多层次的商品市场交易网络大体形成,批发市场发展迅速,已经成为沟通产需、衔接城乡的重要流通渠道。资本、劳动力、技术等生产要素市场正在发育成熟。

从总体上看,这一阶段的计划体制改革可分为两个时期。一是从 1978 年到 1993 年,为改革高度集中的计划管理体制时期;二是从 1993 年至 1998 年,为进一步巩固改革成果,建立适应社会主义市场经济要求的新型计划体制、计划内容和计划方法的制度创新时期。从 1992 年开始,我国经济体制改革的目标改为建立社会主义市场经济体制。这就要使市场在国家宏观调控下对资源的配置起基础性作用。在这种情况下,国家计划作为国家宏观调控的重要手段,必须以市场为基础,面向市场,反映市场,才能引导和调控市场,才能对经济和社会发展起总体指导的作用。这就必须进一步改革计划的内容与形式,提高国家计划的透明度和社会参与度,使社会公众特别是广大的市场主体了解国家计划,认同国家计划。

三、邓小平关于计划和市场两种手段都得要的主要论述

邓小平同志关于计划与市场两种手段都得要的思想,是以确定社会主义制度经

济本质为前提，以改革旧的计划体制，引入市场调节手段为主线，以建立新型宏观调控体系为归宿。其基本内容包括以下三个方面。

（一）计划与市场不是区分社会经济制度的标准

长期以来，我们把计划经济与社会主义画等号，将市场经济纳入资本主义经济制度的范畴，从而得出市场经济同社会主义不兼容的结论。对于这种传统观念，邓小平同志以政治家的远见卓识，总结国内外发展的历史经验后，明确指出，"我们必须从理论上搞懂，资本主义与社会主义的区分不在于是计划还是市场这样的问题。社会主义也有市场经济，资本主义也有计划控制。""不要以为搞点市场经济就是资本主义道路，没有那么回事。""计划多一点还是市场多一点，不是社会主义与资本主义的本质区别。""计划和市场都是经济手段。""它为社会主义服务，就是社会主义的；为资本主义服务，就是资本主义的。好像一谈计划就是社会主义，这也是不对的，日本就有一个企划厅嘛，美国也有计划嘛。"① 那么，什么是社会主义经济的本质特征呢？邓小平同志反复强调："一个公有制占主体，一个共同富裕，这是我们所必须坚持的社会主义的根本原则。"这便在理论上明确了社会制度的经济特征与经济调节方式或手段的区别，从而得出"社会主义和市场经济之间不存在根本矛盾"的科学结论。邓小平同志提出计划和市场都是经济手段的思想，是对马克思主义政治经济学的重大发展。传统的经济学观念把计划看作是公有制的产物，是社会主义经济制度所特有的；而市场则是私有制的产物，是资本主义经济所固有的特征。这就否认了一个基本事实，即计划和市场都是资源配置的手段，不同之处在于，市场是通过价格杠杆来配置资源，而计划则是为了实现某种目标，通过人的主观意志来配置资源。两种手段同所有制形式和经济制度并无必然联系。"二战"后资本主义国家纷纷加强政府对经济的干预，重视计划手段的运用便是充分的证明。邓小平同志的论断打破了我们思想上的禁锢，为提出社会主义市场经济的理论扫清了障碍，奠定了基础。

---

① 邓小平：《邓小平文选3卷》，人民出版社，1993年。

(二) 改革高度集中的计划管理体制

作为我国经济体制改革的总设计师，邓小平同志深刻地揭示出旧体制弊病的实质是阻碍社会生产力的发展。他明确指出："不改革就没有出路，旧的那一套经过几十年的实践证明是不成功的。过去我们搬用别国的模式，结果阻碍了生产力的发展，在思想上导致僵化，妨碍人民和基层积极性的发挥。""我们过去一直搞计划经济，但多年的实践经验证明，在某种意义上说，只搞计划经济会束缚生产力的发展。"① 邓小平同志的这些论断指出了对旧的、高度集中的计划管理体制实施改革的必要性。旧的计划体制以产品统包统配、资金统收统支为主要特征。其主要弊端：一是计划难以反映市场需求的千差万别和瞬息变化；二是计划调拨违背价值规律的要求和物质利益原则；三是扼杀竞争意识，限制基层经营单位和广大生产者的积极性；四是妨碍生产技术进步和新产品的开发。尽管新中国成立初期计划体制对建立重工业基础和工业体制发挥了不可磨灭的历史作用，但随着经济的发展，其弊端越来越突显出来。对于如何进行改革，邓小平同志1980年就提出"计划调节和市场调节相结合"的观点。1982年又进一步指出："计划和市场的关系如何解决？解决得好，对经济的发展就很有利，解决不好，就会糟。"随后，在1985年10月强调"把计划经济和市场经济结合起来，就更能解放生产力，加速经济发展"。1992年又讲"计划和市场都得要"。从邓小平同志的这些指示中可以看出，要大力发展社会生产力，就要改革高度集中的计划管理体制。

(三) 建立适应社会主义市场经济需要的新型宏观管理体制

邓小平同志在强调引入市场机制，对旧的高度集中的计划管理体制进行改革的同时，勾画了适应社会主义市场经济体制需要的新型宏观管理体制的模式。② 这种模式有两个基本点：一是计划是全局性、方向性的控制手段，但要充分发挥市场配置资源的基础性作用。邓小平同志指出"宏观控制"是在"新的条件下提出来的。

---

① 邓小平：《邓小平文选3卷》，人民出版社，1993年。
② 邓小平：《邓小平文选3卷》，人民出版社，1993年。

过去我们是穷管,现在不同了,是走向小康社会的宏观管理……现在中央说话,中央行使权力,是在大的问题上,在方向问题上"。邓小平同志的这一论断,鲜明地指出了旧式计划同新式计划的本质区别,提出了转变计划管理职能的方向和要求,具体来说,就是要从直接管理为主向间接管理为主转变,从干预微观经济活动向宏观经济调控转变,从分投资、分物资向运用经济杠杆引导经济运行转变。计划确定国民经济和社会发展的目标、方向、战略,提出和综合协调经济政策、经济杠杆,突出宏观性、战略性、政策性,对微观经济活动起到指导作用。当然,国家还要直接掌握一部分财力、物力,组织关系经济全局的重点建设,并保留必要的行政手段。二是在宏观管理中计划和市场两种手段都得用。邓小平同志指出计划调节手段的优越性在于"能做到全国一盘棋,集中力量,保证重点。缺点在于市场运用得不好,经济搞得不活"。因此,要坚持在宏观调控中计划和市场两种手段都得用的原则,建立起高效灵活的宏观调控体系,促进生产力的发展。

四、邓小平关于计划和市场都得要的思想对确立社会主义市场经济体制的重大意义

江泽民同志在党的十四大报告中,提出了建立社会主义市场经济体制的目标,指出邓小平同志关于计划与市场的精辟论断,"从根本上解除了把计划经济与市场经济看作属于社会基本制度范畴的思想束缚,使我们在计划与市场关系问题上的认识有了新的重大突破"[①]。改革开放十几年来,从开始承认社会主义经济中存在商品生产和商品交换关系,到明确提出发展社会主义市场经济,正是在邓小平同志关于计划与市场关系理论的指导下,认识上不断深化的结果,是在实践中不断探索所得出的正确结论。

1992年春,邓小平同志在视察南方的重要谈话中,再一次明确提出了不能把计划经济等同于社会主义,把市场经济等同于资本主义的问题。这使我们认识到,社会主义经济制度特征与经济调节手段不是同一层次的概念。社会主义经济特征是

---

① 江泽民,在中国共产党第十四次全国代表大会上的报告。

公有制占主体和共同富裕；我们将要建立的社会主义经济运行机制是计划和市场相结合的新型运行机制。邓小平同志的论述为处于争论中的理论界和处于迷茫中的实际工作者指明了方向，使我们对计划与市场关系的认识实现了新的飞跃。这个新的认识集中反映在党的十四大报告中。党的十四届三中全会所通过的《中共中央关于建立社会主义市场经济体制若干问题的决定》系统地总结了改革的经验，提出了社会主义市场经济体制的框架要求，计划与市场的关系进一步具体化了。

五、邓小平关于计划和市场都得要的思想对计划体制改革的重大指导意义

邓小平同志提出的计划和市场都得要的思想，为我们进一步深化计划体制改革和建立适应社会主义市场经济体制要求的宏观调控体系指明了方向。这一思想已被国内外发展的实践证明是科学的理论。从我国经济发展所走过的道路来看，在使用计划调节经济运行时，必须发挥市场对资源配置的基础性作用。新中国成立以来，随着社会生产力的发展，社会生产部门的增多，社会劳动的复杂化，商品品种的多样化，高度集中的计划体制越来越不适应日趋复杂的社会生产力发展的需要。以国家直接控制的企业为例，虽然，"一五"时期，中央政府能够直接管理几百家大型国营企业的生产经营活动，而且可以管理得较好，但是以后继续沿用这套办法管理几万家、几十万家乃至上百万家企业，则是力不从心了，同时也是不可能的了。在高度集中的计划体制下，决策的失误和经济效率的下降也就在所难免。长期存在的高投入、低产出，企业技术进步缓慢，各种产品严重短缺的现象，就是僵化的计划体制所带来的必然结局。因此，在经济运行中引入市场调节手段，并发挥其基础性作用，就成为推动社会生产力发展的先决条件。

现代社会化大生产本身存在着不以人的意志为转移的各种比例关系、总量平衡关系，以及资源、收益在经济主体之间的合理分配关系。这些关系处理不好，社会经济秩序就会紊乱，同样会影响经济的发展。然而，市场调节手段由于其自身的盲目性、自发性、滞后性，难以解决好上述重大比例关系。因此，就需在发挥市场的基础性作用的同时，运用计划调节手段弥补市场调节手段的不足。

从以上分析可以看出，虽然社会主义国家过去实行高度集中的计划体制曾经取得显著成就，资本主义也有过政府干预甚少的"自由竞争"时期，但是到了现代，不论是单独依靠计划，还是单独依靠市场，均不能适应社会化大生产的要求，也就是说，计划与市场共同作为经济调节手段及两者的有机结合已成为现代社会生产力发展的客观要求。因而，邓小平同志关于计划与市场的有关论断是符合现代经济发展规律的，正确地指出了我国计划体制改革的前进方向，科学地勾画出了我国宏观管理体制的基本模式。

我国计划体制改革虽已取得了较大进展，但是离建立社会主义市场经济体制的要求还相距甚远。计划的内容、形式、方法及其运作方式仍不能适应市场经济发展的需要，市场的基础性作用和计划的指导作用还未实现有机协调。例如，国家计划缺乏科学性和严肃性，宏观调控乏力；计划工作的民主化和法制化建设还相当薄弱；适应不同项目类型、不同投资主体的规范化的投融资方式还未确立，投资约束机制尚未形成。因此，我们应按照计划和市场两种手段都得要的经济思想与《中共中央关于建立社会主义市场经济体制若干问题的决定》的有关精神，进一步深化计划体制改革，转变计划管理职能。深化计划体制改革，应当按照建立社会主义市场经济体制的基本要求和改革、发展、稳定相互协调的需要，充分发挥市场对资源配置的基础性作用和计划的导向性作用。突出计划的宏观性、战略性、综合性，计划要反映市场需求状况，培育市场体系，引导市场主体，调控市场的运行，推动企业走向市场和开展公平竞争，发挥中央和地方两个积极性，促进国民经济持续、快速、健康发展。据此，计划体制改革的重要任务，是根据宏观调控的要求，确立新的计划管理职能。社会主义市场经济的宏观调控体系，是由计划、财政、金融等部门组成的互相配合、互相制约的有机整体。建立完善高效的宏观调控体系，仍需继续努力。

第四节
国家调节市场，市场引导企业

国家宏观调控和市场机制的作用，都是社会主义市场经济体制的本质要求，两者是统一的，相辅相成的。

一、"国家调节市场，市场引导企业"的提出

过去我国经济增长主要受计划指标的控制，从经济的宏观控制到微观的企业层面，无论是宏观还是微观的目标都是以完成计划指标为目的。短缺经济使产品和服务供不应求，受约束的只是供给数量，追求数量增长是传统计划经济体制内生的结果。十二届三中全会提出中共中央关于经济体制改革的决定，提出社会主义经济是在公有制的基础之上的有计划的商品经济。十三大报告提出："社会主义有计划商品经济的体制，应该是计划与市场内在统一的体制。""建立在公有制基础上的社会主义商品经济为在全社会自觉保持国民经济的协调发展提供了可能，我们的任务就是要善于运用计划调节和市场调节这两种形式和手段，把这种可能变为现实。社会主义商品经济的发展离不开市场的发育和完善，利用市场调节决不等于搞资本主义。""必须把计划工作建立在商品交换和价值规律的基础上。应当通过国家和企业之间、企业与企业之间按照等价交换原则签订订货合同等多种办法，逐步缩小指令性计划的范围。国家对企业的管理应逐步转向以间接管理为主。""新的经济运行机制，总体上来说应当是'国家调节市场，市场引导企业'的机制。国家运用经济手段、法律手段和必要的行政手段，调节市场供求关系，创造适宜的经济和社会环境，以此引导企业正确地进行经营决策。"随着市场化取向改革的不断深化，特别是从20世纪90年代中期买方市场形成以后，企业甚至政府逐步受到市场的约

束。市场竞争的结果是只有物美价廉的产品才能得到市场的认可；只有具备市场竞争力的企业才能发展下去；政府的政策只有符合市场发展的要求，其有效性才能得到保证。

二、社会主义市场经济宏观管理体制的目标模式

设计我国宏观管理体制的目标模式要根据政府在市场经济条件下的经济管理职能，按照社会主义市场经济的要求来进行。党的十四届三中全会公布的《中共中央关于建立社会主义市场经济体制若干问题的决定》已明确指出，政府的经济管理职能，主要是制定和执行宏观调控政策，搞好基础设施建设，创造良好的经济发展环境。同时，要培育市场体系、监督市场运行和维护公平竞争，调节社会分配和组织社会保障，控制人口增长，保护自然资源和生态环境，管理国有资产和监督国有资产经营，实现国家的经济和社会发展目标。据此，新的宏观管理体制从总体上来说，应是既能发挥市场机制促进竞争、激励效率的优势，又能够体现社会主义制度的优越性，在处理全局和局部、当前和长远、效率和公平、经济增长与社会进步等关系方面，应当做得更好和更有成效。具体来讲，适应社会主义市场经济要求的宏观管理体制的特点主要表现在以下几个方面：

宏观管理的主要任务是保持经济总量的基本平衡，促进经济结构的优化，引导国民经济持续、快速、健康发展，推动社会全面进步。也就是说，把应由市场调节的经济活动都交给市场，把应由企业决策、经营的事情交给企业。国家通过调控经济参数来调控市场，由市场引导企业符合经济和社会发展目标。

宏观管理的方式和手段要同建立社会主义市场经济体制的要求相适应。为有效地发挥和正确引导市场对资源配置的基础性作用，宏观管理采取以价值量管理为主的间接调控方式，主要运用经济政策、经济杠杆和法律法规管理国民经济。并通过建立计划、金融、财政之间相互配合和制约的机制，加强对经济运行的综合协调。

宏观管理机构的设置要体现政企分开、精简、统一、效能的原则。既要符合市场经济的要求，又能够适应我国经济快速增长时期发挥政府积极主导作用的需要。

宏观管理体系中的中央与地方的关系是两者在经济管理权限上有明确的分工，

宏观经济调控权集中在中央并赋予地方政府调节区域经济的权力，但其从事的地方性经济建设要严格限制在基础性、公益性建设范围之内。

三、培育和发展市场体系

企业是各种生产要素组合而成的经济实体，建立现代企业制度要求建立包括劳动力、资本、技术在内的要素市场和统一、开放、竞争有序的市场体系，这是建立现代企业制度的前提条件。我国市场体系的发育和建立，是伴随经济体制改革的不断深化逐步发展起来的。从党的十一届三中全会召开至20世纪90年代末，大致可以分为四个阶段：第一阶段是1978年到1984年，随着农村改革的起步，首先放开了个体经营和集贸市场，商品市场得到较快的发展，其他市场开始萌芽；第二阶段是1985年到1987年，宏观经济体制改革进一步深化，计划体制、价格体制和企业改革为市场发育创造了较好的条件，生产资料等物资作为商品进入市场，金融、劳务、技术、信息、房地产等要素市场在探索中相继起步；第三阶段是1987年至1992年，党的十三大明确提出"社会主义市场体系"的概念和"国家调节市场，市场引导企业"的目标，促进市场建设在深度和广度上得到进一步发展；第四阶段是1992年至90年代末，党的十四大确立了社会主义市场经济体制的改革目标，十四届三中全会《中共中央关于建立社会主义市场经济体制若干问题的决定》为进一步培育和发展市场体系指明了方向，市场体系建设继续深入发展，不断壮大。

加强政府调控价格的经济实力，建立和完善国家调控市场价格的制度。在特殊情况下，政府必须对市场价格进行调节：一是调节市场价格的异常波动；二是保证和支持在竞争中处于特殊地位的某些产业部门。从1984年至1988年，根据党的十二届三中全会通过的《中共中央关于经济体制改革的决定》提出的商品经济是社会经济发展不可逾越的阶段，我国社会主义经济是公有制基础上的有计划的商品经济的论断，并按照党的十三大报告提出的"国家调节市场，市场引导企业"的新经济运行模式的要求进行价格改革。改革的方式是放调结合，以放为主，逐步放开大部分商品价格，实行企业自主定价，并对一些重要的基础产品价格推行价格"双轨制"，加大市场在价格形成中的基础作用，价格变动更为灵活。党的十八届三中全会通过的《中共中央关于全面深化改革若干重大问题的决定》明确提出:"全面深化改革的总目标是完善和发展中国特色社会主义制度,推进国家治理体系和治理能力现代化。"这一总目标的设立,是对我国改革开放的经验总结,也是对各领域改革目标的科学提炼,为我国未来的全面深化改革指明了方向。

第五节
简政放权,放开搞活

党的十一届三中全会恢复了我们党的唯物主义思想路线,深刻分析了当时经济体制的弊端,明确提出:"实现四个现代化,要求大幅度提高社会生产力,也就必然要求多方面地改变同生产力发展不相适应的生产关系和上层建筑,改变一切不适应的管理方法、活动方法和思想方法,因而是一场深刻的革命。"十一届三中全会指出了改革的方向、原则和主要任务。自此,我国宏观管理体制的改革展开了认识和实践互相推进并不断取得突破的伟大历程。在简政放权方面,主要进行了以下改革。

一、打破高度集中的管理体制

简政放权,充分发挥地方和企业的积极性,突出表现是扩大地方和企业固定资产投资权限,形成了投资主体多元化,资金来源多渠道的格局。打破高度集中的管理体制,实行简政放权。实行高度集中的管理体制,是传统经济体制的一个重要特征。这种管理模式的形成,主要的理论根据就是我国已经建立起了生产资料的公有制,因而政府作为社会经济的管理中心,就可以按照社会需要来直接分配社会劳动,实现社会产品供给与需求的平衡。出于这种考虑,整个社会被当作一个大工厂,计划统一下达,产品统购统销,资金统收统支,人员统包统配。以为只要这样做，就能克服资本主义生产的社会化与生产资料私人占有的矛盾，克服生产能力无限扩张与人民群众有支付能力的有限需求之间的矛盾，避免周期性经济危机，实现经济的长期稳定发展。在新中国成立初期，这种高度集中的管理体制，对于集中力量建设一批工业交通项目，奠定工业化的基础，发挥了重要作用。在第一个五年计划时期，国力非常薄弱，我国却能够同时开展156项重大工程，这主要得益于高度集中的管理体制。20世纪60年代我国的原子弹、氢弹和卫星研制成功，改革开放前30年经济建设的巨大成就，特别是重工业的迅速发展，应当说，都是由于在高度集中的管理体制下发挥了社会主义能集中力量办大事的优越性。

但是，随着经济规模的扩大和生产力的发展，这种高度集中的体制暴露出种种弊端，主要是地方的经济管理权限过小，企业几乎成了"算盘珠子"，政府拨拨动动，严重限制了地方和企业积极性的发挥。同时，随着社会需求的多样化出现及其不断变化，要求生产结构不断地进行调整才能满足需要。而这种经常变化的多样化的需求，是根本无法准确预测和精确计算的。因而，根本不可能把数量庞大、瞬息变化的社会生产纳入一个统一的计划。如果硬要去做实际上办不到的事情，结果必然是吃力不讨好。"计划赶不上变化"成为一种常见的现象。它导致了产品品种单调，技术进步缓慢，产业结构扭曲，加之受政治因素的影响，使国民经济不断出现大的波动，经济发展没有达到预想的目标。实践证明，这种高度集权的管理体制，已经阻碍了生产力的发展。

（一）给农民生产经营自主权

改革首先从农村开始。由于农村人多地少，基本上仍是手工劳动，农作物产量很大程度上取决于农民的生产积极性。因此，农村经济体制改革首先是改变土地经营权和生产计划过度集中的状况。废除了人民公社体制，改变了公社、大队、小队三级所有，以生产小队为基础的经营管理体制，实行土地家庭联产承包责任制，农民分户经营与集体统一经营相结合，将农业生产经营的权限下放到农户。1979年前，国家对25种主要农产品产量下达指令性计划，并对这25种主要农产品的播种面积、总产量计划下达分地区的计划数字。到1985年，农业生产指令性计划基本取消，主要农产品产量分别实行指导性计划和市场调节。

（二）扩大企业自主权

党的十二届三中全会以后，以扩大国有企业经营自主权为中心，在宏观经济领域进行了计划、物资、劳动工资、金融、商贸、物价、财税等多方面的改革。这些改革，在改变旧体制管理权限过分集中的状况方面迈出了重要步伐。1979年国务院颁布了《关于扩大国营工业企业经营管理自主权的若干规定》，之后又颁布实施了《中华人民共和国全民所有制工业企业法》，1992年又颁发《全民所有制工业企业转换经营机制条例》，企业经营自主权逐步扩大并得到不同程度的落实。这些自主权包括：生产经营决策权，产品、劳务定价权，产品销售权，物资采购权，进出口权，投资决策权，留有资金支配权，资产处置权，工资、奖金分配权，内部机构设置权，拒绝摊派权。落实企业的这些权限，使企业朝着自主经营、自负盈亏、自担风险、自我发展的方向逐步前进，增强了企业活力。与此同时，政府机关把本来就应该属于企业的权限下放之后，又为转变政府管理职能提供了条件。

（三）把能够通过市场解决的事情交给市场

在传统体制下，政府包揽了许多应该由市场调节的事务，如商品价格。改革以前，绝大多数商品价格由政府决定。其实，应该通过市场竞争形成，这样才能发挥价格作为市场需求信号和竞争手段的功能，发挥市场配置资源的基础性作用。经过改革，由市场形成价格的机制基本形成。

（四）扩大地方经济管理权限

中国人口众多，地域辽阔，为了充分发挥地方政府在组织经济建设方面的作用，更好地利用各地的条件，在全国统一计划和政策的指导下，发展优势和特色经济，是改革的一项重要内容。改革前，地方政府经济管理权限比较小。随着改革的推进，地方政府管理经济的权限逐步扩大。在生产、投资、流通、价格、外贸、外汇、劳动工资、科技、社会发展等方面，许多属于中央的管理权限，陆续下放到地方。

二、企业改革的回顾

在高度集中的计划经济体制下,国家既掌握了国民经济的决策权,又掌握了企业经济活动的决策权,政府对企业特别是国有企业,集所有权和经营权于一身,其典型特征是:企业在生产上实行统一计划,在财政上实行统收统支,在商业上统购包销,在外贸上实行统进统出,对劳动力实行统包统配。在这种体制下,企业成为各级行政机构的附属物,缺乏应有的生机和活力,束缚了企业生产的主动性、积极性和创造性。因此,从1979年开始的企业改革成为整个经济体制改革的中心环节。我国的企业改革始终是按照关于建立有中国特色社会主义的理论,沿着扩大企业经营自主权,使所有权和经营权分离,改革经营方式,搞活国有大中型企业的思路向前推进的。企业改革大致经历了以下四个阶段:

第一个阶段,从1978年12月党的十一届三中全会到1984年10月党的十二届三中全会。这期间,企业改革是在企业恢复性整顿和建设性整顿的基础上,从调整和改革国家与企业之间的分配关系入手,实行了多种形式的利润留成和盈亏包干,进而到扩大企业的经营管理自主权,开始实行各种形式的生产责任制。

第二个阶段,从1984年党的十二届三中全会之后到1986年底。这期间,党中央、国务院先后颁发了关于扩大企业自主权,增强企业活力的十几个文件,简政放权,实行二步利改税,进一步确定了国家和企业之间的分配关系。

第三个阶段,从1987年到1991年。主要是按照所有权和经营权分离的原则,根据不同行业和不同企业的特点,确定了不同的经营方式。其中多数大中型企业实行了承包经营责任制,小型企业以实行租赁经营责任制为主,还有少数企业试行了股份制和资产经营责任制。这些经营方式,运用法律手段,以签订合同或契约的方式,进一步扩大了企业的经营自主权。

第四个阶段,从1992年到现在。国家颁布了《全民所有制工业企业转换经营机制条例》(简称《转机条例》),企业主要是贯彻、落实《转机条例》,着重转换企业经营机制,部分企业试行了税利分流和股份制。

纵观企业改革的历程，可以看出，企业改革的主要特点是以放权让利为主要内容的政策调整。如在简政放权方面，国家先后制定了一系列扩大企业管理自主权、实行利润留成的政策，为放权让利、搞活企业提供了可靠的依据。在利改税方面，从第一步利改税后的利税并存，过渡到完全的以税代利，使国家和企业的分配关系以法律形式固定下来，摆脱了条块对企业的行政束缚。同时，通过实行税后留利，使企业有了一定自我发展、自我改造的资金。在实行承包制方面，采取包死基数，确保上缴，超收多留，欠收自补，以及责权利相结合的原则，有益于调动企业和职工的积极性。随着改革的深入，我国十分重视法制建设，为巩固改革成果，先后颁布了《中华人民共和国全民所有制工业企业法》和《转机条例》。这一系列的改革措施，使改革取得了明显的成效。总之，企业的投资、生产、销售、定价等各方面的自主权都有所提高。大多数企业开始面对市场组织生产，并且先后涌现了一大批比较适应市场变化、具有一定活力的企业。

第三章
确立社会主义市场经济体制

提出建立社会主义市场经济体制的目标,是党的十四大作出的历史性贡献。从改革初期提出大力发展商品经济,到党的十二大提出计划经济为主、市场调节为辅,十二届三中全会提出有计划的商品经济,十四大提出社会主义市场经济,反映了思想认识不断深化和发展的过程。应当说,每前进一步,人们的思想认识都更加接近社会主义初级阶段的客观经济发展规律。实践证明,社会经济的商品化、市场化程度越高,越有利于经济的发展。市场经济不是资本主义的专利,既可以同资本主义制度结合在一起,也可以同社会主义的基本制度相结合。十四届三中全会作出的《中共中央关于建立社会主义市场经济体制若干问题的决定》,在社会主义经济体制改革的历史上树起了一块新的里程碑。

第一节
社会主义市场经济体制基本架构

党的十四届三中全会通过的《中共中央关于建立社会主义市场经济体制若干问题的决定》(简称《决定》),要求"加快计划体制改革,进一步转变计划管理职能。国家计划要以市场为基础,总体上应当是指导性的计划",为计划体制改革指明了总的指导思想。按照这个指导思想,相应地明确规定了"计划工作的任务,是合理确定国民经济和社会发展的战略、宏观调控目标和产业政策,搞好经济预测,规划重大经济结构、生产力布局、国土整治和重点建设"。《决定》是贯彻落实党的十四大精神的重要决策,是邓小平建设有中国特色社会主义理论的具体体现。《决定》勾画出了社会主义市场经济体制的基本框架,是到20世纪末经济体制改革的行动纲领。

一、建立现代企业制度

坚持以公有制为主体、多种经济成分共同发展的方针,进一步转换国有企业经营机制,建立适应市场经济要求,产权清晰、权责明确、政企分开、管理科学的现代企业制度,是建立社会主义市场经济体制的中心环节。

我国经济的市场化已经达到了相当高的程度,包括乡镇企业在内的农村经济和城市集体、个体、私人企业以及三资企业,基本上是按照市场经济的机制运行的。国有企业能不能适应市场经济的要求转换机制,关系到能不能实现国有企业同市场经济的有机结合,关系着整个改革的成败。《决定》提出建立现代企业制度,就是要逐步用当代市场经济国家普遍采用的公司制,即有限责任公司和股份有限公司制度改组现有国有企业。公司制明确界定产权关系,改变长期以来国有企业产权模糊的状况,同时明确了企业的法人财产权。企业法人以其全部法人财产,自主经营,自负盈亏,对出资者承担资产保值增值的责任。建立现代企业制度,必须同时实行现代科学的管理制度和方法,建立合理的企业领导体制和组织制度。这将更有利于企业进入国际市场,增强国际竞争能力。

二、建立统一、开放、竞争、有序的市场体系

统一、开放、竞争、有序的市场体系,是市场经济运行的基础。《决定》提出重点是发展生产要素市场,包括资本市场、货币市场、劳动力市场、房地产市场、技术市场和信息市场等。其中,关于资本市场和劳动力市场的提法,是第一次出现在中央的文件中。过去,我们习惯于用资金市场的提法代替资本市场。其实,抽去资本的剥削属性,则其完全是投资品的价值量的代表。资本流向哪里,生产要素就流向哪里。没有发达的资本市场,就不可能有资源的优化配置。劳动力市场的提

出,在理论和实践上都是一个突破。劳动力是人的劳动能力,用于市场交换的是人的劳动能力的交换。劳动力的价值决定于智力和体力投资的成本以及劳动力的市场供求状况。在社会主义条件下,人的劳动能力的出让并不等于改变劳动者的主人翁地位。我国就业压力很大,只有通过发展劳动力市场,才能促进就业矛盾的解决。所以引入资本市场和劳动力市场的概念,必将对市场的发育和经济的发展产生深远的影响。

三、建立以间接手段为主的宏观经济调控体系

转变政府管理职能,建立以间接手段为主的宏观经济调控体系,是社会主义市场经济体制的重要内容之一。当今世界的市场经济国家,在宏观经济管理上虽然具有不同的模式,但各国政府在宏观调控中都发挥着一定的作用。特别是后发展国家,要实施赶超战略,必须在市场经济的基础上建立强有力的宏观调控体系。《决定》对如何转变政府职能、健全宏观调控体系,提出了明确的要求,对计划、金融、财政手段之间的分工协作和改革的方向作出了具体规定。

在财税体制改革上,决定实行中央与地方之间的分税制,是具有战略意义的重大决策,有利于走共同富裕的道路,有利于国家的统一和团结。在金融体制改革上,强化中央银行对稳定货币和监督金融机构的职能。决定组建货币政策委员会,以及时调整货币和信贷政策。决定建立国家政策性银行,实行政策性金融与商业性金融分离。1994年,这些改革方案付诸实施,之后,从根本上改变了金融体制改革滞后的局面。

在投资体制上,《决定》提出建立法人投资和银行信贷的风险责任制度,把固定资产投资分为竞争性、基础性和公益性三类,分别规定不同的资金来源渠道,实行不同的投融资方式。这些改革措施对于建立规范化的投资市场,提高投资的成功率具有重要作用。

在计划体制改革上,《决定》提出计划要以市场为基础,总体上是指导性计划。计划工作的任务,是合理确定国民经济和社会发展的战略、宏观调控目标和产业政策,搞好经济预测,规划重大经济结构、生产力布局、国土整治和重点建设。计划

工作要突出宏观性、战略性、政策性。这就与计划经济体制下的指令性计划有着根本的区别。《决定》强调计划工作要综合协调宏观经济政策和经济杠杆的运用,明确了计划手段在宏观调控体系中的位置。计划工作的这些新的职能,是与确立企业的市场主体地位、转变政府职能的要求相适应的。

四、实行以按劳分配为主体,效率优先、兼顾公平的收入分配制度

实行以按劳分配为主体,效率优先、兼顾公平的收入分配制度,鼓励一部分地区一部分人先富起来,走共同富裕的道路,是社会主义市场经济体制框架的第四个基本组成部分。《决定》提出建立适应企事业单位和行政机关各自特点的工资制度与正常的工资增长机制,积极推进个人收入的货币化和规范化,为建立中国特色的社会主义分配制度指明了方向。健全多层次的社会保障制度,为城乡居民提供同我国国情相适应的社会保障,促进经济发展和社会稳定,是市场经济体制框架中的重要内容。《决定》对建立社会保障、社会救济、社会福利、优抚安置和社会互助、个人储蓄积累保障以及医疗保险等制度,提出了明确的要求。按照《决定》的精神,加快社会保险制度的建设,是实行市场竞争机制的根本保证,必须与企业制度改革和市场体系建设等同步进行。

五、建立和完善社会主义市场经济体制

《决定》还对农村经济体制、对外经贸体制、科技教育体制、法制建设、加强和改善党的领导等方面作出了适应社会主义市场经济要求的新规定,为这些领域的改革指明了方向。为了保证改革的顺利推进,各方面的改革必须衔接配套,协同动作。把建立现代企业制度、市场体系以及金融、财税、计划、投资、外贸等方面的改革作为重点,予以突破,以加快确立新体制的基本框架,为20世纪90年代基本建立起社会主义市场经济体制奠定基础。新体制的确立,将调动起各方面的积极因素,把蕴藏的经济潜力充分挖掘出来,使中国经济在一个较长的时期内保持较快的增长速度。在完成20世纪第二步目标的基础上,实现第三步战略目标,到21世纪中叶,使我国人均国民生产总值达到中等发达国家水平,我国的经济总量将能跃居

世界前列。我们应当把新体制看作是通向现代化的必由之路，认真贯彻落实《决定》的精神，把改革开放一步步引向纵深领域，努力实现建立社会主义市场经济体制的目标。

从计划经济为主、市场调节为辅，到有计划的商品经济，再到建立社会主义市场经济体制和完善社会主义市场经济体制，伴随着认识不断深化的，是改革重点和方略的变化。20世纪80年代，改革的特点是"放权让利"，其着眼点是在维持计划经济框架的前提下，通过承包制和"财政大包干"来调动地方、企业和个人发展生产的积极性。20世纪90年代，改革的特点是"制度创新"，其着眼点是实现经济运行规则的转型：通过公司制改革，塑造企业和商业银行独立经营的法人地位；通过工商税制改革，规范政企分配关系，为企业创造公平的竞争环境；通过分税制改革，规范各级政府间的分配关系。进入新世纪，改革的特点则是转向弥补市场失灵，在进一步推进市场化改革的同时，强化政府在统筹各方关系，推进全面、协调、可持续发展方面的责任。

党的十四大确立了社会主义市场经济体制的改革目标。1993年，党的十四届三中全会通过了《中共中央关于建立社会主义市场经济体制若干问题的决定》，根据建立社会主义市场经济体制的总体要求，就市场主体重建、完善市场体系、完善宏观调控体系、建立完善社会保障体系等作出专门规划和部署。2003年，党的十六届三中全会又通过了《中共中央关于完善社会主义市场经济体制若干问题的决定》，在全面分析新形势和新任务的基础上，提出了今后一段时期我国经济体制的奋斗目标，即："按照统筹城乡发展、统筹区域发展、统筹经济社会发展、统筹人与自然和谐发展、统筹国内发展和对外开放的要求，更大程度地发挥市场在资源配置中的基础性作用，增强企业活力和竞争力，健全国家宏观调控，完善政府社会管理和公共服务职能，为全面建设小康社会提供强有力的体制保障。"

第二节
计划在宏观调控体系中的功能

由于发展计划具有宏观性的显著特点，国家发展计划是以宏观经济为对象的一种总量计划，它对经济和社会的发展在综合平衡的基础上作出总体安排，并且具有特殊的综合协调功能，能协调各地区、各部门、各利益主体、各再生产环节、社会总供求和各种经济调节手段之间的关系，客观上要求国家发展计划工作责无旁贷地承担起合理确定国民经济和社会发展战略的主要任务。

一、国家计划及其基本任务

国家计划是政府指导国民经济和社会发展的路线、方针、政策和部署的具体体现，经国务院制订并由全国人大会议批准的国家计划，是国家的经济纲领，是宏观调控的重要依据和手段。各方面必须认真执行，相互配合，通力协作，保证国家计划的实现。应建立健全国家计划宏观调控目标体系，明确提出计划期的经济增长率、固定资产投资规模和结构、货币供应量、信贷规模和结构、证券和股票发行规模、财政收支、国际收支、城乡居民收入增长幅度、城镇失业率、通货膨胀率、人口自然增长率等。国务院有关部门和地方政府应根据国家计划的宏观调控目标、任务和总体要求，制订各自的计划、政策和措施。在制订和实施国家计划过程中，国务院各部门应当密切合作，协调步伐。中央银行应按照国家计划确定的货币供应量和信贷计划，运用货币政策和金融手段保持币值的稳定，在此前提下支持经济适度发展。财政部门要按照国家计划确定的财政收支目标，运用财政税收政策，促进经济结构和收入分配结构的调整。计划部门应认真履行综合协调的职责，认真听取包括财政、银行在内的部门、地方的意见和建议，从社会经济全局上，研究提出和协调重要计划目标、政策和措施，提高国家计划的科学性，并积极促其实现。

深化计划体制改革的首要任务，是确立社会主义市场经济体制下的计划管理职能。概括起来说，新的计划管理职能主要是加强和改善宏观调控。其基本任务：一是根据客观经济规律，以及党和国家的路线、方针和任务，合理确定国民经济和社会发展的中长期战略、目标和任务，着重解决全局性、长远性和关键性的重大问题；二是提出宏观调控的短期目标和主要政策措施，搞好经济预测，保持经济总量的基本平衡和重大比例关系的协调，为市场健康运行创造良好的宏观环境；三是制定国家不同时期的产业政策，规划重大经济结构、国土整治、生产力布局和重点建设，引导和促进资源的优化配置；四是综合协调宏观经济政策和经济杠杆的运用，增强国家宏观调控的整体性、系统性和有效性；五是指导、促进全国市场体系的建立，研究制定规范市场行为的政策，维护公平竞争的市场秩序。凡是应当由企业和市场决定的微观经济活动，都要逐步交给企业自主决策，发挥市场的调节作用。国家计划的制订和实施，也必须按照市场经济规律的要求，以市场为基础。

二、国家计划是宏观经济调控的重要依据

制定和确立宏观经济调控目标是进行宏观经济调控的首要环节。在社会主义市场经济条件下，宏观经济调控的目标，是通过运用各类宏观经济调控手段，保证国民经济和社会发展所需的均衡条件。正如国家计划分为长期、中期和短期计划一样，为实现计划目标所需的宏观经济调控目标，原则上也可以划分为远期目标、中期目标和近期目标。确定宏观经济调控的目标和手段，要以国家计划为依据，或者说它本身就是国家计划的一项重要内容。进行宏观调控，之所以必须以国家计划为依据，原因就在于科学的国家计划是国家经济社会发展战略的具体体现，是经过国家最高权力机关审议，达成共识，经批准成为举国为之奋斗的行动纲领。执行国家计划，正是为了实现反映最大多数人民意志和利益的目标。宪法规定全国人民代表大会行使的职权之一，就是审查和批准国民经济和社会发展计划以及计划执行情况的报告，国家计划作为宏观经济调控的依据，是有法律依据的。

正如《中共中央关于经济体制改革的决定》所指出的："在很长的历史时期

内，我们的国民经济计划就总体来说只能是粗线条的和有弹性的。"这是由以下多种因素决定的：社会需求与社会供给的复杂性与多变性；以公有制经济为主体，多种所有制经济共同发展的基本经济制度；各地区情况千差万别，生产力发展水平和社会化程度参差不齐；最重要的是实行社会主义市场经济体制，市场在资源配置中起基础性作用。因此，计划指标大大减少，计划管理的范围大大缩小。体现计划意图的宏观经济调控目标也大大减少。但这并不是否定国家计划的作用，而恰恰是为了使计划与市场更好地发挥协调作用。宏观经济年度调控的主要目标有八个，即经济增长率、全社会固定资产投资增长率、全国商品零售价格和居民消费价格涨幅、财政收支差额、货币发行量、外贸进出口总额、人口自然增长率、城镇登记失业率。这同一些发达国家宏观经济调控的四大目标，即经济增长、充分就业、物价稳定和国际收支平衡，既有相同之处，又有我国自己的特点和需要。这八个宏观经济年度调控目标，从1999年起改为经济和社会发展的主要预期目标。尤其是经济增长，目标是个预期性指标，在国内外经济情况发生变化时可以进行调整，其他指标也可以根据情况的变化，按法定程序适时适度地进行调整。

三、国家计划成为宏观经济调控的重要手段

宏观经济调控有多种手段，其中计划、财政、金融这三种手段是三大支柱手段，覆盖最全面，影响最广泛，最经常使用。计划手段由于主要通过经济手段来发挥作用，也成了经济手段而不单纯是行政手段。由于情况发生变化而依照法定程序调整修订计划，实际上就为宏观经济调控提供了新的目标依据，也为宏观经济调控的运作和企业等微观经济主体的决策调整了导向。通过出台新的政策、协调各种调控手段的作用、发布计划信息，这些计划手段都可以成为宏观经济调控的重要手段。以1993年至1996年期间的宏观调控为例，这期间以抑制通货膨胀为主要任务的宏观调控基本达到了预期目的。当时加强和改善宏观调控的背景是在国民经济全面发展的同时，总量失控，结构失调，金融秩序混乱，内外经济失衡。其直接后果是导致货币超经济发行，通货膨胀压力明显增大。为了制止整个经济状况进一步恶化，保持国民经济快速发展的好势头，中央采取了加强和改善宏观调控的16条措

施，当中有14条靠的是经济手段，通过几个年度计划逐步实施，取得了良好效果，创造了社会主义市场经济条件下宏观调控的新鲜经验。其中抓住影响宏观经济稳定的重要问题和主要矛盾，是短时间内扭转局面的关键，即以治理"三乱"（乱集资、乱拆借、乱设金融机构）和"两热"（开发区热、房地产热）为主要矛盾，有针对性地采取措施，包括严格控制需求，特别是控制固定资产投资需求过快增长，使宏观环境及时得到改善。与此同时努力增加供给，重视结构优化，正确把握和灵活调整宏观调控的力度，从体制和机制上为实现宏观调控目标创造条件。这些都为"软着陆"作出了贡献。计划、财政、金融等主要宏观经济管理部门相互配合、齐抓共管，为最终实现宏观调控目标起了重要的作用，表明计划调节是实现宏观调控目标的重要手段。

四、充分发挥国家计划在宏观调控中的作用

要按照社会主义市场经济的要求，进一步深化计划体制改革，提高计划管理水平，更好地发挥计划的总体指导和综合协调功能。计划要突出战略性、宏观性和政策性，要尊重市场规律、依靠市场、反映市场、引导市场、调控市场。计划的制定，应该从实际出发，努力提高科学性、可行性。在计划执行过程中，也要根据经济形势的变化，进行适当的调整。特别是实行扩大内需政策，增加固定资产投资，加强基础设施建设，更要相应地加强和改进计划工作，做到合理安排，科学配置资金，既加快工作的进程，确保尽快取得政策效应，又要注意优化结构，提高效益，防止一哄而起，出现重复建设。在社会主义市场经济体制中，计划、财政、金融是国家宏观调控的三大手段，在功能上应密切配合，共同搞好总量平衡、结构优化、周期熨平。国家计划要按照社会总供给和总需求基本平衡的原则，对经济增长率、通货膨胀率、投资率、信贷货币、国际收支等经济指标进行衔接协调，明确提出宏观调控的目标、任务和重点，为具体制定各方面宏观经济政策和宏观调控措施提供依据，同时，还要综合协调各项经济政策和经济杠杆的运用。实践证明，这是发挥国家计划的总体指导作用，使各种宏观调控手段形成合力，体现政府政策导向，增强宏观调控统一性、有效性的重要保证。

第三节
市场对资源配置的决定性作用[①]

市场决定资源配置是市场经济的基本要求。改革开放实质上就是从培育市场主体、完善市场体系、发展商品经济做起,实行市场取向的改革。

一、市场经济在资源配置中的作用由基础性发展为决定性

回顾党的十一届三中全会召开 30 多年来的改革历史,对于政府与市场关系的认识,经历了一个不断深化的过程。1978 年党的十一届三中全会提出,"应该坚决实行按经济规律办事,重视价值规律的作用"。1982 年党的十二大提出,"发挥市场在资源配置中的辅助性作用"。1992 年党的十四大把建立社会主义市场经济体制确立为经济体制改革的目标,提出要使市场在社会主义国家宏观调控下对资源配置起基础性作用,通过经济杠杆和竞争机制的功能,把资源配置到效益较好的环节中去。2003 年党的十六届三中全会提出,"要在更大程度上发挥市场在资源配置中的基础性作用"。党的十七大报告对深化经济体制改革作出了重要部署,提出要在完善社会主义市场经济体制方面取得重大进展,"要深化对社会主义市场经济规律的认识,从制度上更好发挥市场在资源配置中的基础性作用"。随着改革的不断深化,市场对资源配置发挥着越来越重要的作用。实践证明,凡是市场配置资源作用发挥比较好的领域,资源配置效率明显提高,经济发展就充满活力;市场作用受到限制的领域,对资源的吸引力明显偏低,经济发展就像一潭死水。2012 年党的十八大提出,"要在更大程度、更广范围发挥市场在资源配置中的基础性作用"。十八届

[①] 《市场经济规律认识的新飞跃——专访中国国际经济交流中心常务副理事长郑新立》,人民日报,2013 年 12 月 6 日。

三中全会审议通过的《中共中央关于全面深化改革若干重大问题的决定》指出，"经济体制改革是全面深化改革的重点，核心问题是处理好政府和市场的关系，使市场在资源配置中起决定性作用和更好发挥政府作用"。这是对十四大提出的市场配置资源的基础性作用的继承和发展。如果说提出发挥市场配置资源的基础性作用，相对于计划体制下由政府配置资源来说，是我们党对市场经济规律在认识上的第一次飞跃，那么，时隔21年后提出发挥市场配置资源的决定性作用，就是我们党对市场经济规律在认识上的又一次新的飞跃。

发挥市场配置资源的决定性作用，有三个前提条件。首先是要培育具有独立经营能力的市场主体，包括国有企业、民营企业等；其次是要有完善的市场体系，有些要素市场发育程度比较低，特别是土地市场、资本市场，影响到市场对资源配置的决定性作用，应对这些市场进行完善；最后是要有良好的市场竞争秩序，大家能够平等竞争，站在同一起跑线上。需要指出的是，《中共中央关于全面深化改革若干重大问题的决定》特别提出，发挥市场的决定性作用要和更好地发挥政府的作用两者相结合，这两件事同等重要。发挥市场决定性作用不是说政府干的事越少越好，而是要求政府转变职能，重点搞好宏观调控、市场监督、社会管理以及公共产品的供应。

党的十八届三中全会通过的《中共中央关于全面深化改革若干重大问题的决定》指出："建设统一开放、竞争有序的市场体系，是使市场在资源配置中起决定性作用的基础。必须加快形成企业自主经营、公平竞争，消费者自由选择、自主消费，商品和要素自由流动、平等交换的现代市场体系，着力清除市场壁垒，提高资源配置效率和公平性。"市场决定资源配置是市场经济的一般规律。我们搞社会主义市场经济体制，就应该遵循这种规律，充分发挥价值规律的作用。搞经济工作，违背价值规律就是吃力不讨好，抓住价值规律就是抓住了经济工作的牛鼻子。各个行业之间按照价值规律由市场主体来配置资源，就能实现按社会的需求，在各个部门之间分配社会劳动。哪一个部门供过于求，这个部门的资金利润率就低于社会资金平均利润率，资金就会转移出来；哪一个部门资金利润率高于社会平均资金利润率，资金就会投向这个领域，这样很快就能实现各个部门的供需平衡。在产能过剩的领域,如果发挥了价值规律的调节作用,产能过剩可能就容易解决。同样,解决供给不足问题,只要发挥市场作用,也容易做到。在一个行业内部,通过价值规律的作用,资源向优秀企业积聚,优秀企业就能获得充分发展。市场机制不完善,落后企业照样生产,优秀企业不能充分发展,不能充分实现优胜劣汰,主要原因在于市场决定资源配置的作用没有发挥好。

二、发挥市场配置资源的决定性作用的配套体制条件

《中共中央关于全面深化改革若干重大问题的决定》(简称《决定》)对发挥市场配置资源的决定性作用所需配套体制条件作出了改革部署:

一是放宽市场准入。实行统一的市场准入制度,在制定负面清单的基础上,各类市场主体可依法平等进入清单之外的领域。《决定》明确要求"推进工商注册制度便利化,削减资质认定项目"。这些改革对鼓励创办企业,增加市场主体,强化市场竞争,发挥企业在资源配置中的主体作用具有重要意义。

二是完善主要由市场决定价格的机制。价格是引导资源流向的信号,价格扭曲,必然导致资源错配。《决定》提出"凡是能由市场形成价格的都交给市场,政府不进行不当干预"。政府定价范围主要限定在重要公用事业、公益性服务、网络型自然垄断环节。

三是实行统一的市场监管。市场扩大到什么范围,资源就能够在多大的范围内优化配置。我国幅员辽阔,人口众多,建立全国统一市场,在全国范围内优化资源配置,能够产生出巨大的宏观经济效益。《决定》要求改革市场监管体系,实行统一的市场监管,清理和废除妨碍全国统一市场和公平竞争的各种规定和做法。

四是建立城乡统一的建设用地市场。土地是重要的生产要素,建立完善的土地市场是节约集约利用土地资源的重要途径。《决定》提出在符合规划和用途管制的前提下,允许农村集体经营性建设用地出让、租赁、入股,实行与国有土地同等入市、同权同价,并提出一系列土地改革新举措。这些改革是农村土地公有制实现形式的重大突破,是发挥市场对土地配置作用的重大突破,对农业现代化和城乡一体

化必将产生重大推动作用。

五是完善金融市场体系。《决定》对金融体制改革作出了重要部署,并提出扩大金融业对内对外开放,在加强监管的前提下,允许具备条件的民间资本依法发起设立中小型银行等金融机构。这些改革对完善金融市场体系、充分发挥金融领域市场对资源配置的决定性作用具有重要意义。

第四节
更好地发挥政府的作用

《中共中央关于全面深化改革若干重大问题的决定》指出,科学的宏观调控,有效的政府治理,是发挥社会主义市场经济体制优势的内在要求,并提出了"切实转变政府职能,深化行政体制改革,创新行政管理方式,增强政府公信力和执行力,建设法治政府和服务型政府"的改革总目标。

一、推进经济转型升级必须更好地发挥政府作用

实现经济的转型升级是一项艰巨的历史任务。靠引进资金、技术,利用劳动力成本低和资源优势,发展劳动密集型、资源密集型产业,进入高收入国家行列,如果没有经济结构的根本转换,包括产业结构升级,城乡均衡发展,是不可能实现的。日本、韩国同巴西、墨西哥提供了正反两方面的经验。我国正处于向高收入国家攀升的艰难爬坡阶段,在这样一个特殊阶段,尤其需要在发挥市场配置资源的决定性作用的同时,更好地发挥政府的作用。

经济下行压力加大,正是结构转换难度加大的反映。要抓住机遇,必须制定和实施正确的发展战略和发展政策。中国作为一个后发展国家,要发挥后发优势,在较短时间内走完发达国家用几百年走过的道路,就必须通过制订发展计划,协调各

方面的力量，实施赶超战略，实现跨越式发展。在经济快速发展时期，政府的作用不能削弱，但是这种作用同计划经济时期有着本质的区别。政府不能干预企业的经济活动，更不能代替企业决策，而是要维护好经济发展的市场环境，通过立法和执法，实现公平竞争。

在实施经济转型、产业升级战略中，政府要制定明确的导向政策，包括鼓励类、限制类的政策。在市场准入政策上，要制定负面清单，实行非禁即入的原则。我国在近40年改革发展中，一方面不断扩大市场的作用，一方面逐步转变政府职能，完善宏观调控，创造了经济奇迹。我国正处于转型升级的关键时刻，我们不仅不能使政府去功能化，而且要更好地发挥政府的作用。

二、转变政府职能

中共十八届二中全会提出的《国务院机构改革和职能转变方案》将"职能转变"列入了文件名中，这份文件突出了职能转变，也就是要将政府职能集中到应该管的事情上来。这释放出的一个强烈信号是，机构改革不仅仅是部门的合并、设立以及取消，而是要从根本上转变政府职能。也就是说，按照社会主义市场经济体制的要求，政府主要把管理职能放在宏观调控、提供公共产品和服务、制定政策和法规，以及对市场秩序进行监管以保证公平竞争、有序的市场环境等方面。

（一）宏观调控

在市场经济条件下，政府在经济领域的主要职能是宏观调控。宏观调控的主要任务是保持经济总量平衡，促进重大经济结构协调和生产力布局优化，减缓经济周期波动影响，防范区域性、系统性风险，稳定市场预期，实现经济持续健康发展。为此，要健全以国家发展战略和规划为导向、以财政政策和货币政策为主要手段的宏观调控体系。面对全球金融危机的压力，我们要把挑战变为机遇，以转方式、调结构实现稳增长，尤其需要强化政府对宏观经济调控的功能。

（二）简化行政审批

简化行政审批环节、减少对企业经营活动的干预，是政府职能转变的重要方面。许多企业反映政府对新建项目的审批环节过多,手续过于烦琐;有些行业进入门槛过高,存在着"玻璃门";不少市场可以解决的问题,仍习惯于用行政手段解决。为此,应对现行审批事项进行认真清理,凡属于市场调节和企业经营决策的事务,都应交由市场和企业来解决。

简政放权以后,政府就可以把精力集中在宏观调控、市场监管、社会管理、公共服务和环境保护方面。特别是宏观调控,这件事十分重要。政府集中力量搞好这些事情,可以由市场决定的事情交给市场,可以由企业决定的事情交给企业,两者各尽其责,经济的活力就可以增强,同时宏观经济也能够保持持续稳定的运行。

(三) 规范市场秩序

市场经济是各类企业公平竞争的法治经济,政府的职责就在于规范市场秩序,营造各类企业平等竞争的环境。对于不正当竞争行为,政府有关部门应严格依法打击,并制定科学严格的质量标准,加强市场监管。同时,在税收、信贷、用地、市场准入等方面,对各类所有制企业应一视同仁,让企业平等获得生产要素,使先进企业充分发展,落后企业则被淘汰,保证市场经济优胜劣汰的机制真正发挥作用。

简政放权之后,要做到放而不乱,管而不死,最重要的一个做法就是实行负面清单的管理制度。让企业知道哪些领域进入,需经过一定的审批,除此之外都可以自由地进入,从而增加对企业进行管理的便利性。政府在具体的、微观上的管理事务减少之后,就能够集中精力在搞好宏观管理事务上。

(四) 发挥计划、财税、金融三大调控杠杆的作用

计划、财税、金融三大调控杠杆要围绕促进转型升级形成调控合力。要运用积极的财政政策和适度灵活的货币政策引导资金投向产业转型升级的方向,投向那些能够推动经济发展方式转变的方向。制定一些调整规划,实现计划部门、财政部门、金融部门密切配合。计划部门制定调控的方向、调控的战略、调控的重点以及发展的重点。财政部门用贴息、资本金补助、减税等各种方式来引导资金投向。金融部门采取定向宽松的货币政策,保证资金投向优先发展的项目、重点项目,提高

投资的经济效益和社会效益。

（五）政府引导

政府和市场都要发挥作用。政府是起到引导的作用，市场要发挥它的主要作用。但是市场要发挥作用，需要政府通过政策、法规创造一种机制，通过这种机制来引导市场行为，引导资金的投向，引导企业作出有利于转变经济发展方式的经营决策。政府的法规政策代替不了企业的决策，但是政府的法规政策对企业的决策具有重要的引导作用。

（六）社会管理

长期以来，中国经济发展比较快，社会发展却相对滞后，出现了经济发展和社会发展一条腿长、一条腿短的问题。而政府也注意到了这个问题，于是不断地加强社会管理职能。例如进行社会保障制度的改革，包括在城乡范围内推进养老保险、医疗保险的改革，扩大了养老保险、医疗保险的覆盖面等。另外，还有一些职能需要削减，最典型的应属行政审批。由于审批环节比较多，职能转变应从原来以过多的行政审批干预经济转到制定政策法规上来，用政策法规来约束市场和企业的行为；要从事后追惩变成加强事前监督。

第五节
计划发挥作用的途径

宏观调控的必要性在于市场机制有其自身的弱点和消极方面，这个原理和计划与市场相结合的必要性是完全一致的。但是，从市场作用方面来看，为实现计划提出的发展目标和控制目标，要依靠市场的作用，而市场的作用一旦得到充分发挥，就必然要承受市场缺陷的苦果。从计划作用方面看，克服市场缺陷需要计划，如果计划切实消除了经济运行中市场作用的盲目性，则市场机制的竞争作用及其引发的活力也可能随之削弱。所以，宏观调控与市场机制相结合，就是要寻求一个优化的均衡点。根据不同时期、不同领域的实际状况，做到既能最大限度地发挥市场机制的作用，同时，又可以有效发挥宏观调控的优势。作为宏观调控的重要工具，发展计划的内容和实现方法的性质，正是由经济体制的这种基本格局所决定的，必然是指导性的。计划在宏观调控体系中的作用主要应当体现在以下几个方面：

首先，计划应当合理确定宏观调控的目标体系。国家计划是政府指导国民经济和社会发展的路线、方针、政策和部署的具体体现，经国务院制订并由全国人大会议审议批准的国家计划，是国家的经济纲领，是宏观调控的重要依据和手段。国家计划应当根据当前经济运行的实际，提出切实可行的宏观调控目标，包括经济增长率、固定资产投资规模和结构、货币供应量、信贷规模和结构、证券和股票发行规模、财政收支、国际收支、城乡居民收入增长幅度、城镇失业率、通货膨胀率、人口自然增长率等，以保持总量的大体平衡和结构的协调。计划应当反映实际，应当是通过实行一定的政策措施可以达到的目标。如果偏离实际过多，计划就会失去严肃性和科学性。

其次，计划应当提出实现目标的政策措施。制订国家计划应当主要着眼于提出与宏观调控目标相适应的经济政策，突出计划的政策性。主要包括以调节总需求为重点的经济总量平衡政策，以产业政策为核心的经济结构调整政策，效率优先、兼顾公平的收入分配政策，促进经济、科技、社会协调发展的政策，以谋取国际比较利益为目标的对外经济技术政策等。国务院有关部门以国家计划确定的目标、任务和基本政策为依据，提出相应的具体政策，主要包括财政政策、货币政策、投资政策、消费政策、物价政策、国际收支政策、社会发展政策和人口政策等。

再次，计划应当综合协调经济杠杆的运用。在计划的制订过程中，计划部门应根据宏观调控目标的要求，提出运用经济杠杆的方向性和力度的意见，有关部门据此提出可操作的经济杠杆调节方案，包括基础货币、基准利率、准备金率、汇率、税率等，经计划部门综合平衡后报国务院批准实施。在计划实施过程中，计划部门应密切跟踪经济走势，针对经济运行中的矛盾和问题，及时提出运用经济杠杆的建议，搞好经济杠杆的协调作用。应建立计划、财政、金融等部门之间自下而上逐级协调的制度。

最后，运用国家直接掌握的资源平抑市场。国家直接掌握财政资金、政策性贷款、国家统借外债、国家外汇储备和其他可供调动资金的使用，某些重要商品的国家订货、储备和投放，国家重点建设项目、重大科技项目、国防军工和重点科技成果推广的审查批准等。在具体实施中，一般应采取投标招标的方式进行。应当制订重要商品的国家订货、储备计划，根据经济运行的情况，及时提出吞吐调节、平抑物价的建议。

第四章
不断完善计划体系

　　党的十四届三中全会通过的《中共中央关于建立社会主义市场经济体制若干问题的决定》，对计划体制改革的方向、目标和任务提出了明确的要求。为了加快建立社会主义市场经济体制的基本框架，促进国民经济持续、快速、健康发展，必须进一步更新计划观念，转变计划管理职能，全面深化计划体制改革，建立适应发展社会主义市场经济要求的新型的计划体制。

　　计划体制改革的过程，既是简政放权的过程，也是搞活企业、培育市场的过程。经过十几年累进式的改革，可以说，我国的计划体制向社会主义市场经济体制的转变，已经取得了重大成效。然而，计划体制与社会主义市场经济体制相比，还有一定的距离。存在的主要问题是：应该由市场发挥作用和企业自主决策的经济活动，有些还没有放下去，中央已经放权的，有的没有落实到企业；在微观经济放开搞活的同时，还缺乏有效的宏观指导和调控；应该由国家计划直接管理的某些经济活动，基本上仍沿用传统的计划管理办法，国家计划还存在某些脱离实际、不能及时反映市场供求变化的现象；计划确定以后，缺乏有效的实施手段和措施；适应市场经济要求的宏观调控体系还没有建立起来，各种调控手段的运用难以协调配套，宏观调控偏重于直接干预，方法和手段比较单一，缺乏必要的物质手段；计划制订的社会参与程度比较低，微观经济活动同国家计划的目标和要求不能很好衔接，重要计划决策缺乏责任约束和行为规范，计划工作的民主化、科学化和法制化建设还相当薄弱。制定一个切实可行的，经济、科技、社会综合发展，中长期和近期计划配套的计划体系，是宏观管理的首要任务。

第一节
年度宏观调控目标的提出

党的十五大报告提出:"宏观调控的主要任务,是保持经济总量平衡,抑制通货膨胀,促进重大经济结构优化,实现经济稳定增长。宏观调控主要运用经济手段和法律手段。要深化金融、财政、计划体制改革,完善宏观调控手段和协调机制。实施适度从紧的财政政策和货币政策,注意掌握调控力度。"明确提出了宏观调控总的目标、手段和政策取向。

一、宏观调控目标体系

宏观调控目标是一定时期国家在宏观经济管理方面所要达到的国民经济运行状态的预定目的。宏观调控目标的确定是制订年度计划以至五年计划的主要任务。一定时期的宏观调控目标,一方面能向企业公开展示最重要的宏观经济信息,对企业的自主决策发挥引导作用;另一方面又是政府各经济管理部门制定政策措施的重要依据。

宏观调控目标不是单一的,而是由一系列指标组成的体系。宏观调控目标的选择不是固定不变的,可以根据各个时期国民经济发展和宏观经济管理的需要做适当调整。西方国家一般都选择经济增长、充分就业、物价稳定、国际收支平衡等作为宏观经济管理的目标。我国根据本国的国情、国民经济运行的状况及国家宏观经济管理的需要,确定目前我国宏观调控的目标体系由以下几方面的指标组成。

- 经济增长速度。以国民生产总值或国内生产总值计算的经济增长率表示。
- 价格总水平。以居民消费价格指数和商品零售价格指数表示。
- 固定资产投资。以全社会固定资产投资率及相应的固定资产投资总规模表示。

- 财政收支。主要是以财政赤字的数额作为宏观调控目标。
- 货币供应。主要以货币供应量增长率作为宏观调控目标，同时对国家银行信贷总规模、货币发行量及货币供应总量等进行调控。
- 国际收支。以国际收支基本平衡，汇率相对稳定为目标，以进出口总额、当年新增中长期债务总规模，国家外汇结存等作为宏观调控目标。
- 人口和就业。主要控制人口自然增长率及城镇失业率。

各宏观调控目标不是孤立的，而是相互依存，相互制约，有机联系，形成完整的宏观调控目标体系。现实经济生活中，各目标之间并非总是一致的，有时是相互矛盾的，为此，确定和实施一定时期的宏观调控目标时，就必须从实际出发，切实做好宏观调控目标间的协调。各宏观调控目标在不同时期、不同条件下，其地位也是不同的。为此，需要根据各时期的具体情况以及宏观调控的主要任务，选择和确定主要的宏观调控目标，再围绕主要的宏观调控目标的实现进行相关宏观调控目标的调控。但在不同的计划期间，宏观调控的目标会有所侧重。其短期目标，主要是维持经济稳定，通过总需求的即期调节，保持总供给与总需求的基本平衡。其中期目标主要是维持经济持续增长，着重从供给方面，推动经济结构的合理化和高度化，保持经济增长的能力。其长期目标的核心在于保持经济社会的可持续、协调发展，需要采取更多方面的宏观调节来实现这个目标。这些短期、中期、长期的目标实际上又组成了环环相扣、相互联系的宏观调控目标体系。为实现这些目标需要选择相应的宏观调控政策，并且调控政策之间还应当是相互协调的。

宏观调控政策主要包括财政政策、货币政策、产业政策、就业政策、投资政策、分配政策、价格政策、外资政策等，这些政策的实施都将促进或制约调控目标的实现。而调控目标之间又存在着相互矛盾的关系。例如控制通货膨胀和促进经济增长、保证充分就业就存在目标矛盾；又如短期目标的抑制需求与中期目标的增加供给存在矛盾；再如效率与公平也有矛盾的方面，强调了效率，促进了经济增长，但差别度掌握不好，政策不当，又会有损公平目标的实现；还有经济增长与人口、资源、环境之间也存在矛盾。所以，在国民经济与社会发展中，发展计划主管部门作为国民经济的综合部门有责任完善宏观调控政策体系，将短期、中期和长期调控目标协调起来，将总需求管理与总供给管理统一起来，综合协调宏观经济政策和经济杠杆的运用，是极为必要的。

社会主义市场经济条件下的国家发展计划仍然是国家宏观经济管理的重要手段之一。但计划的原有模式必须进行改革，更新计划观念，转变计划职能，改进计划内容，发展新的计划形式。国家发展计划的重点不再是安排各个层次，特别是企业的生产经营活动，而是合理确定宏观调控目标和产业政策，搞好宏观经济预测，制定国民经济和社会发展战略，规划重大经济结构和生产力布局，保障国家重点建设项目，促进国民经济持续、快速、健康发展和社会全面进步。对我国来说，国家基于整个国民经济健康发展的宏观调控目标是运用各种调控手段的基本依据，也是三大调控部门保持有效合作和相互制约的基础。国家计划的制订和实施过程中需要对计划的主要内容进行协调。中长期计划主要是保持经济和社会发展的协调，年度计划主要是要使各项宏观调控目标相互协调，同时，还必须使目标与实现目标的政策措施，以及各项政策措施相互间保持协调。

二、年度计划及其主要内容

年度计划是根据中期计划的要求而制订的一年期计划。年度计划的任务是，搞好年度宏观经济总量的基本平衡，推进产业政策的实施，对重要商品市场供求进行预测，提出有关经济政策，运用好资源以保证国家重要物资贮备、国家订货和重点建设的需要，对市场进行适时调控。年度计划主要是预测性、政策性计划，要根据国内外市场需求的变化和经济发展的新情况，提出宏观调控的目标、任务和经济发展的重点与政策措施。

由于社会再生产活动都是以年度为基本时间单位组织和统计的，因此年度计划是计划体系中时间最短、内容最具体的计划。经济体制改革以来，随着高度集中的计划体制的改革，年度计划内容的变化也是最大的。在计划直接组织社会生产的时期，年度计划包括大部分产品的产量、产销衔接、材料供应、投资规模和项目安排，财政收支规模和结构安排，银行信贷、现金规模和结构的安排，外贸进出口规模、品种、数量安排，招工指标和工资总额安排，学校招生和毕业生分配安排等。内容非常庞杂，安排非常具体，大多数指标是指令性的。可以说，这时的年度计划是社会再生产活动的神经中枢。改革开放以来，年度计划已经转变为以指导性和预测性为主的计划，重点是提出年度调控目标和相应的调控政策。其主要内容有：根据中央经济工作会议的精神，提出年度经济工作的总体要求，在此基础上提出计划年度的经济和社会发展的主要预测目标，包括年度经济增长率（可比价的国内生产总值）；全社会固定资产投资增长率；全国零售商品价格指数和居民消费价格指数；进出口总额增长率和贸易差额；财政收支规模和财政赤字；货币发行量；城镇登记失业率；人口自然增长率等。再围绕预测目标，进一步提出国民经济和社会发展的主要任务。

三、进一步改革年度计划

年度计划的主要任务是根据中长期计划和专项规划的要求，搞好短期社会总供求的大体平衡，保证经济的健康运行，年度计划改革虽然已经迈出了较大步伐，但是与建立社会主义市场经济体制的要求相比，还有较大差距，需要进一步改革。改革的方向是进一步加强年度计划的宏观性、预测性、政策性和导向性。改革年度计划应从以下几个方面入手。

根据改革开放和经济建设需要，继续减少计划指标，强化经济预测、信息传递，重视综合计划报告、专项计划报告的作用。综合计划报告着重进行经济分析和预测，提出调控目标和综合性经济政策，促进经济景气运行。专项计划报告要着重反映和解决经济运行中某个方面的突出矛盾和问题，提出有针对性的对策和措施。根据对计划实施的监测，针对经济运行中出现的矛盾，提出综合运用经济杠杆进行调控的建议，包括调节着力点、调节方式、调节力度的选择等，促使经济杠杆和经济政策协调运作。对供求弹性大、容易出现较大波动的少数重要产品进行市场供求的预测和监测，发布信息，引导企业的经营决策。对居民基本生活必需品和少数重要产品中仍需实行直接管理的部分，应制订国家订货、储备、投放和进出口计划，及时吞吐，调节供求。改进年度计划指标体系，根据进一步发挥市场作用和改善宏观调控的需要,进一步减少乃至最终取消那些直接下达给企业的计划任务指标,对需要保留的反映经济、科技、社会发展状况的指标加以改造,同时增加少量必需的宏观经济总量指标。

(一) 具体原则

年度计划要很好地适应市场供求的变化,更有效地指导全国经济运行。年度计划要与中长期计划紧密衔接,使两者成为有机的整体。应创新年度计划的内容和形式,完善宏观经济调控目标和计划指标体系,加强对宏观经济政策的研究和综合协调,使计划目标与经济调节手段紧密结合。提高年度计划编制的社会参与程度,加强计划决策的民主化、科学化、法制化建设。

(二) 改革年度计划的功能和内容

根据中长期计划确定的经济社会发展战略和目标以及重大结构与生产力布局规划,结合年度宏观经济环境和市场运行的具体情况,确定年度经济、科技和社会发展的基本任务和宏观调控目标,以及若干重要经济社会活动的预期指标。这既是政府对年度经济社会发展的预测,又包含着政府的期望,是政府、企业和社会各界的共识,具有宏观的指导意义。

确定实现年度经济、社会发展任务和宏观调控目标的基本宏观经济政策及相应的经济调节措施,把制订和实施计划的过程变成综合协调和运用各种宏观经济政策及各类经济杠杆的过程,充分体现计划的政策性和导向性。

重点搞好需求管理,保证社会总供求的大体平衡,为市场运行创造良好的宏观环境;组织实施国家重点建设及重大科技项目,把充分发挥市场对资源配置的决定性作用与国家宏观经济调控结合起来,促进经济结构不断优化。

运用国家直接掌握的物质条件,引导全社会资金和资源的流向,对市场运行进行近期调节。主要是制订并组织实施国家公共资金和资源动员与运用计划,包括国家财政投资、政策性融资、国家外汇、中长期外债和重要商品的国家订货、国家储备计划。

(三) 改革年度计划的基本形式

完善年度计划宏观调控目标体系。年度宏观调控目标应当兼顾充分发挥资源潜力，加快经济发展和保证总量大体平衡，促进结构优化的要求。根据我国的具体情况并借鉴国外市场经济国家的经验，年度宏观调控目标主要是：经济增长率、货币供应量、全社会信贷总规模、有价证券发行总规模和货币发行量、全社会固定资产投资总规模、政府收支总规模、进出口总额、当年新增中长期外债总规模、通货膨胀率、城镇待业率、人口自然增长率等。宏观调控目标的确定要建立在正确估量宏观经济环境、科学预测经济发展和市场运行的总体格局及变化趋势的基础上。宏观调控目标对政府部门具有约束力，应当是宏观经济政策和综合运用各种经济调节手段的出发点和归宿，是政府经济管理部门，特别是具体掌握经济杠杆的部门进行宏观经济管理的主要依据。政府职能部门应主要通过间接宏观调控，力求实现这些目标，同时应向企业公开展示政府的宏观调控意图和政策环境，为企业在市场竞争中自主决策提供重要的宏观经济信息。

逐步建立以预期指标为主体的年度重要经济活动的计划指标体系。预期指标是以科学的预测为基础，并为充分体现政府的宏观调控意图而制定的，是带有宏观指导性的计划指标。它更接近实际，又不等同于一般的预测。预期指标主要是生产、流通和社会事业等方面的总量指标，一般不分解下达，对地方和企业不具有行政约束力，主要是提供信息导向，也不作为地方和部门的考核依据。这样就可以大大减少在制订计划时的"扯皮"现象，有利于克服计划过于脱离实际的问题。

强化年度计划报告，包括综合性的经济社会发展报告（年度经济白皮书）和专题报告，以及在计划实施过程中为及时调控经济运行而制定的经济政策报告。综合性的经济社会发展报告着重分析年度宏观经济的总体态势，阐明国家对年度经济发展和市场运行的基本方针，提出实现宏观调控目标的重大政策措施；专题报告主要是针对年度经济和社会发展的重点方面和主要矛盾问题，提出相应的宏观政策和措施；经济政策报告主要是在计划执行过程中，通过对经济运行的监测、预警和分析，就经济生活中的重大问题提出协调经济政策，以对宏观经济进行即期调控，这也是计划部门发挥宏观调控作用的一种重要方式。这三种计划报告形成的过程，都是计划部门综合协调各项宏观经济政策和各种经济杠杆，同有关经济调节部门达成共识与合力的过程。

制订国家资金和资源的动员运用计划。这虽然在一定程度上具有国家直接配置资源的性质，但也不同于投资、物资等指令性计划形式。它更多地采用计划合同、政府投融资、国家订货、招投标等与市场运作相容的方式来实现。

（四）改革年度计划编制和管理方法

年度计划要建立在科学预测市场运行态势和宏观经济走势的基础上。市场运行态势的分析预测，要着眼于国内外两个市场、两种资源、两种资金的供求状况，对市场运行的总体格局作出科学的判断，并对关系市场全局稳定的基本生产要素和一些基础性产品，以及重要的敏感、热点商品的供求状况进行分析预测。宏观经济走势的分析预测，要围绕社会总供求平衡关系和重大结构的变化，使计划目标的确立既符合保持经济总量大体平衡的要求，又有利于充分发挥资源的潜力，在提高效益和优化结构的前提下，保证经济快速健康地增长。

提高年度计划编制的社会参与程度。开门制订计划，不仅要认真听取和吸收各部门和各地区的意见，还要采取多种方式组织社会力量，特别是组织有关专家学者和企业界代表参与计划编制工作，以达成共识，增强计划的宏观指导作用。

强化年度计划综合协调宏观经济政策和经济杠杆运用的功能。要把计划编制和实施的重点放在综合协调各项宏观经济政策和经济杠杆的运用上，着重协调好总量政策、结构政策、收入分配政策，以及对外经济政策的关系，并协调好货币、财政、物价等政策手段的关系，特别是要使计划、财政、金融这三个最重要的宏观调控手段形成合力，发挥综合调控作用。

加强对经济运行的监测、预测和监督。建立健全宏观经济跟踪、预测和预警制度。改进和完善监测、预测指标体系和方法。开展宏观经济政策贯彻执行的监督和评估，对经济运行中可能出现的重大问题和异常变化，及时提出预警和政策建议，为适时制定宏观调控措施和进行信息引导提供科学依据。

第二节
五年计划的编制和作用

改革开放以来,随着经济体制和经济运行机制的变化,计划工作的重点转向宏观调控方面,要求计划工作要加强宏观性、预见性和战略性。因此,中长期计划开始成为计划工作的重点。

一、中期计划的特点

中期计划一般为五年计划,以长期计划为指导,确定国民经济和社会发展的主要目标、战略重点、指导方针、重大项目和主要政策措施。

中期计划的计划期比长期计划的计划期短,中期计划是长期计划的实施性计划。其主要任务是根据长期计划的要求,对计划期经济、科技和社会发展的目标以及实现目标的客观条件进行测算,确定国民经济、科技、社会发展的总任务和主要目标,以及若干重要领域、重要行业、经济区域的发展目标,并提出重大资源平衡的政策措施。其中包括总任务、经济增长率、经济效益、国民收入的生产和分配、财政收支、信贷收支、外汇收支、重大科学技术问题的攻关和科学技术成果的推广应用、先进技术的引进、教育和社会事业发展规模及结构、三次产业、对外贸易和技术交流、利用外资、重大建设和技术改造项目、地区生产力布局和区域开发、国土开发和整治、物价总水平和人民生活水平提高幅度、待业率,以及重大经济技术政策和实现计划的重大措施等。以上属于指标性要求的计划,是一定时期内经济和社会发展的指导性计划,不作为指令性任务分解下达。

中期、长期计划的目标是解决国民经济和社会发展中的中长期性、战略性问题。它们必须按照市场经济发展规律的要求,增强动态性、开放性和灵活性。要根据党和国家在一定时期的发展战略部署、国内外经济环境变化的要求，适时调整或制订，计划的期限可以灵活确定。中长期计划的制订必须建立在科学预测的基础上，突出重点，集中解决关系经济发展全局的关键问题，不搞面面俱到；正确处理经济与科技和社会事业发展、中央与地方、近期利益与长远利益、速度与效益、沿海与内地的关系，充分运用国内国际两种资源、两个市场进行总量和结构平衡。

二、五年计划及其主要内容

五年计划是中长期发展计划的基本形式，也是年度计划的重要指导。新中国成立后，1953年至1957年，我国的第一个五年计划取得了巨大成功；1958年至1962年的第二个五年计划受到"大跃进"和自然灾害的严重冲击；经过五年的国民经济调整恢复以后，1966年至1980年期间执行的第三至第五个五年计划受到不同程度的冲击。总体看，改革开放前30年，除第一个五年计划外，其他几个五年计划都受到许多政治因素的冲击。改革开放以来，1981年至目前，我国先后制定并完成了第六至第十二个五年计划，取得了巨大成功，综合国力迅速增强，人民生活水平明显提高。2016年起，开始了第十三个五年计划。

与年度计划相比较，五年计划主要突出经济发展的战略性选择、经济发展的基本方针、主要政策等，在此基础上，提出中期经济发展的主要目标，但基本是指导性的。由于五年计划具有规划性、政策性、指导性，因此改革开放以来，五年计划的内容没有重大变化。五年计划的主要内容有：中长期的经济发展目标（主要有年均经济增长率、主要农产品产量、重大建设项目的规划等）；经济发展的指导方针；经济发展的基本政策，例如农业和农村经济政策、产业发展政策、地区经济发展政策、宏观经济调控的有关政策等；经济体制改革的主要目标，例如国有企业改革目标、市场体系发育目标、收入分配制度改革目标、政府职能转变目标等；对外开放的有关目标；人口、资源、环境等可持续发展的有关目标；精神文明和社会主义民主法制的有关发展目标；以及外交、国防等方面的目标。

三、中长期发展计划的编制

每一次五年计划的制订，都是先由党中央召开全会提出五年计划的建议，然后由国务院根据党中央的建议制订出五年计划草案，经全国人大通过后付诸实施。

（一）计划编制前的研究工作

中长期计划对宏观性、预见性和战略性体现比较充分，计划编制的要求也比较高，因此，计划编制前期的研究工作十分重要。在计划的编制过程中，前期的研究工作进行得越来越广泛，越来越详细、充分。这些研究包括：对前一个五年计划期国民经济发展成绩、经验、问题的总结，以此判断下一个计划期的基本起点，面临的主要矛盾，发展的基本条件等。同时，对下一个计划期的国内外经济环境进行多方面的研究预测，既包括国内人口、资源条件的分析预测，国际贸易条件的分析预测，国际政治环境的分析预测，也包括国内经济发展阶段性特点的分析，以及国内经济发展面临的主要矛盾、战略抉择等方面的研究。这些研究，一方面由国家发展计划委员会内部有关司局和研究单位进行，另一方面也委托社会研究单位进行。例如"八五"计划和2000年经济发展规划思路、"九五"计划和2010年远景目标规划思路就委托了中国社会科学院、中国人民大学、国务院发展研究中心、北京大学等单位分别组织研究。研究成果成为制订这两个计划的重要参考。这也表现了开门做计划的特点，有助于提高计划的透明度，增加社会对计划制订的参与程度。

（二）计划思路的形成过程

在广泛研究的基础上，国家发展计划委员会（现为国家发展和改革委员会）组织起草小组起草计划思路。一般先在研究的基础上形成计划思路的最初文稿，包括对国内外经济环境的基本分析判断、计划期的主要发展目标、计划期的基本战略选择、主要政策思路等。初步文稿要经过上下反复多次的讨论修改，包括发展计划委员会领导班子的集体讨论，发展计划委员会邀请国务院有关部委进行讨论、邀请老同志进行讨论、邀请社会经济学家进行讨论等。在此基础上，上报国务院和党中央。国务院和党中央领导在更高层次上组织讨论，在这些讨论的基础上反复修改后，向全党和全社会征求意见。一般要征求省部级党组织的意见，也征求各民主党派和经济学家的意见。在这些意见的基础上进一步修改后，形成国家中长期计划的思路和编制意见。

（三）计划的编制和最后通过

中长期计划思路确定后，由国家发展计划委员会具体组织中长期计划的编制。最后形成的中长期计划要经过全国人民代表大会通过审批，才具有法律效力，开始执行。

第三节
长期发展目标和战略

长期计划是战略性的远期预测计划，主要是提出国民经济和社会发展的远景设想，包括发展的战略目标、战略重点、战略步骤、经济发展速度和重大比例关系、教育和科学技术发展方向、生产力布局、重大经济技术政策等。长期计划一般是时间较长、具有远期预测性的计划。其主要任务是提出远景设想，包括确定经济和社会发展的战略目标、战略重点、战略步骤、经济发展速度和重大比例关系、教育和科学技术发展方向、重大建设和技术改造项目、生产力布局、重大经济技术政策等。长期计划是中期计划的重要依据。

确定长期的发展目标和发展战略，对于引导经济、社会的正确发展，按照长远发展的要求来安排近期的工作具有十分重要的意义。早在20世纪80年代初，邓小平同志就提出了到20世纪末我国国民经济的发展比1980年翻两番，人民生活达到小康水平的目标。之后，又提出了国民经济发展分三步走的战略部署：第一步，从1980年到1990年，实现国民生产总值翻一番，基本解决全国人民的温饱问题；第二步，从1990年到2000年，实现国民生产总值再翻一番，人民生活达到小康水平；第三步，到下个世纪中叶，使人均国民生产总值达到中等发达国家的水平，基本实现现代化。在党的十二大和十三大上，这个战略部署写进了大会的报告，变为

全党的统一意志，成为制订中长期计划的纲领。提出这个明确的响亮的奋斗目标，起到了动员全国人民的巨大作用

第四节
重要发展任务的专项规划

专项规划是为了解决经济和社会发展中某些薄弱环节、突出矛盾和重点任务而制定的规划。专项规划是在市场经济条件下，政府指导、组织经济发展的有效形式。计划工作在搞好中长期计划和年度计划的同时，应当用相当大的精力搞好专项规划的制定和实施工作。它可以是某些产业的规划、某些区域的发展规划，也可以是解决经济、科技、社会发展中的某一重大课题的规划，具有较强的针对性和灵活性。专项规划的实现，对于改变经济和社会某些方面的面貌，带动整个国民经济的发展，具有重要作用。制定专项规划必须有明确的任务、目标和相应的政策措施、组织体系。

一、专项规划从改革开放以来快速发展

专项计划是政府指导和组织经济社会发展的重要工具，顾名思义，这是针对经济社会生活中的专门问题编制的。专项计划主要涉及两个方面的内容：一是解决经济社会发展中对全局有重大影响的重要领域和关键问题；二是解决制约经济和社会发展的薄弱环节和突出矛盾。实行社会主义市场经济，国家发展计划大大减少了对具体经济事务的干预，但影响全局发展的、市场难以解决的突出问题反而需要国家集中力量解决。另外，国家计划加强了对非经济领域发展的管理，主要是对科技和社会发展的管理。而这两个领域的发展有许多与经济发展不同的特点，例如内部各子系统相对独立性很强，突出矛盾随着经济社会发展经常发生变化等。因此，科技和社会发展中的专项计划在改革开放以来增加最快。

由于科技发展的特殊性，科技专项规划中指令性计划还占有相当大的比重。指令性计划主要应用于对国民经济和社会发展有战略影响，短期经济效益不明显，投资需要量又比较大的国家重点研究开发项目。其经费主要来自政府拨款。对那些针对市场需要提出的，近期经济效益此较明显的科研项目，则一般采用指导性计划。其经费来源可以是贷款、自筹，或者几种形式相结合，有时政府也提供较少数量的拨款。国家主要以优惠政策，或提供多种服务作为激励手段。

二、专项规划的特点

首先，专项规划针对性强，重点突出，目标明确，任务具体。例如，1989年国家正式启动的"温饱工程"专项规划，其主要任务是解决贫困地区的吃饭问题，其主要措施是推广地膜玉米种植技术，其实施单位是全国农业技术推广中心，其实施范围是全国16个省区的人均占有粮食少于300公斤的地区。国家在良种、化肥、资金方面提供帮助。"八五"期间共实施5440万亩，增产粮食91亿公斤，解决了6460万人次的缺粮问题。"九五"时期该项规划继续实施。

其次，专项规划编制灵活，重点突出，机动性强。我国常规国家计划包括年度计划、五年计划和十年至十五年长期计划，形式是比较固定的。专项规划由于以突出问题为中心，在时间安排上比较灵活，往往与常规的国家计划不一致。有些涉及环境和自然生态保护方面的规划，时间跨度是相当大的。有的专项规划滚动实施，没有明确的时间界限。号称世界之最的植树造林规划"三北"防护林工程于1978年启动，到2050年完成。工程分三个阶段八期进行。1978年到2000年为第一阶段，分三期工程：1978年到1985年为一期工程，1986年到1995年为二期工程，1996年到2000年为三期工程。2001年到2020年为第二阶段，分两期工程：2001年到2010年为四期工程，2011年到2020年为五期工程。2021年到2050年为第三阶段，分三期工程：2021年到2030年为六期工程，2031年到2040年为七期工程，2041年到2050年为八期工程。总目标是造林5.34亿亩，使"三北"地区的林木覆盖率从1977年的5%增加至2050年的15%。"三北"防护林第四期工程从2001年开始实施，到2010年结束，十年创下了年均造林面积、年均中央投资、年均增长森林覆盖率三个第一。十年完成造林面积790.9万公顷，完成中央投资84亿元，森林覆盖率净增近4个百分点。通过前四期工程的持续建设，生态效应累积发挥，综合效益逐步凸显，工程区生态状况出现了整体遏制，局部好转的态势。

最后，专项规划措施具体，政策有力，操作性强，效果显著。农业部为了保证我国城乡居民的副食品供应，于1987年制定了菜篮子工程（1987—1992年）。制定了系统的保证计划实施的配套政策：从建设菜园子，保障菜田面积，到保证饲料、柴油、化肥、农药等生产资料的供应，再到提供产前产后服务，保障流通环节畅通，建立产供销联系，并建立了副食品风险基金和价格调节基金。由于规划效果明显，后来成为滚动计划，连续实施。1997年，我国人均占有肉类43.3公斤，占有禽蛋17公斤，占有水产品29公斤，占有蔬菜253公斤，均已超过世界平均水平，并提前达到《菜篮子工程"九五"发展总体规划》的目标要求。

三、制定不同层次的区域规划

合理划分经济区域，制定不同层次的区域规划，可以使全国性中长期规划的发展任务具体化，有利于规划的实现。

合理划分特大经济区，研究提出国家层次的区域经济发展战略。我国是一个人口众多、幅员辽阔的大国，各地经济发展水平差异较大。规划未来经济发展，只提出国家总的发展战略是不够的，还必须研究提出国家层次的区域经济发展战略。国家层次的区域经济发展战略，重点是处理好大经济区域或经济地带之间的经济关系，围绕总体发展战略方向，调动各大区域的经济优势，对各大区域提出有所不同的发展战略，发挥国家总体经济发展战略对区域经济发展方向的指导作用。大的经济区域，既可作沿海与内地两大块划分，也可作东、中、西三大经济地带划分，还可作进一步的大区划分。无论如何划分，国家都有必要提出处理大区域之间经济发展关系的战略方针及原则，并在总体经济发展战略规则中，对大区域的经济发展战略提出原则性规定的指导性意见。

合理划分较大经济区域，制定各具特色的地区层次的区域经济规划。在国家层次的区域经济发展战略指导下，根据地域经济的内在联系和分工协作关系，有必要进一步划分经济区域，通过制定区域规划调动区域经济生产力，实现跨省区的经济协作与联合，提高生产力空间组合和区际经济交换的效能与效率。我国的经济区域有十大区和八大区之分，在实际工作中，已经提出了七大经济区的划分。其中西南和华南部分地区经济区、长江中下游经济区已经制定了有影响力的区域规划。在此基础上，还应进一步研究提出各经济区的区域规划，充分发挥不同地区的经济优势，调动区域经济分工与协作的潜能，为整个国民经济的持续、快速、健康发展奠定坚实的区域基础。

调动各个地方的积极性，制定不同层次的区域经济规划。制定区域规划，不能仅限于较大的经济区域，相邻省区之间、一省区内部、不同地市县之间和其内部，根据生产力空间结合发展的需要，也可以制定必要的区域规划。在制定各层次区域经济规划的过程中，既要注意打破行政区划对区域生产力发展的限制，又要努力调动管理因素对生产力要素结合的促进作用。应通过研究和制定区域规划，实现地域内外资金、技术、资源、劳务、人才、信息的有机组合，对内促进生产力要素的合理配置，对外发挥优势生产力要素相互交换的效力，切实促进区域经济不断发展。

搞好专项规划，还要打破部门管理界限，制定全行业发展规划。围绕中长期发展总目标，按照产品归口管理的原则，对同类产品进行跨行业的规划。行业规划是制定国家产业政策的基础和依据，其主要任务是预测行业发展的未来趋势，确定行业发展的战略方针、战略目标、战略重点、战略步骤和战略对象，以及行业规划的组织协调机构。对行业中的骨干项目，国家应当集中一定资金给予扶持。

第五节
各类发展规划的衔接

短期、中期和长期计划要相互联系，互为补充，注意衔接，形成滚动发展的计划体系。努力增强计划的科学性、预见性和可操作性，发挥好计划对经济发展的规划和指导作用。

一、长期、中期、短期计划前后衔接

年度计划、五年计划、十年以上计划相互之间密切联系。年度计划是最具体的计划，调控的经济活动也是最短期的。五年计划相对较长，规划的是中期经济活动及其目标，对年度计划有指导作用。年度计划又是落实五年计划目标的手段。十年以上计划主要提出经济发展的远景目标，指明大的方向和战略抉择，对五年计划有重要的指导意义。五年计划也是落实十年以上计划目标的主要手段。年度计划在执行中会遇到许多预想不到的问题，计划会有改变，一些重大问题也会影响到五年计划的目标和政策，甚至影响到十年以上计划的目标和基本战略抉择。在计划的执行中，要根据客观经济发展环境和社会环境、国际环境的变化，适时进行调整。另外，制订计划时要注意留有充分余地，注意提高计划的科学性和预见性，努力增强计划的可执行程度，真正使计划起到指导经济发展的作用。年度计划的制订要注意以五年计划的目标和基本政策为指导，五年计划要注意以十年以上计划为指导。而年度计划和五年计划执行中遇到的问题，又成为修正五年计划和十年以上计划的重要依据。

二、综合发展计划与专项规划的衔接

综合发展计划需要专项规划的具体化。在社会主义市场经济下，综合发展计划主要是解决方向性、方针性、战略性的重大问题，从总体上协调各方面的活动。它的主要任务是：确定计划期发展的总体趋势，提出发展的基本政策取向，制定政府工作的基本方针和主要目标，以及实现计划目标的基本政策措施框架。因此，综合发展计划不可能像计划经济时期那样具体而详细地规定各方面的具体活动。同时，综合发展计划是政府指导国民经济和社会发展的纲领性文件，在计划内容上必然具有全面、综合、规范的特点。所谓全面，指的是计划包括了国民经济和社会发展的各个主要方面，比较完整、系统，虽然也有重点，但不可能很突出；所谓综合，指的是计划基本上是轮廓性的、粗线条的、纲领性的，不可能对某些方面规定得过于详细具体；所谓规范，指的是计划基本上是按行政区划、部门、规定的时间序列编制的，具有制度化的格式，例如按时间序列编制的年度计划、五年计划与十年至十五年计划相结合的计划体系。专项规划是综合发展计划中重点内容的进一步具体化，是保障综合发展计划目标顺利实现的重要手段之一。综合发展计划与专项规划相结合，满足了国家计划管理工作中突出重点与照顾全面、基本政策与重点倾斜政策相结合的需要。

综合发展计划与专项规划的衔接内容。专项规划以综合发展计划为龙头，为综合发展计划规定的主要目标和基本任务服务，不能脱离综合发展计划的基本框架。专项规划以重点问题为核心。由于重点问题本身的特点和规律性，专项规划在时间的安排上，在涉及的部门和地区范围上，经常与综合发展计划不一致。编制综合发展计划，必须充分考虑到专项规划的跨部门、跨地区、跨常规计划时限的特点，在相应计划中预先做好安排，以保证专项规划得到各方面的支持与协作，顺利实施。由于专项规划涉及的问题往往具有带动整个经济和社会发展的重要意义，国家应在资金、技术、人才、信息和相关政策上给予支持，特别是利用国家直接掌握的资源给予支持。

三、进一步改进中长期计划方法

适应发展社会主义市场经济的要求，计划体系逐步转向以中长期计划为主体。这既有利于充分发挥市场在短期资源配置方面的优势，又能更好地发挥计划引导长期资源配置的优势，促使计划和市场进行有机结合、优势互补。应加强对中长期发展战略的研究，加强对中长期市场运行环境、世界经济发展趋势、科技进步等方面的预测，贯彻可持续发展战略，促进经济增长方式由粗放型向集约型转化。全面规划、突出重点。抓住对全局有重大影响的重点领域和重大问题，进行深入研究和重点规划。重视体现政府职能的社会事业的发展规划，特别是对教育、卫生、人口、科技、环保、城市公用事业、扶贫以及社会保障等事业的计划编制。切实做好主要宏观经济指标的平衡测算和衔接协调。在制订中长期计划中，进一步探索促使计划与市场有机结合的新路子。做好中长期计划与产业政策和国土整治规划，中长期计划与年度计划，综合计划与各种专项规划和政策的衔接，从而形成国家中长期战略和计划的实施体系。

第五章
产业发展政策的制定及功能

产业政策是指导性计划制度的重要内容和体现形式。产业政策的主要内容包括产业结构政策、产业组织政策、产业技术政策,以及产业布局政策等。其主要任务是通过引导产业间、企业间和地区间的生产要素合理流动,实现产业结构的优化和升级,提高宏观经济效益,增强产业的国际竞争力。在宏观经济政策中,产业政策处于牵头的位置,产业发展的方向、目标、重点确定后,还要制定配套政策。研究制定产业政策,首先应明确提出未来一定时期国家产业政策的主要目标,其次要提出重点产业如基础产业和支柱产业的具体政策,最后要制定与产业目标和重点项目相配套的财税、金融、贸易、技术、布局等政策措施。在制订计划的过程中,要把产业政策实施的配套政策统一纳入计划,对投融资的规模、结构和使用方向以及相配套的建设项目,作为一揽子计划进行安排。许多国家经济起飞的经验证明,制定和实施产业政策,对于扶持和加快重点产业的发展、协调产业结构、优化资源配置有着重要作用。根据经济成长不同阶段的特点,制定和实施产业政策,对加快现代化建设尤为重要。

第一节
对关系国计民生的重要产业的政策

制定产业政策应该着眼于加强国民经济的薄弱环节。产业结构政策是产业政策的主体，制定产业结构政策要研究产业结构变动趋势，明确重点产业发展目标。提高宏观调控的针对性和灵活性，增强民生对经济发展的拉动力，形成内生型增长机制。

一、把扩大公共服务作为改善民生的战略重点

长期以来，我国社会事业发展滞后于经济发展，特别是教育、医疗卫生、社会保障体系建设不能满足广大人民的需求。当前，我国集中力量解决国民经济和社会发展中的重大问题，对社会事业发展是一个难得的机遇。

公共服务包括医疗卫生、教育、社会保障、信息、文化、公共交通、供水、供电、供气、环保等领域，在我国仍是一个突出的薄弱环节。由于这些方面发展滞后，远远满足不了广大居民的需求，因此扩大内需和消费结构升级受到制约。从发展阶段来看，我国居民消费正处在由生存型消费向发展型、享受型消费升级的时期。特别是发展型消费目前正处于快速成长期，这主要是指人们在解决温饱问题之后，提高自身文化和健康素质方面的需求非常旺盛。但我国在这方面的供给能力严重不足。这就需要在一段时间内，把扩大消费的战略重点放在发展社会事业、增加公共服务上。要把改善民生、发展社会事业作为扩大内需、调整经济结构的重点，坚定不移地加以推进。要按照城乡经济社会发展一体化的要求，把社会事业和公共服务发展的重点放在农村，使城乡居民逐步享受到大体均等的基本公共服务。

发展社会事业，增加公共服务供给，是实现科学发展、社会和谐的重要基础。医疗卫生事业发展应以"病有所医"为目标，把重点放在农村，改变偏僻农村缺医少药的状况。扩大医疗保险覆盖面，使城乡居民人人享有基本医疗卫生服务，解决看病难、看病贵问题。教育的发展应以满足社会对人才的需求为目标，调整优化教育结构，做到社会上需要什么人才，学校就培养什么人才；居民希望接受哪方面的教育，就提供哪方面的教育，推动教育结构适应社会需求结构。同时，大力加强职业教育。把完善社会保障体系作为扩大公共服务的重点。由于社会保障体系不完善，大家都增加储蓄，以备不测之需，影响了居民的即期消费。应按照低水平、广覆盖的要求，尽快建立全覆盖的社会保障体系，以形成社会安全网。信息、文化服

务是公共服务的新增长点。应以5G通信设施建设为契机,扩大网络服务内容,并尽快实现三网融合,降低通信成本,为居民提供快捷、方便、价廉的信息服务。以现代信息传播工具为载体,扩大健康文化服务,传播、普及科学知识,提高人民的文化生活水平。城乡交通、供水、供电、供气、垃圾处理和环境保护等基础设施服务,目前处于供不应求的状态。应加大这方面的投入,使人们能够方便出行、喝上干净的水、呼吸新鲜空气,在良好的环境中工作和生活。可以预见,农村电网升级改造、粮食仓储设施、城镇污水处理设施、现代物流、城市轨道交通、水利设备等行业有望迎来新的发展机遇。

二、鼓励和引导民间资本进入民生领域

我国的民间投资主要集中在房地产、批发零售、住宿餐饮、制造业、居民服务和其他服务业等一般竞争领域,在基础设施、大型制造业、金融保险业、科教文卫等社会服务业却一直严重缺席;电力、石化、电信、民航等领域,基本上还是国有资本垄断。基础性产业中则大部分产业涉及国计民生。对关系国计民生的重要商品,应加快建立和完善储备制度和风险基金,形成商品价格调节机制,以稳定市场。除了少数关系国计民生的重要商品和服务价格仍由政府部门定价外,绝大多数商品和服务价格已经放开,市场调节在社会生活的各个领域已经发挥了主要的决定性作用。

国务院于2010年5月13日发布《国务院关于鼓励和引导民间投资健康发展的若干意见》(国发〔2010〕13号)。由于该意见中共有36条细则,为了与非公经济36条相区别,故被简称为"新36条"。意见鼓励和引导民间资本进入基础产业和基础设施、市政公用事业和政策性住房建设、社会事业、金融服务等领域。"鼓励和引导民间资本进入法律法规未明确禁止准入的行业和领域。"意见明确提出,规范设置投资准入门槛,创造公平竞争、平等准入的市场环境。市场准入标准和优惠扶持政策要公开透明,对各类投资主体同等对待,不得单对民间资本设置附加条件。鼓励和引导民间资本进入基础产业和基础设施、市政公用事业和政策性住房建设、社会事业、金融服务、商贸流通、国防科技工业领域,鼓励和引导民间资本重

组联合和参与国有企业改革、积极参与国际竞争，推动民营企业加强自主创新和转型升级。

运用政策性金融扩大PPP项目投资规模。中国个人消费品过剩，但环境、交通、停车场、养老院、幼儿园、教育、医疗、信息等公共产品严重短缺。在这种情况下，需要进行财政政策设计，让资金能通过进入这些项目获得合理回报。目前，我国公共产品、公共服务处于供给不足状态，特别是中西部地区和农村基础设施、公共服务落后，满足不了人们的需要。引导社会资金投入这些领域，既能消除经济社会发展瓶颈，又能拉动投资需求，对稳增长发挥重要作用。在基础设施、公用事业等领域积极推广政府和社会资本合作模式。对一些社会急需而政府又缺乏建设资金的基础设施和公共服务项目，如铁路、公路、供水、供电、医院、学校、养老院、幼儿园、停车场、充电桩等，可以采取特许经营权的办法，由政府制定政策，使投资能得到合理回报，并通过招投标，选择有资质的企业承担投资建设任务。用这个办法替代政府融资平台和土地财政，能办成许多政府想办而办不了的事，同时也能为民间资本找到大量新的投资机会。大幅缩减政府核准投资项目的范围，下放核准权限，大幅减少投资项目前置审批等，将有力调动社会投资的积极性。

（一）加快发展基础产业的政策

针对交通、通信、能源和城市各类基础设施滞后于国民经济增长的现状及其可能发生的变化，分产业制定行之有效的政策。具体包括：这些产业的增长目标；投融资机制的设计；重点建设项目；价格和税收政策；鼓励民营和社会力量发展这些行业的优惠政策。

（二）维护市场机制的正常运转，增强企业竞争力的政策

促进企业之间开展竞争，反对垄断；鼓励企业兼并、改组和联合，促进生产要素的合理流动；劳动力培训等人力资源的开发；企业技术的开发、储备和创新；对市场正常秩序的维护和监督等。

（三）引导和支持外资投资的政策

根据国内产业政策调整的需要，制定出对外资投资实行优惠政策的分产业建设项目目录和进行可行性预测；提出合理的、透明度较高的优惠政策及其期限。

第二节
对战略性新兴产业发展的扶持政策

从历史上看，每一次大的经济危机都刺激了技术的进步，并通过技术创新带动新兴产业发展，最终摆脱危机的影响。我们必须以自主创新带动战略性新兴产业发展，才能跟上新一轮世界科技发展的步伐。以自主创新带动产业升级，关键是加快发展战略性新兴产业，包括新一代互联网、新能源、节能环保、高端制造、生物技术、新能源汽车等。通过优先提供贷款、优先发行企业债券和在股票市场上市等措施，鼓励资金向战略性新兴产业的骨干企业集聚，以尽快形成新的投资热点和经济增长点。

一、培育和发展战略性新兴产业的目标

2010年9月国务院常务会议审议并原则通过《国务院关于加快培育和发展战略性新兴产业的决定》（以下简称《决定》）。会议确定了战略性新兴产业发展的重点方向、主要任务和扶持政策。从我国国情和科技、产业基础出发，现阶段选择节能环保、新一代信息技术、生物、高端装备制造、新能源、新材料和新能源汽车七个产业，在重点领域集中力量，加快推进。会议强调，要加强组织领导和统筹协调，编制国家战略性新兴产业发展规划，制定产业发展指导目录，优化区域布局，形成各具特色、优势互补、结构合理的战略性新兴产业协调发展格局。根据《决

定》确定的目标包括：到 2015 年，中国战略性新兴产业形成健康发展、协调推进的基本格局，对产业结构升级的推动作用显著增强，增加值占国内生产总值的比重力争达到 8% 左右。到 2020 年，战略性新兴产业增加值占国内生产总值的比重力争达到 15% 左右，吸纳、带动就业能力显著提高。节能环保、新一代信息技术、生物、高端装备制造产业成为国民经济的支柱产业，新能源、新材料、新能源汽车产业成为国民经济的先导产业；创新能力大幅提升，掌握一批关键核心技术，在局部领域达到世界领先水平；形成一批具有国际影响力的大企业和一批创新活力旺盛的中小企业；建成一批产业链完善、创新能力强、特色鲜明的战略性新兴产业集聚区。为支持战略性新兴产业发展，《决定》提出要建立健全创新药物、新能源、资源性产品价格形成机制和税费调节机制；实施新能源配额制，落实新能源发电全额保障性收购制度；加快建立生产者责任延伸制度，建立和完善主要污染物和碳排放交易制度；建立促进三网融合高效有序开展的政策和机制，深化电力体制改革，加快推进空域管理体制改革。根据《决定》，中国将组织编制国家战略性新兴产业发展规划和相关专项规划，制定战略性新兴产业发展指导目录，开展战略性新兴产业统计监测调查，加强与相关规划和政策的衔接；建立由发展改革委牵头的战略性新兴产业发展部及协调机制。

二、把资金引向战略性新兴产业

加大财税支持力度，发挥财政资金引导和调动社会投资积极性的作用，鼓励银行和企业把资金投向新一代信息技术、节能环保、新能源、生物、高端装备制造、新材料、新能源汽车等战略性新兴产业。设立战略性新兴产业发展专项基金，集中支持重大产业创新发展工程、重大应用示范工程。完善和落实国家鼓励技术创新的各项政策，鼓励企业把更多的资金投入科研开发，掌握自主知识产权和形成自主品牌。大力发展风险投资公司和股权投资基金，支持技术成果的工程化、产业化。建立政府创业投资引导基金，扶持发展创业投资。扩大中小企业集合债券发行规模，允许战略性新兴产业的骨干企业发行企业债券。

推动信贷方式创新，开展知识产权质押融资、产业链融资等。优先为战略性新兴产业的企业提供贷款支持。发展贷款担保公司，继续开展贷款证券化试点，扩大银行融资功能。通过优先提供贷款、优先发行企业债券和在股票市场上市等措施，鼓励资金向战略性新兴产业的骨干企业集聚，以尽快形成新的投资热点和经济增长点。

三、进口结构的调整应围绕战略性新兴产业来进行

继续鼓励进口先进装备和技术，促进新一代信息技术、节能环保、新能源、生物技术、高端装备制造、新材料、新能源汽车等战略性新兴产业发展。尽快提高国内企业的装备制造水平。有些高端装备可由国内设计，进口部分国内不能制造的关键零部件，在国内总成装配，并逐步提高国内制造的比重。要把进口技术装备同扩大企业并购结合起来，充分利用国际市场的科技资源，提高国内企业的自主创新能力。

四、实施创新驱动发展战略

实施创新驱动发展战略，以自主创新带动产业升级，是加快转变经济发展方式的核心。国际竞争的实践证明，谁掌握了知识产权，谁就掌握了利润的分配权。国际金融危机爆发以来，主要发达国家都在积极谋划，力求在科技创新上寻找出路，纷纷把发展新能源、新材料、信息网络、生物产业、节能环保和低碳产业、绿色经济作为新一轮产业发展的重点。我国要增强国际经济竞争力，抢占科技和产业发展制高点，就必须加快发展战略性新兴产业，集中力量攻克相关技术难题。许多地方把发展战略性新兴产业作为经济和科技发展的重点，但存在低水平重复建设现象。政府部门和行业组织应围绕新兴产业发展的关键技术和共性技术，组织产业联盟，在财政资金的支持下，由相关制造和应用企业、研究机构和大学共同组织攻关，实行协同创新，尽快在新兴产业技术上有所突破，以形成新的投资热点和经济增长点。在这方面，我们有制度优势和成熟经验，应进一步发挥好。

应重视发展先进制造业，努力提高产品的技术含量和附加值。我国工业化起步晚，应发挥后发优势，积极用现代技术改造传统产业，走工业化与信息化相融合的

新型工业化道路。随着劳动力成本和资源、环境成本上升,一些劳动密集型、资源密集型产业的盈利空间越来越小,只有在技术创新和产品创新上找出路,企业才能继续生存和发展。政府和企业都应加大对科技研发的投入,创造更多的技术成果和国际专利,用具有自主知识产权的技术促进产业升级,尽快实现由以劳动密集型、资源密集型产业为主向以技术密集型、知识密集型产业为主转变。

应充分发挥大学在科技创新中的作用,使大学成为能够提供大量发明专利的创新基地,发挥大学院系和学科对产业发展的支持作用。坚持以科研带动教学,培养创新型人才。利用国际科技资源是提高自主创新能力的一条捷径。由于世界经济复苏缓慢,经济发展的不确定性增加,发达国家不少企业陷入困境,这为我们扩大国际并购、引进技术和人才提供了机遇。应利用好我国外汇储备充足的优势,为引进国外科技资源提供有力支持。

第三节
产业政策从选择性向功能性的转变

经济转型升级调整的总体思路是从过去以控制总需求为主,向以结构调整为主转变,围绕经济转型升级,加大宏观调控的力度。过去搞结构调整政策是选择性的,选择一个产业,针对这个产业给予优惠的政策。但是更好的政策应当是功能性的。

一、产业政策的功能性特点

合理确定产业政策之所以是国家发展计划工作的一项重要任务,同产业政策自身的特点和功能有关。一是产业政策具有资源配置结构的导向功能。它通过资源配置的结构导向及其调控措施,加快国家经济结构的调整与优化,促进经济发展。产业政策通过重点支持、鼓励发展、不鼓励发展、加以限制的产业目录及其相应的措施,实现经济结构的调整与优化。这样,产业政策便成为国民经济和社会发展计划的重要表现形式。二是产业政策具有经济运行的协调功能。它不但是中期、长期的发展目标,也是为达到这些目标,在国民经济运行中分步实施的短期目标及采取的相关措施,使经济的总量增长与结构调整及时地、适度地协调起来。三是产业政策具有资源配置手段中计划与市场有机结合的功能。由于不同产业对市场导向的反应灵敏度不同,因而实施产业振兴或调整政策时,计划与市场两种手段应有所侧重,形成不同的搭配方式,以利于实现产业政策目标。

二、产业政策调整的必要性

改革开放以前,我国实际上也有产业政策在起作用,不过没有称为"产业政策",而是叫"优先发展重工业政策""农轻重为序政策"等。改革开放以来,国家计划工作越来越重视产业政策的制定与实施。1989年由国家计委起草并由国务院颁布了《国务院关于当前产业政策要点的决定》,国务院有关部委和地方政府还出台了操作性的产业政策实施细则。这是我国第一次以产业政策的名义出台产业政策。由于缺乏相应的调控措施相配合等原因,这一产业政策的实施效果受到了限制。根据改革与发展的新形势,1994年国务院又颁布了《90年代国家产业政策纲要》,同年还颁布了《汽车工业产业政策》,其后又发布了其他专项产业政策,《90年代国家产业政策纲要》取得了良好的实施效果。1996年公布的"九五"计划提出,要通过市场机制和国家宏观调控的作用,重点加强农业、水利、能源、交通、通信等产业的发展。同时,振兴支柱产业,发展高技术产业,调整提高轻纺工业,积极发展第三产业,促进国民经济全面发展。可以说,这是"九五"产业调整的总政策。当然,产业政策是一种动态的政策,其支持、保护、鼓励与限制的力度也会有时限,并且需要不断创新。这正是国家计划工作合理确定产业政策的任务。

在经济转型过程中,我们面临的最大危险,就是正处在由中等收入向高收入国家跨越的艰难阶段,如果搞不好,就有可能掉到"中等收入陷阱"里面去。2016年我国人均GDP大约是8000美元,距离发达国家1.2万美元的水平还有一段距离,至少要保持六七年持续稳健的增长，到2022年左右才能达到1.2万美元。在此期间，如果转型升级的问题解决不了，找不到新的增长动力，找不到新的需求，经济出现衰竭，就有可能掉入"中等收入陷阱"。所以，要把宏观调控的着力点放在促进结构优化上、放在促进发展方式转变上，在发展方式的转变中，实现经济持续稳定增长。

三、制定产业结构调整政策要从选择型转变为功能型

所谓选择型结构调整政策，就是挑选几个产业，给予一定的优惠政策，支持其发展。这样的政策应当越来越少，要更多地发挥功能型结构调整政策的作用。长期以来，在制定产业政策时，往往对需要优先发展的产业实施一系列优惠政策。这种选择型政策的好处是，有利于少数产业的非均衡发展，但是其弊端也很明显，往往造成顾此失彼的局面，水多了加面，面多了加水，带来新的结构失衡。应当尽可能避免推出选择型产业政策，代之以功能型政策。也就是说，现在整个经济转型升级的要求，就是要生态、环保、节能、减排，要围绕减少污染物的排放、节约能源、提高劳动生产率等功能来制定优惠政策。不管是哪个行业、哪个产品，不管是国有企业、民营企业还是外资企业，不管是生产还是流通、消费环节，凡是能够达到这样一个功能要求的，都给予优惠，都给予财政和信贷政策的支持。而对不符合转型升级方向的经济活动，一律采取惩罚性政策。制定功能型产业政策，比之选择型政策，对于推动转型升级将能发挥更大成效。所以，从选择型结构调整政策向功能型结构调整政策转变，就可以避免选择型政策带来的诸多弊端，从而为各个行业、各类企业创造一个公平的竞争环境。

第四节
转变经济增长方式的提出与实践

1995年,党的十四届五中全会通过了《中共中央关于制定国民经济和社会发展"九五"计划和2010年远景目标的建议》,建议提出要转变经济增长方式,强调经济增长方式要从粗放型向集约型转变,同时提出要通过经济体制的转变推动经济增长方式的转变。

一、转变经济增长方式提出的迫切性

转变经济增长方式包含宏观、中观、微观三个层次的内容。从宏观层次上来说,转变经济增长方式就是在整个国家范围内,通过资源、要素在地域、产业间优化配置,提高资源、要素的利用效率,提高经济增长的科技含量,提高经济增长的质量和经济增长的可持续性、稳定性,从而改变过去那种主要通过生产要素的外延扩张、不追求质量只追求数量的经济增长模式。从中观层次上来说,转变经济增长方式主要是从一个地区或一个产业的角度,资源、要素在地区、产业内的优化配置,通过发挥资源、要素的比较优势,形成合理的分工与协作体系,提升地区、产业的发展层次,形成地区、产业的分工发展优势,改变大而全、小而全的低水平重复建设弊端。从微观层次上来说,转变经济增长方式就是通过企业提高资本有机构成、改善经营管理、降低消耗,达到提高劳动生产率、优化资源配置、提高竞争力的目的,从而提高企业集约化经营的层次。

转变经济增长方式的总体要求就是把我国的经济增长模式由原来的粗放型模式转变为集约型经济增长模式,不断提高全要素生产率。具体来说,就是不断通过科技进步,提高经济整体的科技含量;通过提高劳动者素质,优化劳动力资源的配置,提高劳动生产率;通过降低能源消耗,减少环境污染;通过加强管理,获取管理效益;通过产业间不断向高层次演进、区域间形成合理的分工与协作的关系,达到经济整体素质不断提升的目的。

(一) 改革开放后经济增长方式的变化

改革开放以后,党和政府逐步意识到转变经济增长方式的重要性。党的十一届三中全会确定党和国家的工作要以经济建设为中心,各项经济活动必须讲求效益。党的十二大提出,要"把全部经济工作转到以提高经济效益为中心的轨道上来"。党的十三大明确提出,要"使经济建设转到依靠科技进步和提高劳动者素质的轨道上来"。十四大进一步提出,"努力提高科技进步在经济增长中所占的含量,促进整个经济由粗放经营向集约经营转变""走出一条既有较高速度又有较好效益的国民经济发展路子"。十五大更是明确提出,"要积极推进经济体制和经济增长方式的根本转变"。这说明,党和国家在改革开放初期对于转变经济增长方式的指导思想和要求是十分明确的。

(二) 国内经济环境变化的要求

从国内经济的发展来看,有转变经济增长方式的内在需求,主要表现在市场经济发展的内在要求、原来的粗放型增长方式难以为继、提高经济效益与增强国际竞争力的压力、可持续增长等方面。

首先,发展市场经济要求经济增长方式转变。20世纪90年代中期以来,资本经营、收购兼并成为经济领域的热点问题,就是市场机制在企业间发挥作用的表现。但是,依靠传统的粗放型发展方式的企业在整个经济体系中还占有相当大的比例,许多企业还享受着某些政府保护或地区、行业垄断利益,而市场经济发展的内在规律要求拆除这些经济发展的篱笆。

其次,原来的经济增长方式难以为继。进入20世纪90年代中期以后,我国市场由买方市场逐步转变为卖方市场,大部分商品出现过剩的状态,价格竞争成为主要的竞争方式。相当一部分产品,中国并不拥有核心技术,从彩电、电脑到VCD,

核心部件我国仍然依赖国外某些厂家。大部分企业，特别是国有企业盈利能力大幅度下降，有些甚至是全行业亏损，然而大部分亏损企业并没有退出市场，存在很强的退出壁垒，许多行业大而全、小而全的产业组织状况并未改变。许多行业生产能力过剩，企业开工不足。从经济质量看，中国单位产出能耗是发达国家的五六倍，资源日益紧张，环境不断恶化。中国经济增长因素中全要素增长率的贡献度还比较小，主要依靠要素投入的增加。从地区经济看，中国各地区之间，产业趋同化现象严重，各地区之间未能通过市场竞争形成合理的分工、发挥各自的比较优势。这些现象说明，我国传统的粗放型、外延式的增长方式还未发生根本性的变化。另外，提高经济效益、提升国际竞争力的压力需要转变经济增长方式。中国经济的一个明显特点是低效率，无论是单位 GDP 的能耗，还是规模经济、产品的品牌质量、企业的组织结构、融资便利程度，都体现出经济领域的效率低下。

最后，可持续增长要求转变经济增长方式。当时中国的经济增长主要依靠投入的增加来推动，是一种追赶式的经济增长方式，但是资源的有限性决定了其不能永远依靠要素投入的不断增加，而且如果经济发展采取追赶式的增长方式，当追赶的潜力消失时，追赶的动力就不足了，追赶型的经济体制就会成为经济发展的障碍。由于中国生态环境日益恶化，改变经济发展方式，注重生态环境保护，走可持续发展道路的呼声日益高涨。另外，中国迄今为止的市场化改革过程尚未完成，经济增长还主要依靠政府推动，社会需求增长动力不足，存在着现实障碍，经济增长缺乏稳定性，经济增长的市场性动力因素还有待培育。只有通过经济增长方式的转变，增强经济增长中的市场性动力，逐步转变为市场自主增长型经济，才能提高经济增长的可持续性。

（三）保持经济平稳快速增长迫切要求转变增长方式

党的十六届三中全会提出了科学发展观，这是针对当时经济发展中存在的矛盾和问题提出来的。从科学发展观的要求来看，当时的经济增长存在着一些不健康的因素，因为它主要是靠钢铁、水泥、电解铝、房地产行业投资的过快增长以及过大的城市建设规模拉动起来的，也就是说，主要是以高投入、高消耗、高污染的粗放型增长方式为支撑的。2003年，上述四个行业的投资增长速度达到100%以上。这种粗放型增长是不可持续的，因为它对一些重要资源的需求超过了国内市场的供给能力，大量依赖进口又受到各种条件的限制。这种增长方式必然引起通货膨胀，出现经济的大起大落，并给环境保护带来过大压力。

粗放型增长方式反映在外贸上，是加工贸易比重不断上升。我国加工贸易占整个外贸的57%，出口产品自主品牌意识差，缺少拥有自主知识产权的产品。技术密集型产品、附加值高的产品主要依赖进口，自己主要生产低档次的、产业链低端的产品，这样一种分工格局使我国在国际竞争中处于很不利的地位。

粗放型增长方式产生的客观原因主要是受需求的拉动。当时我国的需求结构是以改善住、行条件为主，这就要求加大基础设施建设投入，随着轿车进入家庭，钢材、能源的消耗必然要有较快的增长。粗放型增长方式产生的直接原因就是缺乏技术，与能源、交通、资源的瓶颈相比，技术是第一位的瓶颈。许多好的项目虽然我们有市场、资金、劳动力、土地，但就是因为没有技术而无法进行。所以，如何通过转变经济增长方式来消除经济增长中的不稳定因素，实现经济的长期平稳快速增长，就成为我国宏观调控面临的最突出课题。

（四）经济体制与运行机制的制约和障碍迫切需要转变经济增长方式

"九五"以来，经济增长方式的转变取得积极进展，结构调整力度加大，企业风险约束机制增强，产业和企业素质提高，科技进步对经济增长的贡献率提高。我国经济并没有从整体上转到集约型发展轨道上来。究其根本原因，还是缺乏体制保障。因为经济体制决定着资源配置方式，而粗放和集约经营作为资源配置的基本方式也必然是一定经济体制的反映。改革开放以来，市场化程度大大提高，市场已经在配置资源中发挥出越来越明显的基础性作用，但由于种种利益关系的制约，条块分割现象仍然比较严重，人为破坏了全国统一大市场的形成，资源和资金在地区、部门之间流动不畅，难以有效集中起来形成集约经营的优势，一旦市场供求形势好转，低水平重复建设现象便重新抬头。

经济发展长期处于粗放经营状态的深层次原因，是经济体制的制约和障碍，随着经济发展水平的提高，特别是买方市场的初步形成，这种制约和障碍表现得越来越明显。主要表现在：一是由于国有企业改革远未到位，政企不分现象还比较严重，微观经济主体缺乏应有的追求集约化经营的内在动力和外部压力。二是行业垄断和地区分割严重，市场经济秩序还不规范，影响了市场功能的正常发挥，使得资金和资源难以按集约经营的要求顺畅流动和积聚。

二、转变增长方式的可能性

（一）经济发展已经进入新的阶段

改革开放以来，中国经济实现了快速增长，1981—2000年这20年间，年均增长率高达9.7%。21世纪，中国经济面临新的发展机遇，这主要表现在新技术革命、居民消费需求的升级、城镇化、经济国际化等方面，为经济增长方式的转变提供了有利条件。

（二）良好的技术基础

转变经济增长方式的一个重要内容就是提高经济增长中的技术贡献度。要提高经济增长中的技术贡献度，关键是要有高效的产学研体制，使技术能够高效地转化为现实生产力。关键是能够产生足够的有效技术供给、良好的科技体制、足够的科技人员。我国已具备经济增长方式转变的技术基础，这主要表现在技术、体制、人员等方面。首先，目前我国每年产生大量的科学技术成果，能够形成支撑经济增长方式转变的技术供给。其次，我国科技进步体制正在发生重大转变，以企业为研究与开发主体、鼓励创新的体制正在形成。最后，我国已形成雄厚的科技人员队伍，能够为增长方式的转变作出应有的支持。国家大幅度扩大了高等教育的招生工作，也将培育更多的高科技人才，为科技创新提供更充足的人力资源供给。

（三）经济体制的转变

从20世纪90年代以来，我国的经济体制已经发生了重大转变，社会主义市场经济体制已深深根植于经济生活的各个方面，市场机制的广度和深度得到扩展。加入 WTO 有助于中国经济体制改革向深层次推进。这些变化为经济增长方式的转变提供了内在的体制基础。

（四）信息化的机遇

21 世纪之初，我国面临着良好的跨越式发展机遇。首先，作为后发国家，我国可以充分发挥后发优势，充分利用知识、技术的外溢效应和扩散效应，低成本引进、吸收、利用世界先进科技，提升国民经济的科技含量。其次，可以利用高新技术改造传统产业，推动技术进步、产业高加工化。另外，世界范围内发生着深刻的新技术革命，信息技术、生物技术、纳米技术等的发展日新月异，广泛地影响人类社会、经济、文化、生活方式。中国在这些新技术领域的某些方面也有自己的发展优势，是有可能抓住这些机遇实现跨越式发展的。

三、转变增长方式的方向

（一）提高技术含量

尽管"科学技术是第一生产力"已从口号变成全民族的共识，但是我国经济发展中科技与经济未能有效结合的问题依然存在。一方面，每年产生大量的科学技术成果，或者束之高阁，或者远离市场。另一方面，经济发展过程中需要大量的技术来提升经济发展层次，提高科技对经济的贡献率。

中国产品和服务的国际竞争力较弱主要表现在：主要出口的是劳动密集型的产品，产品主要占据国际中低档市场，而发达国家主要出口的是资本密集型或技术密集型的产品和服务。如何使科技有效地长入经济是一个急需解决的问题。中国必须重视技术进步工作，通过技术进步改善资源配置还有很长的路要走。转变经济增长方式的主要目的就是要提高经济增长中的技术贡献度，通过技术进步提高要素的使用效率，改进要素的质量。

（二）降低消耗，提高效益

我国的能源资源特点是富煤缺油少气，和发达国家相比，我国能源利用效率仍然比较低。由于煤炭、石油、天然气等不是可再生资源，可使用年限非常有限，因此，我国必须大力发展节能技术，走低耗能型经济增长模式。一方面通过新型节能技术改造传统产业，降低传统产业的耗能，提高经济效益和社会效益。另一方面，可以大力发展高科技产业，降低经济发展对能源的依赖。

（三）管理现代化

管理是对经济中的要素组合进行改进，提高要素的使用效率的一种经济活动。但是，在我国现实经济活动中，管理的水平落后，严重影响了经济效率的提高。这表现在对管理的重要性认识不够。大量的企业管理水平还深受计划经济体制的影响，不能适应市场经济发展的要求，企业管理手段、方法落后。因此，改善管理，向管理要效率，对于改善我国经济成长的素质，转变增长方式具有极为重要的现实意义。

（四）获取规模经济

我国的许多产业、企业规模太小，缺乏规模经济，在国内外竞争中遭遇高成本惩罚。缺乏规模经济的后果是企业的集中度较低，企业以中小企业为主，积累能力较差，技术创新不足，因此急需企业之间收购兼并，壮大规模，形成规模竞争优势。但是由于大量的国有中小企业实际为地方、部门所有，存在地方保护、部门垄断、行政垄断现象，决定了企业之间收购兼并十分困难，因此企业长期处于"长不大"的状态，粗放型的经济增长方式难以转变。

（五）提高全要素生产率

全要素生产率是评价经济增长方式转变成功的主要综合性指标之一。中国社会科学院数量经济与技术经济研究所的一项研究表明，在 1978 年到 1995 年期间，中国 GDP 年均增长率达到 10.06%，其中全要素生产率的贡献率为 41.4%。[1] 据美国著名经济学家丹尼森对美国、西北欧国家、日本全要素投入的增加和全要素生产率的提高对人均国民收入增长贡献率的估算，在美国、西北欧国家、日本的经济增长中，全要素生产率的提高对经济增长的贡献率分别为 63%、80% 和 67%，明显高于资本、土地、劳动等要素投入增加对经济增长的贡献率。[2] 和发达国家和地区的经济增长相比，中国转变经济增长方式，还需要围绕全要素生产率的提高做大量的工作。

四、转变增长方式的途径

（一）加快技术进步

首先，建立以企业为主体的研究与开发体制。这是加速科技进步、实现经济与科技有机结合的根本途径。其次，健全技术进步动力机制。激发企业的科技创新动力，改善企业的激励机制，加强知识产权保护。为国内外风险投资企业家、资本、机构提供各种方便，鼓励科技创新活动。再次，充分发挥政府推动技术进步的重要作用。第一，政府与企业在科技创新方面形成合理高效的分工与协作关系，其中政府开发的重点应由单元技术突破向核心共性技术、系统化的技术群开发转变。第二，政府科研机构应改变过去那种分散的模式，应集中力量，形成规模优势、人才优势和国际竞争优势，提高研究与开发的质量与效率。第三，政府应创造良好的科技创新环境，其中包括税收、人才流动、市场秩序、政府采购导向等要素。最后，提高技术引进工作水平。

（二）提高管理水平

首先，建立企业家的成长机制、环境，培育企业家市场。鼓励企业自主选择企业家，对企业家进行长期、有效的激励，例如用股权、股票期权等方式进行激励。

---

[1] 李京文：《中国经济："十五"预测与 21 世纪展望》，社会科学文献出版社，2001 年版，第 398 页。

[2] 李京文：《快速发展中的中国经济》，社会科学文献出版社，1996 年版，第 236 页。

通过营造一种有利于企业家成长的氛围,为改善管理奠定基本的人力基础。其次,建立有效的法人治理结构,加强制度建设。最后,充分利用国际上先进的管理技术、方法加强企业管理。特别是信息技术的发展深刻地改变着传统的管理体制、方法,因此应该充分运用先进的信息技术进行企业管理革新。

(三)完善企业组织结构

第一,鼓励企业间收购兼并。同行业之间进行收购兼并、重组,有利于规范市场秩序,形成合理竞争,获取规模经济的收益;通过规模的扩大,增强积累能力,增强企业的研究与开发能力,增强企业的核心竞争力。第二,建立有效的分工与协作体系。中国企业偏好大而全、小而全的一体化经营模式。应改变这种模式,走专业化道路,做大规模,获取规模收益;同时建立基于分工与专业化协作关系,增强产业的整体竞争力。

(四)提高劳动者的素质

要提高人力资本的含量,必须通过发展教育来提高劳动者素质。第一,深化教育体制改革。优化教育结构,改革教育管理体制。第二,鼓励国家、社会、个人对教育的投资。第三,鼓励企业进行在职培训,加强企业内人力资本积累。

(五)扩大对外开放

大力推进"走出去"战略也是转变增长方式的重要途径。通过实施"走出去"战略,进入国际市场,参与国际竞争,充分利用国内外两种资源和两个市场。在利用国外的自然资源、科技资源,参与国际分工过程中占据有利地位,在国际竞争中提高素质,转变经济增长方式。通过对外开放转变经济增长方式,应注意通过开放促进国内市场的一体化。加强对国内的开放,不仅给予外资国民待遇,更要给予国内民营资本国民待遇。此外,还应注意对外开放中的经济安全。

(六)加强政策引导

我国正处于计划经济向市场经济转轨的过程中,经济增长方式的转变不可能完全由市场完成,而必须有政府的引导。应通过完善市场体系,增进市场机制在转变增长方式中的作用。实施有利于经济增长方式转变的公共政策。政府应进一步改革科技进步体制,优化科技资源,提高科技进步效率。出台一些有利于加速科技创新的优惠政策,如税收、信贷等支持政策。政府还可以以大型工程的建设带动技术进步。加强教育,提高劳动者素质,积累人力资本。

五、转变增长方式需要政府推动与市场机制的有效结合

在转变经济增长方式的过程中政府与市场的角色定位不是冲突的,不是替代关系,而是互补关系。只有把政府与市场的关系逐步定位为互补促进型关系,才会加快经济增长方式的转变。通过发挥政府的角色优势,大力发展教育,促进科技进步,加强基础设施建设,健全社会保障体系等其他方面,为市场机制在更高的层次和更好的环境中发挥作用、创造条件。

从1995年到2007年党的十七大召开,我国在转变经济增长方式上取得了重大进展。一个具有标志意义的事情,就是在这12年间,电子机械、石油化工、汽车制造和建筑业在国内生产总值中的比重由12%上升到20%,作为国民经济四大支柱产业的地位确立起来。四大支柱产业的崛起,对这一时期国民经济的快速增长发挥了重要支撑作用。

经过12年的发展,我国经济增长已经由20世纪80年代到90年代中期主要靠轻纺工业等劳动密集型产业拉动逐步转变到主要靠资本密集型、技术密集型产业拉动,重工业在工业增加值中的比重已经由12年前的50%左右上升到2006年的70%。随着科技进步,一大批先进的、共性的或者适用性技术广泛运用于国民经济生活之中,极大地提高了经济效率。我国通过加强教育培训,使劳动者素质不断提高,满足了经济发展的需要。能源效率不断提高,以一次能源消耗年均4.7%的增长率支持了国民经济年均9.5%的增长率,我国每万元GDP能耗由1980年的7.89吨标准煤下降到2000年的2.77吨标准煤,累计节约和少用能源超过9亿吨标准煤,能源节约和可再生能源开发利用相当于减排二氧化硫1500多万吨、二氧化碳近6亿吨,有力地促进了经济增长方式的转变。

第五节
转变发展方式的提出与进展

党的十七大报告提出要转变经济发展方式，这既是一个理论上的创新，也是一个重大的发展战略思想。十七大提出到2020年实现全面小康目标的新要求，实现这个目标的关键在于要加快转变经济发展方式，促进经济增长由主要依靠投资、出口拉动向依靠消费、投资、出口协调拉动转变，由主要依靠第二产业带动向依靠第一、第二、第三产业协同带动转变，由主要依靠增加物质资源消耗向主要依靠科技进步、劳动者素质提高、管理创新转变。"三个转变"是总结我国现代化建设实践经验得出的结论，是贯彻落实科学发展观的必然要求，是从现阶段经济发展的实际出发提出的重大战略思想，是推动我国经济社会发展必须坚持的正确方向。

一、从转变增长方式到转变发展方式反映了我们党对经济发展规律认识的深化

1995年党的十四届五中全会提出了转变经济增长方式的要求，强调要改变粗放型增长模式，走集约型发展道路。到2007年党的十七大召开前，我们在转变增长方式上取得了很大成就。但是，伴随着重工业的高速发展，能源、原材料消耗大幅度上升，资源、环境压力日益加大；经济增长过度依赖投资和出口，消费的拉动作用不断下降；农业生产方式落后，第三产业发展依然滞后。针对经济发展新阶段面临的突出问题，十七大提出了转变经济发展方式的新的战略要求。从"转变增长方式"到"转变发展方式"，虽然只是两个字的改变，其含义却十分深远，两者间既相互联系又有区别。

（一）经济增长方式与经济发展方式的内涵

所谓经济增长方式，一般是指通过改善生产要素质量及其组合结构来实现经济增长的模式，通常把主要依靠物质要素投入、追求产品数量扩张的增长方式称为"粗放型增长模式"，把注重依靠技术进步、改善管理、提高劳动者素质等途径不断提高经济效益，实现经济增长的方式称为"集约型增长模式"。经济发展方式的内涵则更加丰富、全面，除了涵盖前者的含义之外，还对发展的理念、促进经济增长的需求结构和产业结构提出了要求。概括地说，转变经济发展方式，就是要形成与科学发展观的要求相一致的发展方式，要求我们在继续转变经济增长方式的同时，尽可能地扩大国内消费，增强消费对经济增长的拉动作用。同时，加快农业的现代化，大力发展第三产业。要从调整需求结构、改善供给结构和提高生产要素质量、优化生产要素结构三个方面采取综合性措施，实现经济的又好又快发展。

（二）提出转变经济发展方式的重大现实意义

转变经济发展方式有利于落实以人为本的要求，使广大人民群众能够从经济发展中受益更多。增加居民收入，改善人民生活，是发展经济的根本目的，也是以人为本的核心。在拉动经济增长的三大需求中，注重扩大消费的比重，着力提高最终消费率特别是居民消费率，使我们所生产的产品更多地进入消费领域，相应地降低用于投资和出口的比重，将有利于更快地提高广大人民群众的消费水平，缓解以至避免生产能力过剩的矛盾，减少外贸出口摩擦和由外贸顺差增长过快带来的过多的外汇储备和过剩的银行流动性，从而有利于实现国民经济良性循环，提高宏观经济效益。

转变经济发展方式有利于优化产业结构，尽快建成现代产业体系。加快服务业发展，不仅能更好地满足生产和生活需要，而且能有效地扩大就业，发达国家在工业化的过程中都曾出现过劳动力过剩的问题。由于生产的规模化、机械化、自动化水平不断提高，大量劳动力从第一、第二产业精简下来，形成失业大军。通过发展第三产业，吸纳了剩余劳动力，服务业从业人员占全部从业人员的比重达到 2/3 以上,即使是发展中国家也在50%左右。2006年我国服务业从业人员比重只有32.2%,远远低于发达国家甚至发展中国家的平均水平。服务业发展的滞后制约了就业规模的扩大和第一、第二产业的发展。特别是研发滞后,制约了自主创新能力的提高;金融业发展滞后,制约了市场配置资源功能的发挥;物流业发展滞后,使流通成本居高不下。把加快发展服务业作为转变发展方式的重要内容,有利于集中力量破解这个长期存在的发展难题。

转变发展方式有利于促进节能降耗减排约束性指标的实现,提高可持续发展能力。实现"十一五"规划提出的单位GDP能源消耗降低20%、主要污染物排放得到有效控制的目标,必须依靠科技进步和管理水平的提高,淘汰落后的生产能力。2007年,节能减排指标完成情况出现了拐点:单位GDP能耗改变了前几年连续上升的趋势,在2006年下降1.33%的基础上,一至三季度下降3%;二氧化硫、化学需氧量排放也出现了下降。"十一五"节能减排的任务十分艰巨,必须按照中央的部署,坚决打好节能减排攻坚战,切实推进发展方式转变,确保"十一五"节能减排目标的如期实现。

二、经济增长要由主要依靠投资、出口拉动向依靠消费、投资、出口协调拉动转变

投资与消费、内需与外需比例失衡,是国民经济运行中的突出问题。由于外贸顺差不断扩大,加上外商投资和各类投机资本的流入,我国外汇储备不断增加,迫使中国人民银行增发基础货币,造成银行货币流动性过剩。资金充裕支持了投资的快速增长,加剧了投资与消费失衡的矛盾。2003年到2006年,我国投资率年均达到42.4%,成为历史上最高的时期。同期最终消费率降为50%,为历史上最低的时期,其中居民消费率2006年降到36%的历史最低点。居民消费率低又主要在于收入分配结构不合理。2006年我国居民收入占GDP的比重已经由改革以来最高时的56%下降到45%,其中工资总额占GDP的比重由最高时的17%下降为10.6%,而国家财政收入和企业利润以远远高于经济和居民收入增长的速度连年大幅度增长,说明在初次分配中资本所得偏多,劳动所得偏少,再分配中国家和企业所得偏

多，居民所得偏少。国民收入分配的这一倾斜，是造成广大居民的消费水平不能随着经济的快速增长而同步提高的根本原因。过高的投资率还必然带来生产能力的过剩，如不能及时消化，就会引发银行呆坏账的增加以致发生通货膨胀，经济增长就会回到过去几十年周期性大起大落的老路，这是必须加以避免的，针对当时投资增长过快、信贷投放过多、外贸顺差过大、价格上涨压力加大等经济运行中的不稳定因素，中央决定，2008年要把防止经济增长由偏快转为过热，防止价格由结构性上涨演变为明显通货膨胀作为宏观调控的首要任务。为此，要实施稳健的财政政策和从紧的货币政策，优化财政支出结构，严格控制货币信贷总量，采取有力措施，控制价格总水平过快上涨，要提高城乡居民收入在国民收入中的比重，通过增加中低收入者收入，扩大中等收入者比重，增强居民消费能力，适度提高居民消费率。随着国家财政收入和国有企业利润增加较多，应通过调整预算支出结构、建立国有资本预算等途径，增加用于健全社会保障体系的支出，以消除居民即期消费的后顾之忧。要继续实施有保有压的政策，优化投资结构，适当降低投资率。继续严把信贷、土地两个闸门，提高投资项目进入的环保、资源消耗两个门槛，提高限制发展行业的项目资本金比例，以抑制高消耗、高污染行业和项目的投资增长。鼓励企业增加技术研发投入和节能降耗设备更新投资，鼓励资金投向那些能够带动产业结构升级的行业和项目。要调整优化进出口结构，鼓励技术密集型、知识密集型产品出口，控制能源密集型、资源密集型产品出口；鼓励技术引进和进口国内不能制造的设备以及短缺的能源、资源。从严控制短期投机资金流入，鼓励海外投资，建立稳定的海外资源供应渠道，鼓励藏汇于民，促进国际收支平衡。

三、经济增长要由主要依靠第二产业带动向依靠第一、第二、第三产业协同带动转变

改革以来，我国第一、第二、第三产业都有了很大发展，但第一产业基础脆弱、第二产业素质不高、第三产业发展滞后的问题长期未能改变，经济增长主要靠包括工业和建筑业在内的第二产业带动。2006年，第二产业对经济增长的贡献率达到55.5%，占GDP的比重达48.7%。这是我国正处于工业化加速阶段的重要特

征,也是国外产业转移的结果。但是,这种以扩大工业规模为主的增长模式,已经越来越多地受到资源、环境的约束。当时我国经济对钢材、铝材、水泥、能源、淡水的年消耗量已分别占全球的40%、25%、45%、16%、15%以上,各类污染物排放量的增加已威胁到人类的生存环境。要努力建设现代产业体系,尽快提高第二产业的层次和水平,发展高新技术产业群,振兴装备制造业。抓住产能过剩行业结构调整的有利时机,加快淘汰钢铁、有色、化工、建材、电力等高耗能行业的落后生产能力,促进工业由大变强。要加快发展服务业,特别是重点发展为生产服务的新兴服务业,包括研发、金融、物流、电子商务、法律、咨询、会计、服务外包等,发展医疗卫生、社区服务、教育培训、文化休闲等公共服务和消费性服务业,分离企业、事业单位和政府的服务性业务,提高服务业的社会化、市场化水平。加快建设现代综合运输体系,铁路、水运相对于公路运输能耗低、占地少、效率高,应重点予以发展。大力发展现代农业,巩固、完善、加强各项支农、惠农政策,提高农业水利化、机械化和信息化水平。加大统筹城乡发展力度,推动城乡之间在发展规划、产业发展、基础设施、公共服务、就业市场和社会管理等方面形成一体化新格局。建立和规范土地承包经营权流转市场,促进土地经营权依法自愿有偿转让,发展适度规模经营,把种田能手吸引和留在农村,使更多的劳动力从土地上解放出来,加快向第二、第三产业转移。要积极探索农村集体经济的有效实现形式,抓紧落实和完善优惠政策,扶持发展农民专业合作社。

四、经济增长要由主要依靠增加物质资源消耗向主要依靠科技进步、劳动者素质提高、管理创新转变

提高自主创新能力,建设创新型国家,是国家发展战略的核心,是提高综合国力的关键,也是转变经济发展方式的关键。我国经济增长速度的加快,在一定程度上是以物质资源消耗的大幅增长为支撑的,付出了较大代价。这样的增长格局是难以长期保持下去的。走新型工业化道路,最大的制约因素就是缺乏具有自主知识产权的技术。一些技术含量高、资源消耗少、污染低的建设项目,如电子信息、生物工程、核电、精密设备、精细化工、新型材料等方面的项目,虽然为经济发展所急

需，我们也有充足的资金，但是由于缺乏技术而干不了，大量资金只能涌向那些技术相对成熟的低水平重复建设上。因此，只有加大技术研发投入，尽快拿出一批具有自主知识产权的技术和产品，以此为依托，形成一批新的投资热点和经济增长点，才能摆脱主要依靠物质资源消耗实现经济增长的老路。为此，应按照十七大报告的要求，把增强自主创新能力贯彻到现代化建设的各个方面，落实好国家中长期科技发展规划纲要，着力突破制约经济社会发展的关键技术。加快建立以企业为主体、产学研结合的技术创新体系，引导创新要素向企业集聚。发挥国有企业在自主创新中的重要作用，完善国有企业绩效考核机制，引导国有企业特别是中央企业带头增加研发投入，在集聚人才、技术研发、创立自主品牌方面走在前列。增强中小企业特别是科技型中小企业的创新活力。充分利用国际市场的科技资源，实行开放式创新，是提高自主创新能力的捷径。要积极实施人才战略，培养出世界一流科学家和科技领军人才。学校要着力培养学生的创新能力和实践能力。大力发展职业教育，做到人人有知识，个个有技能，建设人力资源强国。鼓励管理创新，通过改进和加强管理，节约资源，降低成本，提高质量和效益。

五、通过完善社会主义市场经济体制推动经济发展方式转变

要实现经济发展方式的转变，必须完善社会主义市场经济体制，建立健全能够有效促进经济发展方式转变的体制机制。调整需求结构，必须完善宏观调控体系，综合运用计划、财政、金融等手段。完善计划的政策导向功能，围绕提高居民消费率等目标，通过中长期发展计划与年度计划，制定国民收入分配政策、投资与消费政策、国际收支平衡政策等。加强税收和预算在初次分配和再分配中的调节功能，合理调整信贷结构，鼓励增加消费信贷，运用关税等手段调节进出口贸易，引导外资投向。更多地采用经济手段和法律手段，辅之以必要的行政手段，各类调控杠杆要围绕宏观调控目标协同运作，适时适度，不断提高调控的预见性、针对性和有效性。调整产业结构，把产业政策与行业规划、财税、金融、环保、土地、价格等手段结合起来，以提高政策效果。发展第三产业，很大程度上要靠放宽政策，鼓励群众创业。通过创业者的创造性劳动，满足各方面对服务的需求，并创造新的需求。

这就需要制定各种鼓励全社会创业的政策。为了解决好"三农"问题，中央曾经连续5年发了5个一号文件，突出了以深化农村改革来促进农村经济发展。创新"三农"工作思路，继续推进农村综合改革。加大农村金融体制改革力度，扩大农村金融机构准入政策试点范围，加快推进农村政策性保险试点。稳定和完善农村基本经营制度，改善集体林权制度。

提高生产要素质量，优化要素结构，需要通过市场竞争机制，充分发挥市场在配置资源中的基础性作用。为此，应完善技术、资本、劳动力、土地等全要素市场，建立健全统一开放、竞争有序的市场体系，进一步整顿和规范市场秩序。重点是要完善资本市场，提高直接融资比重，发挥资本市场对企业的优选功能和对企业利润的分配功能，使优秀企业获得充足的资金支持，尽快做大做强；使更多的人增加投资性收入，以扩大中等收入者比重。通过奖勤罚懒、优胜劣汰的市场竞争机制，鼓励劳动者学习技能、钻研技术，鼓励企业增加研发投入，改进经营管理。转变经济发展方式是我国经济发展新阶段面临的重大战略任务。实现这个转变，我国经济将迈上一个新的台阶，开辟出新的发展前景，我们就能把平稳快速发展的良好势头继续保持下去，顺利实现全面小康社会建设的新目标。

六、着力在转变发展方式上取得实质性进展

党的十七大提出了转变发展方式的三项任务，这是我国经济发展的重大战略任务，是落实科学发展观的根本举措。我国在发展方式转变上应突出重点，提出具有针对性的政策措施，努力在发展方式转变上取得突破。

第一，要在"双提高"上取得突破，即提高居民收入在国民收入中的比重，提高居民消费率。要着力提高中低收入者的收入，特别是农民的收入。在初次分配中要适当提高劳动报酬的比重，在再分配中适当降低国家和企业所得比重，提高居民收入的比重。通过收入分配结构的调整增强广大居民消费的支付能力。与此同时，要提高居民消费率。实现了这两个提高，可以使整个财富的分配向居民倾斜，从而实现福利型的经济回升。我们要落实以人为本的科学发展观，实现了这两个提高，就是对科学发展观以人为本要求最好的贯彻落实。

第二，大力发展服务业，改变经济增长过度依赖第二产业的情况。我国强调重视发展第三产业的战略从 20 世纪 90 年代中期就已经提出，但是始终见效不大，直到 2000 年第三产业增加值占 GDP 的比重仍为 39.8%，第三产业从业人员占全社会从业人员的比重只有 27.5%，不仅远低于发达国家 70% 左右的水平，而且明显低于发展中国家的平均水平。即使发展水平低于我国的印度，第三产业产值和就业的比重都已接近 50%。我国第三产业发展滞后的根本原因：一是税收负担较重，税负高于工业；二是各种行政性收费制约了第三产业的发展；三是服务短缺。第三产业中有大批小企业和个体户，他们在经营上需要的小额贷款，缺乏供应主体。为生产服务的现代服务和社区服务业是我国第三产业落后于发达国家的两个突出薄弱环节，要采取有效政策鼓励物流、金融、保险、咨询、会计、审计、法律、技术等现代服务业的发展。建立和完善社区组织，大力鼓励发展社区服务。发达国家社区服务业的从业人员占全社会从业人员的比重高达 30%~40%，而我国社区服务业刚刚起步。要通过大力发展服务业扩大就业容量。

第三，建立国有企业自主创新的激励机制。以此为重点，提高企业自主创新能力，加快建设创新型国家。深圳华为公司 2008 年研发投入达 70 亿元，申请国际专利达 1600 多项，在全球企业中排名第一。华为的成功给了我们很多启示，在自主创新上有投入才有回报。然而国有企业至今还没有建立起自主创新的激励机制，对国有资产保值增值的考核只考核有形资产，不考核无形资产，企业的研发投入及其形成的技术成果，还不能完全纳入考核的内容，这是国有企业研发投入少的根本原因。要认真落实中长期科技规划纲要配套的各项政策，鼓励企业尽可能多地增加研发投入。当前要抓住金融危机造成部分国外企业经营困难的机遇，通过国际并购，利用国际市场的科技资源，以提高自主创新能力。要推广引智创新的经验，吸引国外科技人才为我国技术创新服务。各级政府应当为企业的国际并购和引智创新提供资金支持。

七、把改革目标定位于推动发展方式转变

在市场方面，围绕如何能够在更大程度、更广范围发挥市场配置资源的基础性

作用进行改革,至少有四个重点要推动:

第一,深化金融体制改革释放资本潜力。金融资产存量大,由于改革滞后,资本配置效率很低。2012年年初温家宝同志在中央金融工作会议上的讲话提出了六个方面的改革任务,但这次会议没有实施方案,也没有实施细则。自发地把利率市场化作为一个重点来改,没有一个通盘考虑,打乱仗,将来可能会出问题。没有放宽市场准入,先放开利率必然带来寻租行为。金融体制改革是深化改革的突破口。过去讲民营经济进入金融领域,办民营的金融机构是个突破口,党的十八大决议把这个写进去了,就是要积极发展民营金融机构,这可能是改革的一个突破口。

第二,加快建立城乡一体化发展制度的改革。现在农业现代化面临着非常好的机遇,要鼓励民间资金进入农业现代化领域,鼓励乡镇企业、民营企业去搞农业的规模经营、养殖业的规模经营,通过土地经营权有偿转让集中起来,发展新型的农业经营主体,这个如果发展起来,今后20年就能再释放出2亿农村劳动力,满足第二、第三产业的发展需要。现在有些人讲中国劳动力短缺了,这个话早讲了20年。

第三,是科技体制改革。现在民营企业已成为创新的主力军,民营企业申请的专利,占整个专利申请量的68%。有两个领域的创新潜力还没有发挥出来,一个是国有企业,一个是大学。如果把国有企业创新的积极性调动起来,就能够解决大的问题。对大学而言,2012年全世界大学申请专利排名,前50名,中国没有一所大学进入,美国进入前50名的大学有30所。中国的大学集中了那么多的教授、博士、硕士,创新能力却被压抑了,所以不改革不行。只有把这两个领域的创新潜力发挥出来,加上民营企业,建立创新型国家的目标才能实现。

第四,加快税制改革,为第三产业发展创造良好的政策环境。第三产业发展潜力巨大。现在我国第三产业从业人员只占全社会从业人员的34%,而全世界的平均水平是50%左右。现在第三产业发展慢的原因就是税收不合理,营业税税负比增值税税负重1/3,另外对大量的小企业和个体户的税收起征点过低。

围绕建立有利于转变发展方式的体制机制,作为改革的重点突破,容易赢得共识,实际上改革只要在几个点上突破以后,其他方面的改革就会跟上去。

八、围绕转变发展方式深化改革

加快转变经济发展方式,需要改革来推动。具体来说,应从以下几个方面进一步深化改革。

一是党的十七大提出加快转变经济发展方式,并把扩大消费对经济增长的拉动作用作为重要任务。党的十八大继续强调这一问题,特别提出牢牢把握扩大内需这一战略基点,加快建立扩大消费需求长效机制,释放居民消费潜力。提高居民消费率,使人民群众从经济发展中受益更多,是深入贯彻落实科学发展观的重要体现。不仅要扩大居民个人消费,而且要扩大公共服务消费,尽快改变公共服务供不应求的状况。应通过多种方式引导社会资金更多地投向公共产品和公共服务,改善消费环境。扩大消费的重要前提是改革收入分配制度,调整国民收入分配结构,逐步形成中等收入者占多数的橄榄形收入结构。2013年初,国务院批转了《关于深化收入分配制度改革的若干意见》。落实好中央精神,切实推进收入分配制度改革,已成为实现经济增长由投资、出口驱动型向消费驱动型转变的关键。

二是围绕缩小城乡差距,加快建立城乡发展一体化制度。我国要跨越"中等收入陷阱"、进入高收入国家行列,重点和难点都在"三农"。根据国际经验,进入高收入行列的国家一般具备三个条件:城镇化水平达到70%左右;农业劳动生产率赶上第二、第三产业的水平;农民人均收入赶上城镇居民。2016年,我国城镇化率为57.35%,农民工还没有完全融入城市;农业劳动生产率只及第二、第三产业的1/3左右;农民人均收入只及城镇居民的1/3左右。当前,解决"三农"问题面临千载难逢的机遇:其一是农业劳动力转移有出路。我国很多地方存在招工难问题,一些劳动密集型产业开始向东南亚国家转移,因为那里的工人工资更低。如果我们不抓紧为农业劳动力转移创造好的环境,等到劳动密集型产业转移出去了,就会失去历史的机遇。其二是大量社会资金急于寻找投资出路。农业现代化所需要的大量资金只能靠吸引社会资金来满足,而现在社会资金很充裕,却苦于找不到投资渠道。其三是市场对优质绿色农产品需求旺盛。解决农产品价格波动问题,解决农业标准化、无公害生产问题,对发展社会化、现代化大农业提出了紧迫要求,这将有力地促进"三农"问题的解决。

三是围绕更好地发挥市场配置资源的基础性作用,深化金融体制改革,更大程度、更广范围地发挥市场在资源配置中的基础性作用,关键在于优化资金配置,因为资金配置到哪里,人力、设备、能源、原材料等生产要素就跟着流动到哪里。我国金融资本的规模巨大,但由于金融体制改革滞后,资金流动性差,需要资金的企业难以获得资金支持。2012年初召开的全国金融工作会议提出了金融体制改革的主要任务,包括放宽准入,建立地方性监管机构,建立存款保险和贷款担保制度,完善以用汇为主的外汇管理体制,健全多层次资本市场等,亟待出台综合配套的改革文件。合理的金融改革顺序应把市场准入放在最前面,其次是完善监管和风险担保体系,最后是利率市场化。因为前两步改革可以形成充分竞争格局,并防范市场风险,从而为利率市场化创造前提条件。现在利率市场化已自发突破,而前两步改革尚未推出,就容易出现垄断利益、寻租行为和潜在风险。制订金融体制改革的周密配套方案并有序推出,已成为当务之急。

四是建立促进发展方式转变的体制机制。要建立促进发展方式转变的体制机制,形成一种制度,使企业的经营决策能够自动地向发展方式转变要求的方向进行。内容涉及:

完善全要素市场体系。建立包括商品、资本、人力、土地、自然资源等全要素市场体系。资源价格不仅要反映其开采成本,还要反映它的环境成本和稀缺程度。由于资源价格构成中不包括短缺性这一个因素,造成资源的价格太低,要通过资源价格调整来保护资源,发挥资源的效益。

改革财税体制。1994年利改税之后,实行中央与地方分税制,改革是非常成功的。从那之后,中央财政占整个财政收入的比例、财政收入占GDP的比例明显提高。然而,地方的财权跟事权还不够匹配,地方的财政收入增长比较慢,所以一些地方政府出现了土地财政,通过土地出让金来弥补地方财政支出的不足。沿海一些城市土地出让金相当于当地政府一半的财政收入,这种状况是不可持续的,要建立一个稳定的地方政府的税源。

改革金融体制。我国金融运行总体来讲是健康的,问题是专门为小企业、个体户和农户服务的小额贷款体系短缺。改革重点是怎样建立一个为小型、微型经济主体服务的金融体系。美国一共有8000多家银行，其中90%都是区域性的社区银行。社区银行只在一个地区内吸收存款，发放贷款。这些小银行对当地客户比较熟悉，这成为地方经济发展的一个重要支撑。我国现在的金融体系主要是几十家大银行，只有"主动脉"，而缺乏"毛细血管"，金融的"血液"输送不到小型、微型的经济主体里。所以，要通过改革完善金融服务体系，支持群众性创业活动和技术创新成果的产业化。

改革行政管理体制。能够由市场解决的事情，政府不要干预。政府职能集中到制定制度和政策上，当好裁判员。此外，事业单位改革应成为下一步改革的重要任务。如果说在亚洲金融危机之前，按照传统的增长模式，我们的经济还可以保持较快的增长，那么金融危机的出现，就使转变经济发展方式具有更大的紧迫性和必要性。从中可以看出，党的十七大提出转变经济发展方式确实具有远见卓识。

第六节
加强供给侧结构性改革

自2010年以来，我国经济增速呈波动下行趋势，经济运行呈现出不同以往的态势和特点。其中，供给和需求不平衡、不协调的矛盾和问题日益凸显，突出表现为供给侧对需求侧变化的适应性调整明显滞后。这就需要在适度扩大总需求的同时加快推进供给侧结构性改革，用改革的办法，实现更高水平的供需平衡。

一、准确理解供给侧结构性改革的内涵

2016年1月26日召开中央财经领导小组第十二次会议，研究供给侧结构性改

革方案①。习近平总书记发表重要讲话强调,供给侧结构性改革的根本目的是提高社会生产力水平,落实好以人民为中心的发展思想。要在适度扩大总需求的同时,去产能、去库存、去杠杆、降成本、补短板(即"三去一降一补"),从生产领域加强优质供给,减少无效供给,扩大有效供给,提高供给结构的适应性和灵活性,提高全要素生产率,使供给体系更好地适应需求结构变化。

2016年5月16日召开中央财经领导小组第十三次会议②,研究落实供给侧结构性改革等内容。习近平总书记强调,推进供给侧结构性改革,是综合研判世界经济形势和我国经济发展新常态作出的重大决策,各地区各部门要把思想和行动统一到党中央决策部署上来,重点推进"三去一降一补"。供给侧结构性改革关系全局、关系长远,一定要切实抓好。要深刻理解时代背景,当前我国经济发展中有周期性、总量性问题,但结构性问题最突出,矛盾的主要方面在供给侧。要准确把握基本要求,供给侧结构性改革的根本目的是提高供给质量满足需要,使供给能力更好地满足人民日益增长的物质文化需要;主攻方向是减少无效供给,扩大有效供给,提高供给结构对需求结构的适应性,当前重点是推进"三去一降一补"五大任务;本质属性是深化改革,推进国有企业改革,加快政府职能转变,深化价格、财税、金融、社保等领域的基础性改革。要发挥好市场和政府的作用。

二、抓住重大问题推进供给侧结构性改革

坚持以推进供给侧结构性改革为主线,紧紧抓住对国民经济有重大影响的问题,通过深化改革促进结构转换,以结构转换释放经济发展潜力,提高供给质量,在解放和发展社会生产力中更好地满足人民日益增长的物质文化需要。

(一)聚焦农村改革,促进城乡一体化发展

城乡发展差距大,是当前国民经济结构中的一个突出矛盾。我国农村尚有6亿

---

① 习近平主持召开中央财经领导小组第十二次会议,http://cpc.people.com.cn/n1/2016/0126/c64094-28087026.html.
② 习近平:《坚定不移推进供给侧结构性改革在发展中不断扩大中等收入群体》,http://cpc.people.com.cn/n1/2016/0517/c64094-28355254.html.

多人口，城乡居民人均收入差 2.72 倍。国际经验表明，凡是成功进入高收入行列的国家，无不基本消除了城乡居民收入差距。我国要避免落入"中等收入陷阱"，跨入高收入国家行列，需要着力缩小城乡收入差距、释放农村市场巨大的需求潜力。因此，现阶段供给侧结构性改革面临的重要任务，如同改革开放初期农村率先改革解放了生产力那样，是再次聚焦农村改革，进一步解放农村生产力，增加农民收入。造成城乡居民收入差距大的根本原因，是农业劳动生产率过低，远远低于全社会平均劳动生产率。提高农业劳动生产率是一项系统工程，必须继续推动农业劳动力向第二、第三产业转移，农村人口向城镇转移，建立城乡一体化新制度，引导资本、技术和高素质劳动力流向农村。

习近平同志强调，要"逐步实现城乡居民基本权益平等化、城乡公共服务均等化、城乡居民收入均衡化、城乡要素配置合理化，以及城乡产业发展融合化"。这为加快城乡一体化改革发展指明了方向、提出了明确要求。长期以来，农村发展滞后于城市，农业劳动生产率提高缓慢，根本原因在于城乡两个市场发育程度不同。城市的生产要素基本市场化了，而农村的生产要素仍处于半市场化状态，由此在城乡市场之间形成虹吸效应，农村的劳动力、土地、资金等源源不断地流入城市，而城市的资本、技术和高素质劳动力却流不进农村；城市的资本严重过剩，农村的资本极度短缺。所以，实现城乡协调发展，首先必须建立和完善农村要素的市场体系，实现要素在城乡市场之间双向自由流动。

推进农业供给侧结构性改革，关键是改革农村土地制度，赋予农村土地以商品属性。党的十八届三中全会通过的《中共中央关于全面深化改革若干重大问题的决定》指出："赋予农民对承包地占有、使用、收益、流转及承包经营权抵押、担保权能。""保障农户宅基地用益物权，改革完善农村宅基地制度，选择若干试点，慎重稳妥推进农民住房财产权抵押、担保、转让，探索农民增加财产性收入渠道。""建立城乡统一的建设用地市场。""在符合规划和用途管制前提下，允许农村集体经营性建设用地出让、租赁、入股，实行与国有土地同等入市、同权同价。"认真落实这些改革部署，让土地作为商品进入市场，让农民凭借对土地的用益物权获得财产性收入，就能为土地使用权流转、劳动力流动、农民工市民化等提供体制条件。农民工退出的宅基地可用于增加城市建设用地和耕地,所获得的财产性收入有助于农民工在城镇买房,举家转为城镇户籍;农民承包地经营权有偿转让有利于发展土地规模化经营,提高农业劳动生产率,并使出让者获得租金收入;结合宅基地整理进行村镇建设,可改变农村基础设施落后的状况,改善农村生活环境,使农村和城市一样美丽、宜居。在"十三五"期间,如果能以农村"三块地"的用益物权为抵押,撬动银行贷款和社会投资,投入农业现代化、新农村建设和农民工市民化,城乡发展差距大的状况必将发生根本改变,2020年全面建成小康社会就有可靠保证。

发展特色小镇是城乡一体化的突破口。位于城乡接合部的特色小镇的发展,能够带动周边农村基础设施和公共服务发展,有利于吸纳农村劳动力就业,促进第一、第二、第三产业融合发展,并使城市文明迅速扩展到农村,实现城乡协调发展。最近,习近平同志就发展特色小镇两次作出重要批示。推进美丽、特色小镇建设,应落细落实这些重要批示精神,鼓励大城市的企事业单位搬出地价昂贵、交通拥堵、空气污染严重的市区,到周边的小城镇落户,打造优越环境,拓展更大的发展空间。

(二)聚焦投资体制改革,扩大公共产品供给

当前,在供给结构中,生产资料和消费资料都已处于产能过剩状态,但环境、交通、市政、医疗、教育、社会保障、文化、信息等公共产品供给不足,特别是怎样能够呼吸清洁的空气、饮用干净的水成为人们最为关心的问题。公共产品供给不足的原因主要是体制不合理,缺乏公共产品的价值补偿机制。

过去,公共产品主要靠财政投资,财力不足限制了公共产品供给能力的提高。改革投资体制,采用政府与社会资本合作的方式即PPP模式,就能有效解决这一问题。这就要求政府对公益性或半公益性项目的投入和收益进行精细测算,并给予一定的政策补偿,使投资这些项目的企业得到合理回报。在选择投资企业时,对国有企业和民营企业应一视同仁,应通过招标确定项目投资企业。解决公共产品短缺问题,不是缺乏资金,也不是没有技术和施工能力,关键在于政府要有所作为,而且

需要规划、财政、金融部门密切配合。在项目实施中,政府和企业都要信守合同,确保工程质量,政府承诺给予企业的政策和补助要及时兑现。

2016年,货币发行出现了M2增速远远低于M1增速的新情况:到12月末,狭义货币(M1)增速为21.4%,广义货币(M2)增速仅为11.3%,两者相差10.1个百分点。原因是面对经济下行压力,企业投资积极性下降,拿到银行贷款后又以活期存款的形式存入银行。针对这一问题,可以通过扩大实施PPP项目,发挥财政资金对银行贷款的引导作用,改变M2增速连续6年下降的状况,推动公共产品投资增长。针对治理雾霾这一人民群众关心的问题,应落实党的十八届三中全会《中共中央关于全面深化改革若干重大问题的决定》提出的"谁污染、谁付费,推行第三方治理制度",由政府制定排放和收费标准,并严格监督执行,形成吸引企业和社会资金投资环境治理的市场机制,真正把环保产业打造成一大支柱产业。

(三)聚焦科技教育体制改革,增加技术和人才供给

技术和人才是供给结构中最短缺的资源。供给侧结构性改革的核心是提高自主创新能力。要落实创新发展理念、鼓励技术创新,以具有自主知识产权的技术实现产业升级,逐步由现在的以资源密集型、劳动密集型为主转变为以技术密集型、知识密集型为主,在国际分工中由产业链的中低端向中高端跨越。

当前存在的问题,是由于对研发的重视程度和投入很不平衡。从地区来看,有的城市已形成鼓励创新的机制和社会环境,研发成果开始成批涌现,如深圳市每年申请国际专利的数量占全国申请量的46.9%,创新已经成为深圳经济增长的第一驱动力。而许多创新资源优于深圳的城市,在技术创新成果上却远远落后于深圳,说明这些城市的创新潜力尚未发挥出来。深圳建设创新型城市的经验,主要是经过多年坚持不懈的努力,培养了崇尚创新的文化氛围、鼓励创新的市场机制、宽容失败的社会环境、不拘一格的人才战略、面向全球的开放意识、一视同仁的扶持政策。各地应学习推广深圳的经验,抓紧建立鼓励企业增加研发投入的激励机制,提高广大科技人员创新的积极性,加快科技成果的工程化、产业化。

企业是研发投入和提供创新成果的主体。目前,我国已有一批创新型企业,其

每年的国际专利申请量跻身世界前列，如华为公司2015年研发投入达596亿元，国际专利申请量连续几年居世界前三位。在全球企业国际专利申请量排名中，我国已有5家企业跻身前10名。但多数企业研发投入不到销售收入的2%，不少企业还没有研发活动和技术专利。国家对技术创新的鼓励政策，企业利用得还不够充分。国有企业集中了大批优秀人才，创新的潜力亟待发挥。应抓紧建立国有企业技术创新激励机制，充分发挥国有企业在自主创新中的骨干和带动作用。

大学不仅要培养创新型人才，而且要成为科技创新的重要基地。大学想完成这两项主要任务，首先要有具备创新能力的老师、有好的教育体制。为创办高水平、创新型大学，第一，应建立大学之间和学校内部的竞争机制，建立大学办学质量的第三方评估制度和教师的聘任制，鼓励社会办学、中外合作办学。第二，应以优厚待遇从全球选拔具有创新能力的师资，可先在少数学校试行，根据实际效果再逐步推广。第三，应建立大学与风险投资的对接机制。完善从天使投资到创业板市场的风险投资体系，实施创新全过程的跟踪服务。鼓励大学教师、大学生创造专利等科技成果，并以自己的成果创办高新技术公司。第四，从基础教育到大学教育都应从填鸭式、应试型教育转变为启发式、创新型教育，着力培养学生的创新思维。应加强职业教育，重视对学生动手能力的培养。赋予大学在学科选择、教师选拔、教学内容、培养方法等方面的自主权。

（四）供给侧结构性改革的四大动能

供给侧结构性改革的本质或核心是解放生产力，就是要通过改革精准对接发展所需，释放经济增长潜力，为经济增长输入新的动能。当前看来有以下四大动能。

第一，通过城乡一体化制度的建立，释放农业现代化、新农村建设和农民工市民化的巨大潜力。核心是农村土地制度的改革，特别要加大特色小镇的建设，释放巨大潜力。第二，通过投资体制改革如推行PPP模式，把民间资金和银行贷款引导到增加公共产品供给上来，包括基础设施建设、环保投入、教育、科技、医疗、社会保障、市政工程、文化、信息等公共产品的投入。第三，通过深化营改增等税制改革，继续为第三产业的发展营造良好的政策环境。第四，通过科技教育体制改革，提高自主创新能力，以自主创新成果带动产业升级和经济转型。

三、全面把握好经济工作中的几个辩证关系

2016年底召开的中央经济工作会议分析了当时的经济形势，明确了坚持稳中求进的工作总基调，对于统一全党认识、做好2017年经济工作具有特别重要的意义。全面贯彻落实会议精神，必须按照党中央确定的思路方法，把握好几个辩证关系，抓住关系全局的主要矛盾和矛盾的主要方面，确保实现既定经济发展目标。

（一）努力把握好供给与需求的辩证关系

供给与需求是辩证统一的关系，研究供给时必须考虑需求的总量和结构，按需生产、适销对路，产品的价值才能通过市场交换得以实现，社会再生产才能持续进行。研究需求时也必须考虑供给的可能性，使需求与供给能力相适应，避免需求膨胀引发通货膨胀，抑或需求不足引发通货紧缩。

当前，我国经济出现了产能过剩等重大结构性失衡问题，首先是供给结构出了问题，即劳动密集型、资源密集型产品严重过剩，而技术密集型、知识密集型产品供给不足。供给侧结构性改革，最终目的是满足需求。因此，我们要深入研究市场变化，理解现实需求和潜在需求，在解放和发展社会生产力中更好地满足人民日益增长的物质文化需要。与此同时，需求不足的问题也不容忽视。改革开放近40年来，我国投资率不断攀升，"十二五"时期投资与消费的结构虽有改善，但其失衡的局面仍未根本改变。有支付能力的消费需求的增长严重滞后于生产能力的增长，是造成当前产能过剩的一个重要原因。投资与消费的比例，是国民经济最基本的比例关系，这一结构失衡，必然影响经济全局，使经济的持续发展受阻。

我们必须努力把握好供给与需求之间的辩证关系，坚持以推进供给侧结构性改革为主线，通过去产能、去库存减少无效供给，加快产业结构、产品结构优化升级，补上供给短板。与此同时，适度扩大总需求，特别是扩大有支付能力的消费需求，为经济增长提供强劲动力，在结构转换中实现稳增长。在内需与外需的关系上，应以扩大内需为主。2016年上半年，海外投资比2015年同期增长67%，国内

投资仅增长8%，在国内投资增长放缓特别是民间投资增长低迷的情况下，海外投资暴增是不正常的。只有坚持以扩大内需为主，才能对稳增长、惠民生直接发挥作用，并为扩大外需提供实力支持。

（二）努力把握好短期与长期的辩证关系

千里之行，始于足下。保持经济的长期平稳健康发展，必须把长远战略目标和近期行动计划有机结合起来，既要有明确的中长期目标也要有短期目标，既要有长远战略也要有短期对策。实现中长期发展目标、实施长远发展战略，主要通过财政政策促进供给总量的增加和供给结构的优化，提高全要素生产率。实现短期目标、实施短期调控，主要通过货币政策调节需求总量，保持总供求的大体平衡，以实现经济的平稳增长。

在宏观调控的实践中，必须把长期与短期有机结合起来。要通过制定中长期发展规划、年度计划和专项计划，提出不同阶段的发展目标、战略、方针、政策，为运用财政、货币等手段调控经济提供依据，保持计划、财政、货币三大调控杠杆的协调配合。要围绕经济增长速度、居民收入、物价、就业、财政、货币、投资、国际收支八大指标的平衡制订年度调控计划，努力保持经济持续稳定增长，避免大起大落。其中，投资指标尤其重要。投资需求属于中间需求，投资增长速度和投资结构关系到未来的供给能力能否适应需求的增长和需求结构的变化，关系到产业结构的优化升级和长期增长能力。因此，需要加强对社会资金和信贷资金投向的政策引导，使之符合中长期发展规划要求。

短期目标与长期目标是一个对立统一体，过分强调哪一个方面，都会顾此失彼，给经济发展带来不可估量的损失。我国多年宏观调控的经验证明，在经济偏热时，适当踩一下"刹车"，在经济偏冷时，适当踩一下"油门"，以熨平周期性波动，是宏观调控的艺术。这些成功的经验都是长期有效的。当前中央强调的发展方式转变和经济结构转型，是一个中长期发展目标，特别是实现产业结构由以资源密集型、劳动密集型为主向以技术密集型、知识密集型为主的转变，不是三四年或一个五年计划就能完成的。产业结构与经济发展阶段紧密相关，调整产业结构必须按照经济成长的客观规律，不懈努力、循序渐进地推进。因此，在宏观调控中，要认清哪些事情是短期可以做到的，哪些事情是需要经过长期努力才能做到的。在此基础上，按照转变发展方式的要求引导资金投向，既能满足即期增长的需要，又能促进结构的优化。

（三）努力把握好城市与农村的辩证关系

城乡发展差距拉大是当前国民经济中的一个主要矛盾。我国已达到中高收入水平，但距离高收入国家还有一个大台阶。许多国家跌入"中等收入陷阱"，就是因为难以跨上这个台阶。能否跨上高收入台阶，是对中国共产党执政能力和社会主义制度优势的考验。从国际经验来看，凡是顺利进入高收入行列的国家，几乎都成功解决了城乡二元结构问题，第一、第二、第三产业的劳动生产率大体相同，城乡居民收入基本拉平。而落入"中等收入陷阱"的国家，城乡差距问题往往长期得不到解决。目前，我国第一产业的劳动生产率不到全社会劳动生产率的 1/3，由此决定了城乡居民收入之比为 2.7∶1，如果不能改变这一状况，将很难跨入高收入国家行列。

城乡结构调整需要改革来推动。推进城乡发展一体化，正是针对我国经济发展的主要矛盾提出的重大改革举措。习近平总书记明确提出，实现城乡发展一体化，目标是逐步实现城乡居民基本权益平等化、城乡公共服务均等化、城乡居民收入均衡化、城乡要素配置合理化，以及城乡产业发展融合化。这一重要论述精准对接了发展所需、基层所盼、民心所向，为推进城乡发展一体化指明了方向和要求，必将为拉动我国经济增长提供更大的新动能。

按照党的十八届三中全会《中共中央关于全面深化改革若干重大问题的决定》部署，当前推进城乡发展一体化改革有五个重点：一是落实农户对土地的法人财产权。为此，需要对农户的承包地和宅基地进行确权颁证，并完善对土地用途改变的监管制度。二是建立全国城乡统一的建设用地市场。我国正处于人类历史上规模最大的城镇化进程之中。由于劳动力的流动是全国性的，必须建立全国城乡统一的建设用地市场，实现不动产能够随着人口的流动在空间、价值形态上转移。三是打开城乡资本市场之间的"堰塞湖"。"十三五"期间,如能以农民对土地的用益物权为质押,撬动银行贷款和社会投资的20万亿元投入农业现代化、新农村建设和农民工市民化进程中,城乡差距必将迅速缩小。四是为进城落户农民提供与市民同等的公共服务,使农民进城后可享受市民养老、医疗、住房、子女入托入学等公共服务。五是把特色小镇作为城乡发展一体化的突破口。在中心城市周边的一小时生活圈内,发展一批各具特色的小镇,实现要素集聚,既有利于缓解中心城市房价上涨、交通拥堵、空气污染等矛盾,又有利于带动城乡发展。

(四) 努力把握好实体经济与虚拟经济的辩证关系

实体经济与虚拟经济之间既相互依存、相互转化,又相互促进、相互制衡。随着我国经济市场化程度的提高,把握好实体经济与虚拟经济的关系,对于避免经济波动、实现经济持续稳定增长至关重要。

从国际经验来看,1997年会爆发亚洲金融危机,主要是由于一些亚洲国家外债负担过重,超过了经济的承受能力,一旦出现偿债困难,外资出逃,便酿成金融危机。2008年美国会爆发国际金融危机,主要是由于金融衍生产品泛滥,虚拟经济过度膨胀,某些金融机构由于到期债务不能清偿,导致债务链断裂,最终引发全局性的危机。经验还表明,虚拟经济膨胀与房地产泡沫总是紧紧连在一起的。日本20世纪80年代以房地产为抵押的银行贷款膨胀,是因为房地产泡沫破裂,导致经济一蹶不振。

具体到我国,主要有两个潜在问题需要引起高度重视。一是企业债务率明显偏高,偿债付息压力过大。主要原因是我国的金融体制以间接融资为主,企业融资主要依靠银行贷款。应当加快发展资本市场,通过扩大股权融资来降低企业债务率,以规避债务风险。二是少数中心城市房价过高。中央经济工作会议明确提出,要坚持"房子是用来住的、不是用来炒的"这一定位,综合运用金融、土地、财税、投资、立法等手段,加快研究建立符合国情、适应市场规律的基础性制度和长效机制。应当通过增加住宅用地供给、疏散城市功能、发展特色小镇等措施,抑制房地产泡沫,并防止出现大起大落。

(五) 努力把握好政府与市场的辩证关系

使市场在资源配置中起决定性作用和更好地发挥政府作用，是我们党对政府与市场关系认识上的重大突破。发挥市场对资源配置的决定性作用，就是按价值规律办事。政府的作用主要是宏观调控、市场监管、公共服务、对外协调。使市场在资源配置中起决定性作用和更好地发挥政府作用，当前应着重抓好以下几个方面工作。

一是完善城乡统一的全要素市场体系。发挥市场对资源配置的决定性作用，需要有完善的市场体系。要加快建立全国统一的全要素市场体系，特别是抓紧建立城乡之间双向自由流动的全要素市场，激活农村资源，充分发挥市场机制对促进农村发展的强大作用。要打破区域之间的行政壁垒，加快生产要素从沿海向中西部、从中心城市向周边地区流动。完善生态环境保护体制，建立环境价值补偿机制，形成促进环保产业发展的市场机制。

二是两手并用推动经济转型升级。实现经济转型升级，在需求结构上要推动经济增长由主要依靠投资和出口拉动向主要依靠消费拉动转变；在产业结构上由主要依靠第二产业向第一、第二、第三产业协调发展转变，加快发展第三产业；在要素结构上，实现经济增长由主要依靠增加物质资源消耗向主要依靠技术进步、改善管理和提高劳动者素质转变。这是一个全面战略性转变，只有充分发挥市场机制和政府引导的共同作用，才能取得成功。产业政策要从选择性政策向功能性政策转变，即由确定若干重点发展产业并赋予其特殊扶持政策，改变为围绕经济转型升级要求，实施普惠鼓励政策。如鼓励技术进步和节能减排，应不分行业和企业性质，凡是有利于实现这些要求的经济活动，都应给予鼓励和支持。

三是调整收入分配结构以实现共享发展。处理好效率和公平的关系，始终是政府面临的重大课题。党的十八届五中全会提出新发展理念，把共享发展作为重要内容，是针对当前居民收入差距拉大的问题提出来的，目的在于通过强化共享发展，缩小收入差距。应当在不损害效率的前提下加大收入分配结构调整力度，使广大中低收入者特别是农民的收入增长更快一些。重要途径是通过加强对中低收入者的培训，提高其劳动能力，并创造更多较高收入的就业机会，鼓励创新创业。对弱势群体应给予帮扶。要通过教育上的公平来实现分配上的公平。

第六章
从科学发展观到五大发展理念

科学发展观是立足社会主义初级阶段基本国情,总结我国发展实践,借鉴国外发展经验,适应新的发展要求提出的重大战略思想。创新、协调、绿色、开放、共享五大发展理念,丰富和发展了我们党关于发展的思想理论,是对科学发展观的新突破、新发展。

第一节
科学发展观的提出与内涵

发展是当代世界的主题,也是当代中国的主题。从全人类的角度看,发展是世界范围内实现现代化的过程。从中国的特殊国情看,发展则是一个实现社会主义现代化的过程。有什么样的发展观,就会有什么样的发展道路、发展模式和发展战略,就会对发展的实践产生根本性、全局性的重大影响。进入21世纪,我国的发展既处在一个重要的机遇期,又处在一个矛盾凸显期。深刻认识发展出现的新的阶段性特征,科学分析全面参与经济全球化的新机遇新挑战,深刻把握工业化、城镇化、市场化、国际化深入发展形势下各项事业发展面临的新课题新矛盾,是我国谋求更好发展的前提条件。在新的历史时期,我国发展出现如下阶段性特征和矛盾。

第一,我国经济实力明显增强。2005年国内生产总值已经达到2.23万亿美元的规模,一举赶上英国和法国,成为全球排名第四的经济体,仅次于美国、日本和德国。根据Wind咨询数据,1999年,全国税收收入首次突破了1万亿元大关,

2003年突破了2万亿元大关，2005年突破3万亿元大关。经济实力的显著增强，为我国的发展奠定了新的历史起点。

第二，我国经济增长方式已难以支撑我国的进一步发展。依靠粗放型增长方式我国可以实现"三步走"的第一步、第二步战略目标，但不可能实现第三步战略目标。我国2006年国内生产总值仅占世界生产总值的5.5%，而我们消耗的能源占世界能源总量的15%，钢材占30%，水泥占54%。这些数字表明，粗放式的经济增长方式在我国已经没有后续空间，转变经济发展方式已势在必行。

第三，我国发展不协调矛盾凸显。我国城乡之间、区域之间、经济社会发展之间的不协调状况日益凸显，由可以为社会所承受的阶段进入到了社会越来越难以承受的阶段。群体性事件不断增加，规模趋于扩大，手段趋于激烈，在一定程度上反映了发展不协调已到了非下大力气解决不可的时候。

第四，我国社会非主要矛盾到了非解决不可的时候。虽然，社会事业发展、政治体制改革、资源状况和生态环境问题，相对于我国人民群众日益增长的物质文化需要与落后的社会生产的矛盾而言不是主要矛盾，但是这些方面的问题和矛盾在不断激化，成为严重制约我国发展的瓶颈和薄弱环节。不兼顾解决好这些非主要矛盾，就难以继续抓好人民群众日益增长的物质文化需要与落后的社会生产这个主要矛盾。

第五，国际竞争日趋激烈。当今世界，一方面，文化与经济和政治互相交融，经济发展更加依赖于科技的带动和文化的支撑。另一方面，伴随着经济增长所带来的人口膨胀、资源匮乏、环境恶化等全球性问题，使国际社会更加强调以人为本、生态环境保护和资源的永续利用。国际上各种战略资源、人力资源、科技资源等早已成为各国争夺和急于控制的重点。我国必须科学地把握和统筹国内发展与对外开放的关系，在经济全球化中求得更好发展。

在这样一个具有上述特征和矛盾的历史阶段，2003年，党的十六届三中全会第一次提出了坚持以人为本、全面协调可持续的科学发展观的概念，在全党引起了强烈共鸣。科学发展观因时而生，有着丰富的内涵。

第一，科学发展观的核心是以人为本。坚持以人为本，就是坚持人民群众是历史创造者的唯物史观基本原理,坚持全心全意为人民服务的党的根本宗旨,把依靠人作为发展的根本前提,把提高人作为发展的根本途径,把尊重人作为发展的根本准则,把为了人作为发展的根本目的,始终把实现好、维护好、发展好最广大人民的根本利益作为党和国家一切工作的出发点和落脚点,做到发展为了人民、发展依靠人民、发展成果由人民共享。科学发展观的基本要求是坚持全面协调可持续发展。坚持全面发展,就是以经济建设为中心,推进经济建设、政治建设、文化建设、社会建设共同进步,推进物质文明、政治文明、精神文明、生态文明共同发展,在实现社会全面进步中促进人的全面发展。坚持协调发展,就是要使各个地区、各个部门、各个领域,比例适当、结构合理、相互促进、良性运行,统筹城乡发展、统筹区域发展、统筹经济社会协调发展、统筹人与自然和谐发展、统筹国内发展与对外开放,推进生产力和生产关系、经济基础和上层建筑相协调,推进经济、政治、文化、社会建设的各个环节和各个方面相协调。坚持可持续发展,就是要使经济发展与人口资源环境相协调,人与自然相和谐,发展循环经济、建设资源节约型国家、建设环境友好型国家,走生产发展、生活富裕、生态良好的文明发展道路。以人为本、全面协调可持续的科学发展观,对"什么是发展""靠谁发展"和"为谁发展""怎样发展"等发展观的基本问题,作出了科学的回答,极大地深化了对人类发展规律、社会主义建设规律与共产党执政规律的认识,对马克思主义的发展理论与中国特色社会主义理论作出了重大理论创新,是马克思主义中国化的最新成果,为实现党的指导思想的与时俱进奠定了重要的思想理论基础。

第二,必须坚持全面协调可持续发展。实现速度和结构、质量、效益相统一,经济发展与人口、资源、环境相协调。必须坚持统筹兼顾,统筹城乡发展、区域发展、经济社会发展、人与自然和谐发展、国内发展和对外开放,树立世界眼光,加强战略思维,善于从国际形势发展变化中把握发展机遇、应对风险挑战,营造良好的国际环境。

第三,要处理好落实科学发展观与坚持党的基本路线的关系。党的基本路线是实现科学发展观的政治保证。以经济建设为中心是兴国之要,四项基本原则是立国之本,改革开放是强国之路,任何时候都不能动摇。贯彻落实科学发展观,必须以坚持党的基本路线为前提。

第四，社会和谐是中国特色社会主义的本质属性，是国家富强、民族振兴、人民幸福的重要保证，构建社会主义和谐社会是贯穿中国特色社会主义事业全过程的长期历史任务，是在发展的基础上正确处理各种社会矛盾的历史过程和社会结果。全面贯彻落实科学发展观，是从中国特色社会主义事业总体布局和全面建设小康社会全局出发提出的重大战略任务，反映了建设富强、民主、文明、和谐的社会主义现代化国家的内在要求，体现了全党全国各族人民的共同愿望。科学发展和社会和谐是内在统一的。没有科学发展就没有社会和谐，没有社会和谐也难以实现科学发展。既要通过科学发展增加社会财富，为社会公平和社会和谐提供物质基础，又要通过和谐社会建设为发展提供良好的社会环境。在实际工作中，我们要全面把握好贯彻落实科学发展观与构建社会主义和谐社会的关系。

科学发展观是对党的三代中央领导集体关于发展的重要思想的继承和发展，是马克思主义关于发展的世界观和方法论的集中体现，是同马克思列宁主义、毛泽东思想、邓小平理论和"三个代表"重要思想一脉相承又与时俱进的科学理论，是我国经济社会发展的重要指导方针，是发展中国特色社会主义必须坚持和贯彻的重大战略思想。科学发展观坚持以马克思主义世界观方法论为指导，总结了我国现代化建设的成功经验，吸取了世界各国发展中的有益成果，深刻分析了传统发展观的弊端，全面揭示了发展的丰富内涵，极大地丰富和推进了我们党三代领导集体的关于发展的思想。科学发展观是马克思主义中国化的最新成果，为实现党的指导思想的与时俱进奠定了重要的思想理论基础。

不难发现，科学发展观的第一要义是发展，核心是以人为本，基本要求是全面协调可持续，根本方法是统筹兼顾。这就必须坚持把发展作为党执政兴国的第一要务，做到聚精会神搞建设，一心一意谋发展。实施科教兴国战略、人才强国战略、可持续发展战略。对内实现和谐发展，对外实现和平发展。必须坚持以人为本。把实现好、维护好、发展好最广大人民的根本利益作为党和国家一切工作的出发点和落脚点。只有深入贯彻落实科学发展观，中国才能抓住机遇、应对挑战，巩固已有的发展成就，破解面临的发展难题，创新发展的方式，推动中国经济社会又好又快发展。

第二节
五大发展理念的提出与内涵

2015年党的十八届五中全会审议通过了《中共中央关于制定国民经济和社会发展第十三个五年规划的建议》(以下简称《建议》),《建议》始终贯穿着"坚持创新发展、协调发展、绿色发展、开放发展、共享发展"这五大发展理念,用以保障实现全面建成小康社会的目标。五大发展理念的提出,与当今国内经济社会发展、国际政治经济形势的复杂情况密不可分,五大发展理念是科学理念和价值理念的完美统一,具有强烈的时代性和现实性,更为未来我国的发展指明了道路。

从国内看,我国经济社会的发展受到了很多阻碍。我国持续30多年的高速发展,粗放式的发展模式越来越显得不可持续,后续动力明显不足。虽然我们曾提出要以"全面改革"来打破当下这种僵局,但实际上改革进入了"深水区",这更加迫切需要新的发展理念来统筹兼顾,全方位推进改革。

从国际层面看,国际政治经济形势急速变化,出现深度调整。一方面,中国在全球经济中的地位和影响力提升,令中国对全球发展格局有着重大影响;另一方面,全球格局的新变化,又更全面地制约中国的发展。所以,五大发展理念"坚持立足国内和全球视野相统筹,既以新理念新思路新举措主动适应和积极引领经济发展新常态,又从全球经济联系中进行谋划"。从这个角度来看,五大发展理念每项都对应着全球格局的变化。

牢固树立并贯彻落实新发展理念,是关系我国发展全局的一场深刻变革,是到2020年实现全面建成小康社会目标的根本保证,对我国经济社会长期持续健康发展具有重大深远意义。五大发展理念内涵丰富,主要体现在以下几个方面。

一、坚持创新发展，发挥科技创新的引领作用

党的十八届五中全会通过的《建议》指出："创新是引领发展的第一动力。必须把创新摆在国家发展全局的核心位置，不断推进理论创新、制度创新、科技创新、文化创新等各方面创新，让创新贯穿党和国家一切工作，让创新在全社会蔚然成风。"对创新的这一论述，把创新的重要性提升到了新的高度，拓展了创新的内涵，并对贯彻落实创新发展理念提出了总体要求。

理论创新是社会发展和变革的先导。理论源于实践，又高于实践、指导实践。实践永不停息，理论之树常青。我们要把社会主义事业不断推向前进，必须有正确的理论指导。改革开放30多年来，我们之所以取得举世瞩目的发展成就，首先得益于与时俱进地发展马克思主义，形成了指导改革开放实践的中国特色社会主义理论体系。在新的历史时期，我们要把改革开放的伟大事业继续向前推进，需要坚持推进中国特色社会主义理论创新，不断对经济发展、国家治理、文化繁荣、社会和谐、生态文明、党的建设、国际合作等各个方面的实践经验作出新的概括，把感性认识上升到理性认识，提高改革发展的自觉性、前瞻性、有效性。

制度创新是持续创新的保障。人是生产力中最活跃的因素。在国际发展竞争日趋激烈和我国发展动力转换的形势下，只有坚持把发展的基点放在创新上，加快形成有利于创新的体制机制，才能调动起每个人的积极性，让创新在全社会蔚然成风。制度创新就是通过全面深化改革，破除制约创新的思想障碍和制度藩篱，促进科技创新、理论创新、文化创新全面融合，打通科技创新和经济社会发展之间的通道，让一切劳动、知识、技术、管理、资本的活力竞相迸发，激发各类市场主体的创造力，释放巨大的发展潜能。创新注重的是解决发展动力问题，要按照党的十八届三中全会关于全面深化改革的要求，积极进行制度创新。通过制度创新，把实践证明行之有效的改革措施相对固定下来，逐步形成一套符合社会主义市场经济要求的、比较成熟定型的制度体系。

科技创新是全面创新的主要引领。提高科技创新能力，建设创新型国家，是实现经济转型升级的根本途径，是推进供给侧结构性改革的核心。美国能够长期保持

全球科技领先地位，根本原因就在于形成了激励科技创新的环境。文化创新是一个民族永葆生命力的重要基础。中华民族勤劳勇敢，富有创新精神，创造了灿烂的中华文明。中华文明历经几千年而更加璀璨的根本在于创新精神。当今世界，创新正在引领全球变革，给中国发挥文化资源丰富的优势，从各个方面迎头赶上西方发达国家提供了历史机遇。"十三五"时期，我们要紧紧围绕文化强国建设，充分利用我国丰富的文化资源，大力推进文化创新，以文化创新带动各方面创新，使中国文化和中国创造逐步走向世界，不断增强我国的文化软实力和创新驱动发展能力。

二、坚持协调发展，着力加快农村、中西部和社会发展

协调是持续健康发展的内在要求。当前，我国城乡发展差距过大，是经济发展中面临的突出矛盾。缩小城乡差距，关键在于推动城乡发展一体化，包括农业现代化、新农村建设和农民工市民化。这是中国当前发展的最大潜力所在。习近平总书记指出："全面建成小康社会，最艰巨最繁重的任务在农村特别是农村贫困地区。""我们一定要抓紧工作、加大投入，努力在统筹城乡关系上取得重大突破，特别是要在破解城乡二元结构、推进城乡要素平等交换和公共资源均衡配置上取得重大突破，给农村发展注入新的动力，让广大农民平等参与改革发展进程、共同享受改革发展成果。""目标是逐步实现城乡居民基本权益平等化、城乡公共服务均等化、城乡居民收入均衡化、城乡要素配置合理化，以及城乡产业发展融合化。"这些重要论述，为推进城乡发展一体化指明了方向，抓住了实现城乡区域协调发展的关键，应当引起高度重视，并在发展实践中全面贯彻落实。

城乡居民基本权益平等化是城乡发展一体化的前提条件。目前，城乡居民基本权益不平等集中体现在两个方面。一是财产权不平等。城市的生产资料和消费资料已全部商品化，包括国家、集体和个人所有和使用的土地、厂房、设备、住宅等，都允许在市场上自由流通。而农村的土地、住宅等产权制度仍不完善，农户对土地和房产等的财产权仍未落实。因此，农民就不能像城里人一样享受城市化过程中不动产增值的收益。这是城乡居民基本权益上最大的不平等，是城乡居民收入差距拉大的重要原因。二是户籍制度中隐含的福利不平等。尽管2.8亿名农民工为城市建

设作出了巨大贡献,但是由于是农村户口,他们享受不到城市户口所附加的各类社会保障和公共服务。党的十八届三中全会《中共中央关于全面深化改革若干重大问题的决定》提出,"赋予农民对承包地占有、使用、收益、流转及承包经营权抵押、担保权能""保障农户宅基地用益物权,改革完善农村宅基地制度,选择若干试点,慎重稳妥推进农民住房财产权抵押、担保、转让,探索农民增加财产性收入渠道""在符合规划和用途管制前提下,允许农村集体经营性建设用地出让、租赁、入股,实行与国有土地同等入市、同权同价"。这三项改革是农村土地制度和住宅制度的重大突破,赋予了农村土地和农民住房以商品属性,明确了农户对自己住房的所有权、对承包地和宅基地的法人财产权,为发挥市场对农村土地资源配置的决定性作用、促进土地资源节约集约利用提供了体制保障,为农民在城乡之间自主选择居住地和户籍、通过转让包括宅基地在内的土地使用权和房产获得财产性收入打开了一扇大门。"十三五"期间,如果能做到以农村土地用益物权为抵押撬动银行贷款和社会投资,投入农业现代化、新农村建设和农民工市民化,将在城市资本的"堰塞湖"上打开一个缺口,由此激发出的巨大需求潜力不仅可以对稳增长发挥重要作用,而且将使农村面貌发生重大变化,推动城乡收入差距大幅缩小。

社会发展滞后于经济发展,是结构性矛盾的又一表现,主要体现在教育、医疗、社会保障、市政、文化、体育、信息等公共服务满足不了广大人民需要。公共服务供给短缺,原因在于过去主要靠财政投入,财力不足导致发展缓慢。"十三五"时期,要大力改革投资体制,推行政府和社会资本合作模式,使公共服务投资也能获取合理回报。这样,就能把社会资本和银行贷款吸引到公共服务建设上来,对扩内需、稳增长、调结构也将发挥重要作用。

三、坚持绿色发展,把环保产业培育成支柱产业

绿色是永续发展的必要条件和人民对美好生活追求的重要体现。树立绿色发展理念,必须坚持节约资源和保护环境的基本国策,坚定走生产发展、生活富裕、生态良好的文明发展道路。从当前实践看,把节能环保产业培育成我国发展的一大支柱产业,是"十三五"时期我国实现绿色发展的根本举措。建设美丽中国,为人

民提供清洁的空气、干净的水、舒适宜居的环境，是全国人民的殷切期盼，也是党中央作出的庄严承诺。实现这一目标，关键在于建立有利于绿色发展的体制机制，能够把社会资本和银行贷款吸引到环境治理上来，使环保产业成为一个新的投资热点和经济增长点。党的十八届三中全会提出要加快建立生态文明制度，包括资源有偿使用制度、生态补偿制度、谁污染谁付费制度和第三方治理制度等，其核心就是建立公共产品的价值补偿机制，使投资环境治理和环保科技研发能够获得合理回报。同时，要完善污染物排放标准，并建立严格的监督检查制度，使所有企业都处在同一起跑线上，绝不让认真执行排放标准的企业吃亏、弄虚作假偷排的企业获利。事实上，我国进行环境治理，既不缺技术，也不缺资金，缺的就是一个机制。今年的政府工作报告，把推动绿色发展的重点放在建立治理污染的体制机制上，增强了人民对改善环境的信心。用发展环保产业的办法来治理环境，也打消了一部分人在认识上的顾虑，不再认为增加环境治理的投资必然会减缓经济增长速度。把环保产业培育为支柱产业，把清洁的空气、干净的水、优美的环境等共享产品也计算为GDP，是我们在发展认识上的一个飞跃，必将带来生态环境的改善，战胜雾霾、还我蓝天碧水的愿望定能尽快得以实现。

四、坚持开放发展，发展更高层次的开放型经济

开放是国家繁荣发展的必由之路。"十三五"规划纲要提出了发展更高层次的开放型经济的目标，这是适应我国经济已经深度融入世界经济的趋势提出来的，是进一步提高对外开放水平的要求。发展更高层次的开放型经济：第一，要搞好内外需协调，坚持进出口平衡，"引进来"与"走出去"并重，引资和引技、引智并举，更好地利用两个市场、两种资源。要优化出口结构，提高出口商品的附加值和技术含量，逐步实现从出口劳动密集型、资源密集型产品为主向出口技术密集型、资本密集型、知识密集型产品为主转变。要扩大服务出口，尽快改变服务贸易逆差的局面。在全球市场疲软的情况下，要通过扩大海外投资，创造出口需求，努力以资本输出带动商品、劳务出口；通过国际并购，利用国外企业的技术资源和国际营销网络，提高国内企业的技术创新能力和国际经营能力；通过购买海外能源资源的

勘探开发权，打破未来我国经济发展面临的能源资源瓶颈；通过到海外搞加工贸易，带动国内零部件出口；通过到国外承揽工程，带动国内建筑材料和工程设备出口。要通过海外投资，针对进口的大宗物资，如石油、铁矿石、大豆、棉花、棕榈油等，建立稳定的海外生产供应基地和港口、仓储、运输设施。第二，要以"一带一路"建设为统领，扩大同沿线国家的经济合作，开拓对外开放的新局面。第三，要扩大金融业双向开放：一方面围绕人民币国际化，扩大人民币作为国际贸易、投资结算工具和储备货币在海外的流通量，扩大人民币与其他国家的双边互换规模；另一方面在提高国内金融市场开放水平的同时，鼓励国内商业银行到海外设立分支机构。第四，要积极参与全球经济治理和公共产品供给，提高我国在国际经济规则制定中的制度性话语权，同时重视加强宏观经济政策的国际协调，为世界经济的稳定作出应有贡献。

五、坚持共享发展，让全体人民共同迈入小康社会

共享是中国特色社会主义的本质要求。《建议》提出坚持人民主体地位的原则，强调要坚持以人民为中心的发展思想，把增进人民福祉、促进人的全面发展作为发展的出发点和落脚点。经过近40年的改革发展，我国人民的生活水平有了很大提高，但不容忽视的是，居民收入差距拉大，基尼系数处于较高水平。早在改革开放初期，邓小平同志就提出了实现小康社会的政策步骤，允许一部分人一部分地区先富起来，通过先富帮后富，最终实现共同富裕。现在，我国经济发展不断迈上新台阶，综合国力获得了大幅提高，已经到了突出强调共同富裕的发展阶段。树立共享发展理念，就是要坚持发展为了人民、发展依靠人民、发展成果由人民共享，作出更有效的制度安排，使全体人民在共建共享发展中拥有更多获得感，增强发展动力，增进人民团结，朝着共同富裕的方向稳步前进。在"十三五"时期，落实共享发展理念、坚持共享发展，当务之急是打赢脱贫攻坚战，把精准扶贫、精准脱贫作为全面建成小康社会的战略重点，决战决胜实现农村贫困人口全部脱贫、贫困县全部摘帽、解决区域性整体贫困。要通过实施脱贫攻坚工程，实施精准扶贫、精准脱贫，变输血为造血，着力提高农村贫困人口的就业能力，提高农村低收入人群的

收入水平。现在,很多沿海城市都存在招工难现象。通过职业技能培训,使每一个劳动力都能掌握一门劳动技能,鼓励异地就业,是脱贫致富的捷径。对全部或部分丧失劳动能力的贫困人口,则宜采取社会保障兜底的方式,全部纳入低保覆盖范围,使他们也能过上体面的生活。这是社会主义制度优越性的根本体现。

创新、协调、绿色、开放、共享的发展理念是一个完整、严密、具有内在联系的体系。创新发展在发展全局中起着引领作用,协调发展构成发展的平衡机制,绿色发展体现着发展的质量要求,开放发展是赢得国际竞争新优势的现实需要,共享发展是推动发展的根本力量。只要在改革发展实践中牢固树立并贯彻落实新发展理念,我国经济发展就能在创新的引领下始终保持充沛动力,在协调的平衡机制作用下避免摇摆和波动,在绿色发展的约束下更具有可持续性,在开放的推动下实现与世界的合作共赢,在共享的激励下不断朝着全体人民共同富裕的目标前进。新发展理念的提出,标志着我们党对中国特色社会主义经济发展规律的认识提高到了新水平,是当代中国共产党人对马克思主义发展理论的创造性贡献。在新发展理念的指引下,我国经济将犹如一列全速前进的高速列车,平稳、安全地行驶在中国特色社会主义道路上。

第三节
从以人为本到以人民为中心

党的十八届五中全会上,我党提出以人民为中心的发展思想。以人民为中心,把人民放在心中的最高位置,坚持全心全意为人民服务的根本宗旨,这是我党对以人为本思想的深化和发展。投资作为一项重要的经济活动,也将始终贯彻执行党的全心全意为人民服务的思想宗旨,并在不同的历史阶段表现为不同的内容和做法。

一、把以人为本的理念贯穿到投资工作中

进入新世纪之初,以人为本的理念指导下的投资,主要表现为投资着眼于走新型工业化道路,着眼于新型城镇化和新农村建设,着眼于推动就业及构建资源节约型和环境友好型社会。

(一)以人为本的理念内涵

以人为本作为科学发展观的核心理念,是在马克思主义指导下,认真总结我国发展的经验,充分吸收当代发展理论的有益成果,提出的一个具有丰富内涵的马克思主义命题,它广泛涉及发展的根本动力、根本途径、根本要求和根本目的等问题。为克服和防止对以人为本的泛化和窄化倾向,我们必须深入理解以人为本的科学内涵。总的来说,以人为本的基本内涵,可以概括为四句话,就是,必须把依靠人作为发展的根本前提,把提高人作为发展的根本途径,把尊重人作为发展的根本准则,把为了人作为发展的根本目的。

(二)以人为本理念指导下的投资

投资着眼于走新型工业化道路。我国人均 GDP 大大低于世界平均水平,农村人口所占比重大,工业化水平比较低。因此,我国经济发展的根本出路在于坚持走新型工业化道路。过去的粗放型工业化道路,对能源的消耗和环境的污染非常严重,不符合科学发展观的要求,是不可持续的。实现经济健康、快速、可持续发展,必须走科技含量高、经济效益好、资源消耗低、环境污染少、人力资源优势得到充分发挥的新型工业化道路。这就要求我国的投资和发展,无论是对现有工业进行改造和升级还是新上项目,都要坚持以人为本的理念,有利于实现科学发展。

投资着眼于推进城镇化和新农村建设。我国城镇化率大大低于发达国家水平,需要大力推进城镇化,但农村人口进入城镇要以就业为前提,这就要求在新型工业化的进程中来推进城镇化。一方面,一些发展中国家在缺乏产业发展的情况下农村人口盲目涌入城镇,导致出现大量城市贫民的教训值得汲取。另一方面,工业化、

城镇化不能孤立发展，而且即使城镇化达到了较高程度，还是会有大量农民留在农村。因此，必须同时大力推进社会主义新农村建设，增加农民收入，改善农民生活。这就要求兼顾城镇化建设和新农村建设两方面的投资，既推进农业现代化（包括农业工业化）、发展农产品深加工和农业产业化经营、改善农村基础设施，又推进城镇化、打造城市群。只有科学统筹和分配两方面的投资，使两者相互促进、相辅相成，才能既保证城镇居民生活水平不断提高，又保证农村居民生活水平不断提高，把以人为本的理念落到实处。

投资着眼于创造更多的就业岗位。我国农村人口比重大，劳动力就业（包括农村人口转移就业）的压力很大，提高居民收入的任务非常繁重。因此，强调加强投资、发展经济，必须把促进就业和提高人民群众收入水平作为一个重要出发点和着力点，通过投资创造更多的就业岗位，创造更多的社会财富，使发展的成果惠及广大人民群众。只有这样的投资和发展，才是有活力、有后劲、可持续的。

投资着眼于建设资源节约型和环境友好型社会。我国经济发展严重依赖资源消耗。实现经济健康、快速、可持续发展，需要处理好发展经济与节约资源、保护环境的关系。不发展、发展慢，难以实现快速发展；不顾条件盲目投资、片面追求发展速度，难以实现可持续发展。在加快发展中建设资源节约型和环境友好型社会，要求转变增长方式，调整投资方向和投资结构。比如，避免上能耗高、污染环境的项目，鼓励投资再生能源项目、环保型项目，投资农村基础设施，投资教育尤其是农村基础教育等。这些方面的投资不仅有利于建设资源节约型和环境友好型社会，而且有利于建设和谐社会。实践表明，投资的多少不是经济发展是否粗放的决定性因素，投资的方向和结构以及技术含量的高低才是最为关键的因素。因此，在调整投资方向和投资结构上下功夫，实现资源节约、环境友好的崛起，使经济发展真正造福于民，是投资体制改革的重要指导思想。

二、把以人民为中心的理念贯穿到投资工作中

党的十八大以来，以人民为中心的理念指导下的投资，主要表现为坚持以人为本，推动大众创业、万众创新；坚持绿色富国、绿色惠民，为人民提供更多优质生

态产品；坚持共享发展，着力增进人民福祉。

（一）以人民为中心的理念内涵

党的十八届五中全会通过的《中共中央关于制定国民经济和社会发展第十三个五年规划的建议》（以下简称《建议》），把坚持人民主体地位，作为必须遵循的指导原则，强调"必须坚持以人民为中心的发展思想，把增进人民福祉、促进人的全面发展作为发展的出发点和落脚点"。这一重要思想也是《建议》贯穿全篇的核心理念之一。"以人民为中心的发展思想"，鲜明回答了"依靠谁发展、为了谁发展"这一发展中的根本问题、原则问题。

改革开放 30 多年来，"坚持以人民为中心的发展思想"这一指导原则是贯穿不同发展阶段、发展时期的一条鲜明主线。它涉及的是党的性质宗旨、党的执政为民的价值理念、我国的社会制度和价值取向，是不能变也不会变的。在新的历史条件下，明确提出"坚持以人民为中心的发展思想"这一指导原则，并把它和五大发展理念联系在一起，形成一个不可分割的有机整体，既表明我们党坚定不移地践行党的性质宗旨和执政为民的价值理念，同时又反映了时代发展的新要求，人民群众的新期盼，实现了党的执政理念与发展规律新认识的高度统一。

（二）以人民为中心的理念指导下的投资

随着我国经济发展进入新常态，国际国内环境、条件、任务、要求正在发生新的变化。我国经济正处在"三期叠加"的坐标方位上，面临经济下行的压力，稳增长、促改革、调结构、惠民生、防风险的任务艰巨繁重。我国人均国内生产总值已达到 7800 美元左右，处在从中等收入国家向高收入国家迈进的历史进程中，必然要面对经济体制、发展模式、增长动力、产业结构、社会结构等一系列的转型升级问题。其中，一些深层次的矛盾和问题较为突出：收入分配差距拉大；经济社会之间、城乡之间、地区之间发展不平衡；教育、就业、社会保障、医疗、住房、生态环境、食品药品安全、安全生产、社会治安、执法司法等关系群众切身利益的问题较多，部分群众生活困难，消除贫困任务艰巨，人口老龄化加快，自然资源紧缺,环境污染严重以及消极腐败现象多发等。这些突出矛盾和问题,既是发展的难题和瓶颈,也关系到人民群众的切身利益、根本利益和长远利益,受到老百姓和全社会的极大关注,集聚着人民群众的所思所盼、所急所需。

正是从这样的实际出发,"十三五"时期,需要着力在优化结构、增强动力、化解矛盾、补齐短板上取得突破性进展,提出"坚持创新发展、协调发展、绿色发展、开放发展、共享发展"的发展理念。这既是破解发展难题,厚植发展优势的需要,同时也积极回应了人民群众的诉求和期盼,突出了人民群众关心的国计民生等热点、难点问题。

1. 投资坚持以人为本,推动大众创业、万众创新

推进大众创业、万众创新,是发展的动力之源,也是富民之道、公平之计、强国之策,对于推动经济结构调整、打造发展新引擎、增强发展新动力、走创新驱动发展道路具有重要意义,是稳增长,扩就业,激发亿万群众智慧和创造力,促进社会纵向流动、公平正义的重大举措。因此,推动大众创业、万众创新是坚持以人为本的具体表现。

在新的历史时期,以投资推动大众创业、万众创新,主要是要发挥市场在资源配置中的决定性作用和更好地发挥政府作用,建立和完善创业投资引导机制。包括:不断扩大社会资本参与新兴产业创投计划参股基金规模,做大直接融资平台;不断完善新兴产业创业投资政策体系、制度体系、融资体系、监管和预警体系,加快建立考核评价体系;加快设立国家新兴产业创业投资引导基金和国家中小企业发展基金,逐步建立支持创业创新和新兴产业发展的市场化长效运行机制;发展联合投资等新模式,探索建立风险补偿机制;鼓励建立和完善创业投资引导基金;加强创业投资立法,完善促进天使投资的政策法规;促进国家新兴产业创业投资引导基金、科技型中小企业创业投资引导基金、国家科技成果转化引导基金、国家中小企业发展基金等协同联动;推进创业投资行业协会建设,加强行业自律。此外,还要注重拓宽创业投资资金供给渠道,发展国有资本创业投资,推动创业投资"引进来"与"走出去"。

2. 投资坚持绿色富国、绿色惠民，为人民提供更多优质生态产品

党的十八届五中全会站在全面建成小康社会的新高度，对绿色发展的发展规律、发展道路、发展方向和长远目标进行了全面阐释，提出要坚持绿色富国、绿色惠民，为人民提供更多优质生态产品。实现绿色富国、绿色惠民，提供优质生态产品，关键是要发挥投资的作用，推动形成绿色发展方式和生活方式。从投资内容看，主要有：一是加强对自然资源和自然资产的投入，形成自然资本，进而促进可持续发展。通过对包括土壤、淡水、草场、森林、湿地、海洋等在内的生物多样性和生态系统等领域和产业的投入，可以极大地增加自然价值和自然资本。二是加强对环境基础设施建设和其他公共基础设施建设的投资。污水处理厂、垃圾焚烧厂、危险废物处理厂、园林绿化等环境基础设施建设，水利建设，防灾减灾基础设施建设以及供水、供电、供热、交通等公共基础设施建设，属于社会的公共产品，兼具生态价值、经济价值和社会价值。三是加强对绿色产业尤其是节能环保产业的投资。

3. 投资坚持共享发展，着力增进人民福祉

在党的十八届五中全会上，习近平总书记强调指出："广大人民群众共享改革发展成果，是社会主义的本质要求，是我们党坚持全心全意为人民服务根本宗旨的重要体现。"坚持共享发展，必须坚持发展为了人民、发展依靠人民、发展成果由人民共享，增强发展动力，增进人民团结，朝着共同富裕的方向稳步前进。共享发展，着力增进人民福祉，为投资提出了新的要求和实施空间。第一，投资要加大公共产品和服务的供给。目前，我国公共产品和服务明显不足，只有增加公共产品和服务的供给，才能满足国民对公共品的需求，才能真正实现发展为了人民。第二，投资要重点解决扶贫问题。按照现行的标准，我国还有7000万人生活在贫困线以下。中央下定决心到2020年底以前要全部解决，这是一个攻坚战。实施精准扶贫，分类扶持贫困家庭，同样需要发挥投资的作用。

因此，"十三五"时期，我们必须发挥好投资的作用，坚持以人民为中心的发展思想，落实五大发展理念，为实现"第一个百年"奋斗目标，即全面建成小康社会，进而实现"第二个百年"奋斗目标，实现中华民族伟大复兴的中国梦，奠定坚实可靠的基础和提供坚强有力的保障。

第四节
全面小康决胜阶段的任务

到 2020 年全面建成小康社会,是党的十七大和十八大都明确的战略目标。"十三五"是全面建成小康社会的决胜阶段。党的十八届五中全会通过的《中共中央关于制定国民经济和社会发展第十三个五年规划的建议》(以下简称《建议》),描绘出 2020 年经济社会发展令人神往的目标,提出了切实有效的政策,为今后 5 年的发展指明了方向。认真学习和贯彻落实建议精神,是制定好"十三五"规划,实现创新、协调、绿色、开放、共享发展的根本保证。

一、全面建成小康社会必须把发展作为第一要务

当前,我国经济发展进入新阶段,面临着许多新的矛盾和问题,诸如城乡发展差距拉大、经济下行压力增加、产业结构调整升级缓慢、资源环境压力难以承受等。解决这些问题,必须用发展的办法,这是改革开放 30 多年来的成功经验。过去遇到的困难比现在大,通过发展都解决了。不发展或慢发展,困难不但不会减少,反而会增加。特别是,我国正处于由中等收入国家向高收入国家跨越的关键阶段,2014 年,我国人均国内生产总值已达到 7500 美元,按照世界银行公布的标准,人均 GDP1.2 万美元是中等收入国家和高收入国家的分界线。世界各国的经验证明,从人均 GDP 六七千美元到人均 GDP1.2 万美元,是一个艰难的爬坡阶段。多数国家在这个阶段停滞下来了,落入所谓的"中等收入陷阱"。只有少数国家跨越了这个阶段,进入高收入国家行列。对此,决不能掉以轻心。党的十八届五中全会通过的《建议》强调发展是党执政兴国的第一要务,发展要以质量效益为中心,提出我们仍然处于可以大有作为的战略机遇期,对于鼓舞全党全国人民抓住机遇,奋力拼搏,确保如期全面建成小康社会,顺利跨越中等收入阶段,具有极其重要的

现实针对性。据测算，如果今后 7 年人均 GDP 保持 7% 的增长速度，到 2022 年，我国人均 GDP 即可达到 1.2 万美元。中国共产党从成立之日起，历经 100 年艰苦卓绝的奋斗，把一个半封建半殖民地的旧中国带入到高收入国家，这是中国共产党对人类社会作出的最大贡献！"行百里者半九十。"要达到上述目标，决不能有丝毫懈怠，"十三五"的决战尤其需要全党同志和全国人民倍加努力。

面对新形势新问题，发展必须有新思路新办法。党的十八届五中全会提出了五个发展的新思路，这就是要坚持创新发展、协调发展、绿色发展、开放发展、共享发展。要运用新思路新办法释放发展的新需求新动力，提高经济发展的协调性、包容性、可持续性。坚持创新发展，包括技术创新和体制创新，要以体制机制创新推动技术创新和经济社会发展。要改革和完善科技、教育体制，鼓励企业增加技术研发投入，激发广大科技人员钻研技术的积极性，鼓励万众创新、大众创业，努力用自主知识产权的技术带动产业升级，推动产业结构由以资源密集型和劳动密集型为主向以技术密集型和知识密集型为主转变。坚持协调发展，重点是促进城乡之间、区域之间协调发展，加快农村发展和中西部发展。目前，从全国来看，沿海地区工业化、城镇化已经进入中后期阶段或后工业化阶段，而中西部广大地区仍处于工业化、城镇化的中期或初期阶段。要素投入和发展的重点应转入中西部地区。通过释放中西部地区的巨大发展潜力，支撑全国经济的持续发展。坚持绿色发展，就是要走资源节约型、环境友好型发展道路。通过改革生态环境管理体制，加快生态文明建设。坚持开放发展，就是要走以开放促改革促发展的道路。利用巨额外汇储备，通过扩大海外投资，建设"一带一路"，创造出口需求，获取更多的海外科技资源、自然资源，推动经济转型升级，增强可持续发展能力。坚持共享发展，就是要通过改革收入分配制度，让广大居民共享发展成果，共享小康生活水平。

二、全面建成小康社会关键在于加快城乡一体化进程

城乡发展差距大是当前我国经济发展中的主要矛盾，区域发展的差距本质上也是城乡差距。全面建成小康社会，关键在于通过建立城乡一体化发展制度，加快农村发展。在这方面，韩国的经验值得借鉴。20 世纪六七十年代，韩国的发展水平

略低于我国。由于韩国政府重视农村发展，开展了新农村建设，在40多年的发展过程中，农村的发展始终与城市的发展同步，城乡居民收入之比始终保持在1:0.9左右，有些年份农民收入甚至超过城镇居民。我国目前城乡居民收入约为2.75:1。占全国人口47%的农村居民收入上不去，成为实现全面小康的最大难题。同时，这又是发展的最大潜力所在。过去有一个思维定式，总认为在工业化、城镇化快速推进的过程中，农村居民收入低一些，是必然的、合理的。韩国的经验说明，这种认识并不正确。只要采取积极措施，农民收入就可以与城镇居民同步增长。近2年，由于政策措施到位，就出现了农村居民收入增长快于城镇居民的现象。浙江由于农村经济活跃，城乡居民收入比达到1.9:1，成为全国第一个将城乡居民收入差距降到两倍以下的省份。总之，解决城乡发展差距问题，不仅关系到全面建成小康社会，更关系到我国经济长远持续发展。

2016年4月30日下午，习近平总书记在中央政治局集体学习时，发表了一个关于加快推进城乡一体化发展的重要讲话，提出要加快实现城乡居民基本权益平等化，城乡居民公共服务均等化，城乡居民收入均衡化，城乡要素配置合理化。这个"新四化"的提出，可以说是为解开城乡发展差距难题提供了一把钥匙。按照这个新思路，要通过对现行城乡发展制度的改革，让农村居民享受平等发展的权利，使各类生产要素在城乡之间双向自由流动。现行城乡居民基本权益的不平等，集中体现在城乡居民财产权的不平等和户籍权益的不平等上。农民的住房不能像城里人的一样进入市场交易，使农民不能像城里人一样分享到城市化过程中土地增值的收益；有许多农民工在城里干了二三十年，尽管为城市建设作出了巨大贡献，却仍然入不了城市户籍，享受不到城镇户籍上附加的各种公共服务。这两个不平等，严重制约着城乡居民收入差距的缩小。长期以来，公共服务投入的重点在城市，形成了城乡公共服务的巨大差距，农村行路难、看病难、上学难、环境差等问题，长期制约着农村经济发展和农民素质的提高。每个农业劳动力平均耕种7亩多地，经营规模狭小，导致劳动生产率低下，这成为城乡居民收入差距不断拉大的根本原因。长期以来，农村的劳动力、土地、资金等生产要素源源不断地流入城市，而城市的技术、资金和高素质劳动力很难进入农村，城乡要素配置越来越不合理。习近平总书记的讲话，为建立城乡一体化的市场，为扫除城乡市场之间要素自由流动的各类障碍提供了强大思想利器，这些思想体现在党的十八届五中全会通过的《建议》之中。落实这些精神，必将对农村生产力带来又一次大解放。全会提出实行精准扶贫，到 2020 年使所有的贫困县摘帽，把城市公共服务延伸到农村等，都将使农村经济得到更快发展，城乡差距更快缩小，城乡发展尽快走向协调。

三、全面建成小康社会必须着重扩大公共服务

目前，我国居民的消费水平正处于由生存型向发展型、享受型转变的过程中，然而我们在消费品和服务的供给结构上尚不能适应这一需求结构的转变。在个人消费资料和生产资料的供给方面，都出现了不同程度的产能过剩、需求不足，但是在公共服务的供求关系上，则呈现严重的供给不足状态，包括医疗、教育、养老、交通、环境、供水、家政等，都远远满足不了广大居民的需求。在许多地方，养老院床位一床难求，进幼儿园需要交纳赞助费，交通严重拥堵，停车泊位奇缺，空气和水遭到污染，公共文化、体育、休闲、娱乐设施落后，社区服务短缺。同时，在城乡之间、地区之间，公共服务水平差距又比较大。造成公共服务落后的主要原因，在于长期以来公共服务建设主要依赖各级财政投入，政府财力不足，社会资金又缺乏进入的机制，必然导致个人消费品和公共服务供给一条腿长一条腿短。各地人均公共财政支出水平悬殊，直接导致公共服务发展水平的不平衡。全面建成全面小康社会，必须加大公共服务的投入力度，并通过各地区和城乡之间人均公共财政支出的大体均等，实现公共服务的均等化。十八届五中全会《建议》针对这一问题，提出加快发展教育、医疗、文化、社会保障等事业，以满足广大居民消费结构升级的需求；提出把公共服务投入的重点放在农村和中西部地区，这是全面建成小康社会的重要举措。《建议》提出实行一对夫妇可生育两个孩子的政策，对优化人口年龄结构，应对老龄化社会到来，扩大居民消费将产生深远影响。扩大公共服务建设，在"十三五"期间，需要改革公共服务投资体制，推行政府与企业合作模式。通过建设—经营—转让（BOT）、建设—转让（BT）等模式，赋予投资者一定的政策，使之能按期收回投资，并获得合理回报，调动投资者的积极性，就能把巨量社

会资金引入公共设施和公共服务建设领域,迅速改变公共服务供给短缺的局面。

四、全面建成小康社会必须大力改善生态环境

《建议》提出坚持绿色发展理念,适应了广大居民对改善生产生活环境的迫切愿望。近几年出现的大面积雾霾天气,集中代表了大自然对我们提出的警告。发展决不能以牺牲生态环境为代价。全面建成小康社会,应当包括为人们提供清洁、优美、舒适、宜居的环境,有益于人的身心健康。实现绿色发展,首先应当破除增加环保投入必然影响发展的糊涂认识,把改善生态环境作为发展的题中应有之义。十八届三中全会通过的《中共中央关于全面深化改革若干重大问题的决定》对建立生态文明体制已经作出部署,要求实行谁污染、谁付费,推行第三方治理的制度。按照这一要求,就能通过发展环保产业的办法来迅速改善生态环境。过去,我们实行谁污染、谁治理的制度,由于监管不严,结果是认真治理的企业吃亏,不治理的企业反而盈利增加,以致环境污染越来越严重。现在改为谁污染、谁付费,由政府或委托有资质的机构进行招标,选择有能力的企业统一对污染物进行治理,就能保证采用最先进的治理设备和技术,保证污染治理设施经常运转,避免偷排。这样就能形成一个有效机制,培育和壮大环保产业。同时,所有企业都执行统一的排放标准,公平竞争,有助于通过强化内部管理和技术进步来消化污染治理的成本。《建议》还提出了建立碳排放交易等市场机制,督促企业降低生产过程中的物质消耗和污染物的排放,这对鼓励治理环境和改善生态将发挥重要作用。随着2020年的到来,一个面貌焕然一新的美丽中国将呈现在世界面前。

第五节
跃升高收入国家需聚焦的改革

2015年我国人均国内生产总值(GDP)已达8000美元,要跨入人均国内生产

总值1.2万美元的高收入国家行列，尚需迈上一个大台阶。从国际经验来看，这是一个难度较大的台阶，不少国家在这一台阶前徘徊多年也没能迈上去。我国能不能顺利迈上这个台阶，是对中国特色社会主义市场经济体制和中国共产党执政能力的考验。按照党的十八届三中全会通过的《中共中央关于全面深化改革若干重大问题的决定》要求，聚焦于三项重大改革，释放三方面的巨大潜力，形成三大经济增长引擎，足以驱动中国在2022年左右跃升为高收入国家。

一、推动城乡一体，破除认识误区

分析正反两方面经验，所有进入高收入行列的国家，都基本消除了城乡发展差距；而所有落入"中等收入陷阱"的国家，城乡差距大是其显著特征。韩国在40多年的工业化过程中，城乡收入比始终保持在1∶0.9左右，这得益于韩国从20世纪70年代开始，成功实施了新农村建设运动，而且韩国农民通过出让土地分享到了城市化过程中土地增值的财产性收入。

我国目前城乡收入比约为2.7∶1，城乡二元结构特征明显。这既是跨入高收入国家的主要障碍，也是当前经济增长的主要潜力所在。造成城乡发展差距大的主要原因有三：一是城乡居民财产权和户籍权益不平等，制约着农民收入水平的提高。城镇居民的房地产已经商品化，但农民的房地产仍然非商品化，使农民分享不到城市化过程中不动产增值的收益。另外，尽管农民工为其所在城市作出了重大贡献，但农村户籍却使其分享不到附加在城市户籍上的各种公共服务。二是城乡市场之间存在的政策壁垒，严重阻碍了生产要素的双向自由流动和农业劳动生产率的提高。农村的劳动力、资金、土地等可以源源不断地流入城市，而城市的资本、人才、技术流不进农村。三是政府公共服务和基础设施投资的重点在城市。

党的十八届三中全会《中共中央关于全面深化改革若干重大问题的决定》对农村承包地、宅基地、集体经营性建设用地管理体制的规定有了重大突破，允许其用益物权抵押、担保、转让。粗略计算，仅承包地的经营权转让，每年便可获得转让费1万多亿元；宅基地的总价值达50多万亿元。若以这"三块地"为质押，在"十三五"期间撬动银行贷款和社会资金20万亿元，投入农业现代化、新农村建设和农民工市民化,在城市资本"堰塞湖"上炸开一道缺口,必将产生"瀑布效应"。耕地经营权的流转有助于发展集约化、现代化农业,对农业机械等农用生产资料提出更多需求,并能吸引高素质劳动力从事农业经营,从而大幅度提高农业劳动生产率,使农民真正成为一个体面的职业。新农村建设将改变农村生活条件和生态环境,使农村变得比城市更宜居、更漂亮,并将为建材、家电、汽车等行业提供新的巨大市场。而农民工市民化将使农民工和留守农村的儿童、妇女、老人共4亿人实现全家团圆梦,并对城市建设和服务业发展带来巨大需求。

推进城乡一体化改革,关键是要破除一些认识误区。农村土地实行所有权与用益物权分离,允许用益物权抵押、担保、转让,不是对土地公有制的否定,而是对土地集体所有制实现方式的完善。通过所有权与用益物权分离,土地成为可交换、整合的生产要素,才能实现与市场经济对接,发挥市场对土地资源配置的决定性作用。

当然,土地流转有一个用途管制问题,农业用地转为非农业用地,必须依法合规。国务院印发的《关于深入推进新型城镇化建设的若干意见》,提出要"全面实现城市建设用地增加与农村建设用地减少相挂钩的政策",是对十八届三中全会精神的具体落实。实际上,农村土地制度的改革,也是借鉴了国有资产管理体制改革的经验。长期以来,农村土地非商品化,已经严重制约了农村经济与市场经济的融合,阻碍了农村生产力发展。十八届三中全会指明了农村土地制度改革的方向,需要不折不扣地落实。

二、完善投资体制,增加公共产品

近些年,我国生产资料和个人消费资料几乎全部处于产能过剩状态,唯有公共产品包括公共服务供给不足,如环境、交通、市政、教育、医疗、养老、信息、文化等,远远满足不了广大居民的需要。公共产品供给不足的原因,是长期以来主要依靠财政投资。财力不足导致发展滞后,农村的发展更落后于城市。要解决这一问题,必须加快投资体制改革,推行政府与企业合作模式,通过政策设计,使投资公共产品能够获得合理回报,并通过公开招标,挑选有资质的企业承担建设、经营任务。在具体方式上，可以有多种选择，包括建设—经营—转让（BOT）、建设—转让（BT）等。采用这种模式，解决城市交通拥堵、停车难、看病难、入托难、进敬老院难，以及垃圾、污水处理等问题，就是一件容易做到的事情。

此外，抓紧建设覆盖全国的高铁网、城市群内部和市区与郊区之间的轨道交通网，建设覆盖城乡的新一代互联网，将为未来发展奠定基础。

把节能环保产业打造为一大支柱产业，就是要把环境治理培育为新的投资热点和经济增长点。为此，要真正落实"谁污染、谁付费，推行第三方治理制度"。政府要制定统一的污染物排放标准，并严格监督执行，使所有企业处于同一起跑线上，改变治理污染的企业吃亏、弄虚作假的企业赚钱的状态。应当看到，目前治理各种污染物的技术和装备都是成熟的，大部分立足国内技术即可解决，需要的只是一定的成本和认真的态度。通过上述供给侧体制改革，激发投资活力，优化投资结构，不仅体现了以人为本的发展目的，而且对近期稳增长和长期持续发展，进而跨越"中等收入陷阱"，都将发挥至关重要的作用。

推行政府与社会资本合作（PPP）模式，必须有多个部门协调配合。优选建设项目是规划和行业主管部门的职责，财政需要提供引导资金支持，银行信贷资金应当跟进，只有相互配合，才能达到事半功倍的效果。否则，单靠一个部门，是难以完成的。选择投资主体时，对国有企业、民营企业应一视同仁，让它们平等竞争。鼓励各类所有制企业组建股份制的项目公司，建立强有力的领导指挥机构，承担投资风险。要坚持过去行之有效的项目业主负责制、招标投标制、施工监理制等，确保工程质量。要加强对PPP项目从建设、经营到资金偿还的全过程管理，避免出现违约和债务风险。

三、借鉴美国经验，狠抓科技创新

要跨越"中等收入陷阱"，必须实现产业结构从以劳动密集型、资源密集型为主向以资本密集型、技术密集型、知识密集型为主的转变。这就必须加大技术研发投入，以具有自主知识产权的技术提升产业结构和产品结构。依靠外资公司带来的技术，是不可能跨入高收入国家行列的。因为，谁掌握了技术，谁就掌握了利润的分配权。

从国际比较来看，美国之所以长期居于全球科技领先地位，有许多成功经验。要想在科技创新能力上赶上和超过美国，至少应当在以下五个方面向美国学习。

一是美国有充分竞争的市场。企业不创新，就意味着很快会倒闭。所以，美国的企业都把创新作为生存之道。美国大学之间也有激烈竞争。好的大学才能吸引到优质生源，教师的薪酬才能高一些。美国考核大学办得好坏，主要看对相关产业发展的影响度，即一个学院或一个系在多大程度上带动了相关产业的技术进步。大学是科技进步的策源地，是创造技术专利的基地，教师站在科技进步的最前沿，培养出的学生也是创新型的。

二是美国政府在不同时期提出一些重大科技工程，政府与企业合作攻克，带动了世界技术进步。如政府提出"星球大战"计划带动了航天航空业发展；信息高速公路工程带动了互联网的发展；最近提出的新能源和再工业化计划，正在取得进展。

三是完善的风险投资体系。包括天使投资、种子基金、创业投资基金、私募股权投资基金、纳斯达克市场等。在斯坦福大学旁边，有一个风险投资小镇，集中了一大批风险投资公司。只要学校的老师或学生有一个创新构想，马上就会有一批风险投资家围上来，帮助分析深化研究的路径、技术工程化和产业化的前景，并提供资金支持。许多创新可能失败了，但少数成功的创新所带来的收益远远弥补了失败的损失。

四是吸引全球人才。美国通过提供优厚的报酬和良好的研究条件，吸引了全球的创新人才。美国的大学用优厚的奖学金吸引全球的尖子生来留学，毕业后挑选优秀者留下工作。我们提出要"择天下英才而用之"，而美国实际上早就是这么做的。

五是军民融合的工业体系。美国国防部每年有3000亿美元以上的军事科研课题和军品订货预算，接受课题研究和订货的企业，除了满足军方需求外，其技术成果可以无偿转为民用，带动了民用高科技产业发展。我们在科技创新上正处于追赶美国的过程中，认真研究借鉴美国的经验是必要的。

除此之外，我们还要继续强化企业作为创新主体的作用。令人高兴的是，在全球企业的国际专利申请量排名中，华为、中兴连续几年居于前三位。在进入前十位的企业中，中国企业已占一半左右。应鼓励企业把更多的利润用于研发投入，特别是要发挥国有企业在自主创新中的骨干和带动作用。对一些高度依赖进口的高科技产品，如芯片、发动机、碳纤维等，应组织产业集群，实施协同攻关，成果共享。

最后，还有一个问题亟待解决。改革30多年来，我们通过改革科技体制，努力使企业成为创新主体，解决了长期存在的科技与经济"两张皮"的问题。然而科技与教育"两张皮"的问题尚未破解，主要表现为大学的创新能力薄弱，对产业技术进步的影响力微乎其微，大学每年提交的专利申请量相较之下几乎可以忽略不计；具有创新能力的师资极度缺乏，教材内容陈旧，向学生大量灌输早已过时的落后技术和知识；大学之间和学校内部缺乏竞争机制，近亲繁殖，培养不出拔尖人才和领军人才；学校与风险投资体系、企业之间缺乏紧密联系机制，人才培养结构与市场需求脱节。因此，改革教育体制，创办高水平、创新型大学是提高自主创新能力的基础工程。

改革教育体制，第一，应建立大学之间和大学内部的竞争机制，建立高质量的第三方评估制度和大学教授的聘任制，鼓励社会办学、中外合作办学。第二，以优厚待遇从全球选拔具有创新能力的师资。斯坦福大学和加州理工学院对教师的选拔都极为严格，只对在全球同行评议中被公认为前几名的学者予以聘任，宁缺毋滥。这项制度如果全面推行有困难，可先在部分学校实行。第三，建立大学与风险投资的对接机制。完善从天使投资到创业板市场的风险投资体系，实施创新全过程的跟踪服务。鼓励大学的教师、学生创造专利等科技成果，并以自己的成果创办高新技术公司。第四，从基础教育到大学教育都要改变填鸭式、应试型教育为启发式、创新型教育，培养学生的创新思维方式；同时扩大职业教育比例，重视对学生动手能力的技能培训；还要赋予大学在学科选择、教师选拔、教学内容、培养方式等方面的自主权。

第七章
从提高自主创新能力到创新驱动战略

党的十七大报告指出,提高自主创新能力,建设创新型国家,是国家发展战略的核心,是提高综合国力的关键。这是从国民经济发展全局出发,把自主创新的战略意义提到了新的高度。党的十八大明确提出:"科技创新是提高社会生产力和综合国力的战略支撑,必须摆在国家发展全局的核心位置。"强调要坚持走中国特色自主创新道路、实施创新驱动发展战略。从提高自主创新能力到创新驱动战略,都体现了我们党对创新的高度重视,两者是一脉相承的,具有一致的内涵意义。创新驱动是对自主创新能力的深化。

第一节
提高自主创新能力是国家发展战略的核心

2005年末,十六届五中全会提出了自主创新的重大发展战略,指出这是转变经济增长方式、实现产业结构升级的中心环节。紧接着,中央又召开了全国科技大会,制定了中长期科技发展规划纲要。这一战略得到全国各地的热烈响应,科技创新的投入大幅度增加,自主创新成果开始涌现。2006年研发投入占GDP的比重已由2002年的1.07%上升到1.42%,专利申请授权数同期由13万件上升到近27万件。但是,应当看到,技术创新同经济社会发展的要求还有相当大的距离,企业特别是国有企业追求技术进步的机制尚未完全建立起来,技术进步的动力不足,研发投入的积极性不高。2006年全国大中型工业企业中68%的企业尚未建立研发机构，76%的企业没有研发活动，企业研发投入占销售收入的比重仅为0.76%，远远低于国际上一般为3%的水平。绝大多数企业尚缺乏核心技术的知识产权，出口轻纺产品中贴牌生产占有相当高的比重。通常讲一类企业卖标准，二类企业卖专利，三类企业卖产品，我们的多数企业仍处于卖产品的阶段。由于缺乏自主知识产权的技术，许多企业尽管销售额很大，但获利甚微，大部分利润流入外企手中。由于缺乏自主知识产权的技术，国内投资只能集中投向钢铁、水泥、电解铝、房地产等高耗能、高污染行业，而电子信息、精密设备等技术密集型、知识密集型行业主要靠外商投资或进口产品来满足需要，这使我国经济的持续增长遭遇到资源、环境越来越严重的制约。

正是基于这样的现实，十七大报告进一步强调自主创新的重要性，对此，我们要有充分认识。要按照十七大的部署，切实把提高自主创新能力摆在各项工作的突出位置。

我国自主创新有三个方面的含义：一是原始创新，二是集成创新，三是在消化吸收国外先进技术的基础上再创新。自主创新，就是把原始创新、集成创新和引进消化吸收再创新结合起来，在积极跟踪、关注和参与原始创新、集成创新的同时，高度重视对引进技术的消化吸收再创新。

创新是一个民族进步的灵魂，是一个国家兴旺发达的不竭动力。当今世界，新科技革命迅猛发展，科技作为第一生产力的地位和作用越来越突出。科学技术特别是战略高技术正日益成为经济社会发展的决定性力量，成为综合国力竞争的焦点。面对世界科技发展的大势，面对日趋激烈的国际竞争，我们必须把科学技术真正置于优先发展的战略地位，加快自主创新步伐，增强国家核心竞争力，带动我国社会生产力实现质的飞跃，努力在激烈的国际竞争中赢得和保持发展的主动权。

提高自主创新能力，必须坚持正确的方向和路径。要大力提高原始创新能力，形成创新的重要基础和科技竞争力的主要源泉。要大力加强集成创新能力，形成单项相关技术的集成创新优势，努力实现关键领域的整体突破。要加快引进消化吸收再创新，充分利用全球科技存量，形成后发优势加快发展。为了提高自主创新能力，必须确立企业在自主创新中的作用，加快建设产学研相结合的技术创新体系，努力实现新技术的产业化。要发挥政府的战略导向、综合协调和服务功能，创造更好的创新环境。强有力的创新激励体系是增强自主创新能力的根本性制度保障，要深化科技体制改革，加快建立以保护知识产权为核心的激励体制框架，建立和完善创业风险投资，增强税收制度对创新的激励作用，努力吸引集聚高层次创新领军人才，为提高自主创新能力提供强大的动力来源。

增强自主创新能力也是研究型大学自身发展的需要，是研究型大学实现跨越式发展的根本。努力创造具有国际领先水平的原创性科研成果，培养和造就具有创新能力的高素质精英人才，这是研究型大学义不容辞的责任和使命，也是创建世界一流大学或世界高水平大学的必经之路。在我国建设创新型国家的进程中，高校这个最大的师生创新群体必须以凝聚学科方向、创造标志成果、汇集创新队伍、构筑学科基地为科技创新的基本战略，着力提高解决当前和未来我国经济社会发展的重大科技问题的能力，放眼国民经济主战场，瞄准尖端科技的战略需求，围绕国家目标，以重大科研项目为驱动，加强基础性、前瞻性和前沿性的科学研究，获得关键技术的自主知识产权，大力推动高新技术产业化，为国家产业结构调整和行业技术升级做贡献。在贡献中求支持，在服务中求发展。

中华民族是有创造智慧的民族，我们的祖先以四大发明为人类文明作出了巨大贡献。在中华民族的伟大复兴中，我们一定能创造出无愧于先辈的科技成果，涌现出一批引领世界科技进步的科学家、发明家。

第二节
努力推动企业成为创新主体

党的十六届五中全会关于制定"十一五"规划的建议提出："建立以企业为主

体、市场为导向、产学研相结合的技术创新体系，形成自主创新的基本体制架构。"胡锦涛同志在全国科学技术大会上做了进一步的阐述，明确指出"要使企业真正成为研究开发投入的主体、技术创新活动的主体和创新成果应用的主体，全面提高企业的自主创新能力"。从经济实践活动来看，企业是市场主体，在推进产学研合作，促进科技与经济结合方面处于关键环节和核心地位，具有推动技术创新、成为创新核心主体的天然优势。以企业为创新主体，有助于敏锐把握市场需求，有效整合产学研力量，加快创新成果的转化和应用。

这些年来，我国不少企业积极推动科技创新，为经济社会发展作出了杰出贡献。但也要看到，企业在科技创新方面依然存在着种种问题，诸如研发投入不足、创新实力不强、具有自主知识产权的核心技术成果仍不够多等。应该说，这种状况背后的原因较为复杂，必须从体制机制等全方位进行深入改革，为企业创新提供更多有利条件，形成以企业为主体、市场为导向，产学研紧密结合的完整创新体系。

第一，自主创新一定要以企业为主体，实行产学研结合。2005年时，发达国家企业技术开发的投入占全社会技术开发投入的70%以上。技术开发人员企业也占70%以上。近些年我国企业的技术开发投入有了很大提高，但是远远不够。与发达国家相比，我国企业技术开发投入还要进一步提高。因为企业跟市场比较贴近，企业成为技术开发主体就把长期以来存在的科技与经济两张皮结合起来了。

第二，要努力使企业成为研发投入的主体和自主创新的主体。特别是要发挥国有企业在自主创新中的带动和骨干作用。根据国际经验，企业的研发投入应该占到全社会研发投入的70%左右，这是发达国家的经验。近些年我们国家企业的研发投入有了巨大的进步，说明企业作为研发投入主体和创新主体的地位正在逐步形成，但是距离国际水平还有一段距离。我们要把企业研发投入占全社会研发投入的比例由现在的60%提高到70%，达到发达国家的平均水平。所以，要继续鼓励企业增加研发的投入，特别是要发挥国有企业的主力军作用。国家统计局的调查资料显示，我国大部分企业没有专门管理知识产权的机构，这与国外企业相比，完全是背道而驰的。企业应当建立一种机制，即在进行科研开发、产业化、市场开拓立项之前，进行知识产权调查，到市场上寻找知识产权受到保护的创新成果。在国际专利申请量当中，民营企业已经成为创新的主力军，国有企业相对落后一些。我们的国有企业研发投入占主营业务收入的比例、申请专利的数量，现在还有很大的提高潜力和余地。

第三，必须从考核指标等方面建立对企业创新投入的激励机制。企业获得的技术成果，应对其市场价值作出评价，列为企业的绩效。对企业业绩的考核，不仅要注重实现利润和资产保值增值，也要注重其技术储备等长期发展能力。在考核企业资产价值时，不仅要看其有形资产，也要看其无形资产，越是技术密集型、知识密集型企业，越是要注重考核其无形资产。只有把国有大中型企业技术研发的巨大潜力充分释放出来，国家自主创新战略才能落到实处。

第四，多方创造有利于创新活动的企业文化。创新需要良好的环境，活跃的氛围，只有这样，人的积极性才可能焕发出来。国内外的所有技术领先的企业，内部都具有浓厚的创新氛围，都长期注重建设有利于创新的企业文化。我国企业需要坚决抛弃僵化和保守的观念，推崇民主、和谐、生动、活泼的创新文化，在创新中寻求和把握发展机遇，在创新中使员工体验到工作的乐趣和意义。企业领导更要勇于突破传统观念的束缚，顺应潮流，敢于接受新思想、新观念，对风险和失败保持正确的态度，努力创造"鼓励成功、宽容失败"、尊重创新愿望、发挥创新才能、肯定创新成果的良好企业文化和氛围。

第五，落实企业主体作用的关键是企业家。创新是与企业家精神紧密联系在一起的，企业家在企业自主创新的活动中起着核心作用。企业创新，要靠企业决策者的创新理念、创新精神，动员内部的各种资源进行创新活动，并带领企业积极与外部合作。在当代经济全球化、信息化、网络化、一体化的趋势下，科学技术日新月异，市场瞬息万变，每个企业和企业家都应当认识到自主创新是企业的发展战略，而不是企业发展的权宜之计。中国有作为的企业家，应当勇敢地挑起创新主体的历史重任，在建设创新型国家中发挥应有的作用。

第六，支持企业获得研发资金，加大对企业研发资金的投入支持力度和引导力度。引导科技服务机构支持企业加大研发投入，抢占产业发展制高点，不断增强核心竞争力。设立企业主导技术创新基金，通过科技服务机构的专业独立评估，加大科技型中小企业技术创新基金和产业投资基金对企业主导的重点高新技术项目和产品的支持力度,降低企业主导技术创新的风险和成本。设立创新型企业科技成果转化风险补偿资金,围绕战略性新兴产业和本市优先发展产业,通过科技服务机构的专业独立评估,重点支持技术创新性强、拥有自主知识产权和经济社会效益前景明显的创新型企业,合理配置创新型企业由实验室、中试到产业化各环节所需的启动资金,引导企业增加对应用科技研究的资金投入,促进企业技术创新资金来源的内循环。引导科技服务机构牵头组织企业吸引外资和社会闲散资金,积极帮助企业筹措技术创新资金和科技成果转化与推广资金,形成多渠道、多方位、多层次的企业技术创新资金投入体系和科技成果产业化投入体系。

第七,支持形成以企业为主导的产业技术创新战略联盟,大力推动企业成为创新决策和科研组织的主体。引导科技服务机构支持大企业牵头组建产学研合作机制,并为企业技术创新提高综合服务,为形成以企业为主导的产业技术创新战略联盟提供关键服务和综合服务。支持行业骨干企业单独或者与科技服务机构合作,和科研院所、高等学校签订战略合作协议,充分发挥科技服务机构在项目市场分析和产业化分析中作为第三方的独立客观作用。积极发展支持科技服务机构开展符合以企业为主导的产业技术创新战略联盟需要的科技服务,支持企业研发重大创新产品,掌握核心关键技术,构建产业链;支持企业围绕改造提升传统产业,通过联盟开展共性技术攻关,解决制约产业升级的各种重大难题。

第三节
鼓励自主创新的政策和社会环境

近几年,我国企业的研发投入有了较快的增长,从 2004 年到 2008 年,规模以上工业企业研发经费支出年均增长 29.2%。但也需要看到,2008 年,规模以上工业企业中，有研发活动的仅占 6.5%，研发经费支出仅占企业主营业务收入的 0.61%；在大中型工业企业中，上述两个比例分别仅为 24.9% 和 0.84%。技术引进经费支出与消化吸收经费支出的比例，规模以上工业企业为 3.8:1，大中型工业企业为 4.1:1。大中型工业企业新产品销售收入占主营业务收入的比例仅为 6.7%。这些情况说明，我国工业企业对技术研发的重视程度虽然有所提高，但尚未真正走上以技术进步求发展的道路，仍然停留在重引进、轻消化的状态。这对于国际竞争加剧和科技进步面临新突破的形势，还是很不适应的。

《国家中长期科学和技术发展规划纲要（2006—2020 年）》明确了到 2020 年科技发展的目标、任务和战略重点，各部门也出台了多项配套政策，对鼓励自主创新发挥了重要作用，但仍存在不少问题。应对各项政策的实施情况进行一次全面检查、总结，使之进一步完善。需要调整的应及时调整。对那些企业利用程度不高的政策，应探究其原因，改进实施办法，以扩大政策效应。应针对战略性新兴产业的技术研发，实行特殊的扶持政策，以占领世界科学技术和产业发展的制高点。

进一步完善鼓励自主创新的政策和社会环境，关键是要完善高新技术产业化的风险投资机制。地方政府应运用自己的财力，建立对高新技术企业的投资鼓励和贷款风险担保贴息制度，形成一个有利于技术创新和技术成果产业化的良好的政策环境。深圳市在这方面提供了经验。改革开放以来，深圳的经济发展成功实现了由以外资企业为主向以内资高新技术企业为主、出口由以加工贸易为主向以一般贸易为主的转变，关键在于构建了鼓励自主创新的政策和社会环境。深圳市政府出资兴办了风险投资公司和贷款担保公司，专门对处于起步或爬坡阶段的高新技术企业予以扶持，现在深圳发展起来的具有一定规模的高新技术企业，90% 以上在成长的关键阶段都得到过这两类公司的支持。这两类公司也在支持高新技术企业发展中扩大了经济规模，进一步加大了对企业的扶持力度。据了解，深圳市兴办了多家风险投资公司，一度占全国风险投资公司总数的 70% 以上。正是这样一种激励创新的市场机制的形成，才促进了深圳高新技术产业的发展。这一成功实践给了我们很大的启发，就科技创新资源来看，在全国的大城市中，有许多城市的科研院所、大学和科技人才的数量超过深圳，如果这些城市也能够像深圳一样营造一个鼓励扶持创新的政策环境，就有可能在一个较短时间内再造出十几个这样的创新型城市。如果各个城市都有自己的长项，在一两个产业技术领域达到世界先进水平，那么，建设创新型国家的战略目标就有了可靠保证。

2009年创业板的推出，为高新技术企业的发展提供了一个新的融资渠道。美国的纳斯达克市场为美国培育了一大批高新技术企业，像微软这样的全球软件行业的龙头老大，就是依托纳斯达克市场迅速发展起来的。目前，纳斯达克市场把吸引上市企业的重点放在了中国。我国的创业板市场应当学习借鉴纳斯达克市场的经验，在优选和支持中国高新技术企业发展中发挥助推器的作用。在实践中，我们还要把扶持创新与扶持创业结合起来。最近几年，一些地方政府在鼓励自主创业、以创业带动就业方面出台了一系列政策，对于企业等市场主体的增加发挥了显著成效。由于新办企业和个体经营户的数量迅速增加，就业矛盾大大缓解，这为本地经济发展注入了活力。特别是中西部地区，凡是认真实行鼓励创业政策的地方，居民收入增长速度都明显加快。应当把鼓励自主创新与鼓励创业有机结合起来，鼓励科技人员和大学毕业生创业，支持以创新带动创业。

第四节
充分利用国际市场的科技资源

目前，随着创新型国家的建立，科技创新在支撑我国经济发展中的作用越来越大。科学技术不仅是产业结构升级和经济发展的根本动力，也是决定国际竞争能力的关键因素和国家安全保障的核心要素。只有加快科技进步，形成自身的科技优势和产业优势，才能避免与发达国家的差距进一步拉大，才能有效维护国家安全，实现中国和平崛起。在经济全球化发展日益深入的今天，自主创新并不是闭门造车，而应充分利用全球科技资源。未来中国将在更大范围、更广领域、更高层次积极参与国际科技合作与竞争。只有以更加积极、主动的姿态融入全球化浪潮中,才能全方位利用国际科技资源为自主创新服务。我们必须紧紧抓住世界新科技革命的大好机遇,以更加积极的姿态融入全球化进程中,充分利用一切可利用的资源,力争在较短时间内使我国的自主创新能力和科技水平跃上新的台阶,推动建设创新型国家。

随着经济全球化的发展,技术资源的市场化、国际化也呈不断发展之势,特别是在传统制造业领域,一些发达国家的企业由于市场和管理等原因,经营困难,其技术人才和技术成果必然在国际上流动。一些以技术专利为主要产品的研发企业,必须通过出售其技术才能维持企业的生存发展;一些企业和科研机构有研发能力而缺乏研究课题和资金支持,谁能提出课题并提供资金即可为谁服务。另外,国际金融危机给一些发达国家的企业带来严重困难,一批拥有较好科技资源的企业,由于受市场需求和资金供给的影响而陷入困境。对于我国企业来说,要通过企业并购来利用国外科技资源,提高自主创新能力,这是千载难逢的机遇。一般来说,在危机期间,对经营困难的企业实行兼并或控股,使其免于倒闭,减少失业,不仅会受到被兼并企业的欢迎,也会受到当地政府的支持。

我国经济迅猛发展,形成了巨大的技术需求市场,而外汇储备的积累和人才培养,已使我们具有较强的购买能力和技术合作的实力。因此,要开动脑筋,灵活地采用各种办法,广泛利用国际市场科技资源。实践证明,这和关起门来自己研发相比,是一条省时省力省钱的捷径。总结各地经验,至少有以下途径可以利用:一是引进消化吸收再创新,凡是能买到的技术,尽可能用这种办法;二是用系统集成实现重大装备和产品国产化;三是依托重点工程,通过国际招标、技贸结合,提升国内企业的技术创新能力,推广"三峡模式";四是通过国际并购获取国外技术资源,如"联想模式";五是通过国际合作进行技术研发;六是通过委托国外企业开发拥有知识产权,如煤炭直接液化技术的"神华模式";七是自主研发设计,由国外企业制造或进口关键零部件,即"华为模式";八是提高加工贸易高技术产品进口零部件在国内研制配套的比例,促进加工贸易转型升级。

为了更好地利用国际市场科技资源,我们的驻外机构和各类智库,应当为企业的海外并购提供有关信息和咨询服务,以减少投资失误。要积极实行引智创新,把引进国外科技人才与国内技术人才结合起来,对各个行业的一些重大技术难题进行科研攻关。实践证明,这是自主创新的一条捷径。要把引智创新作为提高自主创新能力的一项战略措施加以实施。各级政府要为企业吸引海外人才提供支持。要鼓励企业到海外设立研发机构,吸引当地人才,了解科学技术的最新进展。利用现代信息传输手段和时差转换,使国内外科研机构联合研发,以提高研发效率。目前,已有不少国内企业在国外设立研发机构,对企业的技术开发起到了重要作用。要提高利用外资水平,鼓励跨国公司把研发机构设在我国。同时,要积极利用外资企业的技术溢出效应,带动我国企业的自主创新。对加工贸易产品,应通过学习创新、增加配套等途径,逐步使之转变为拥有自主知识产权和自主品牌的一般贸易产品。我国已有上百种产品产量居全球第一位,成为名副其实的制造大国,但远不是制造强国。贴牌生产产品在出口中仍占相当大的比重。由于缺乏自己的标准、专利和品牌,国内企业仅能分得产品利润总额中的很小一部分,我们要通过实施自主创新战略,尽快改变这种状况,从而增加经济活动的收益,为提高我国居民的收入水平作出贡献。

第五节
大力培养创新型人才

现代经济社会发展的客观规律已经充分表明,科技创新始终是推动一个国家、一个民族向前发展的重要力量,人才资源在所有生产要素中处于首要位置。创新驱动发展的实质是人才驱动,即创新驱动要紧紧依靠人力资本提升和人才资源充分流动两个轮子。改革人才制度,以激发创新驱动,将短板补上,是供给侧结构性改革的当务之急。

一、创新型人才内涵

所谓创新型人才,是指具有自觉的创新意识、缜密的创新思维和自主的创新能力的人才。知识创新只能发生在富有创造性思维的人的头脑中,那些富有创造性思维头脑的杰出人才便是创新人才。创新人才的培养和使用是迎接知识经济挑战的关键。在知识经济时代,产品的知识含量增加,逐步形成知识产品。知识产品的生产,最重要的生产资料不是设备和工具,而是人的知识和能力,特别是人的创造能力。另外,商品的价值不再是劳动者体力的简单转化,而是劳动者知识的转化。知识商品的价值会随着新技术的产生、新工艺的出现而变得一文不值,其生命周期也变得更短。这又要求创新人才不仅要创新,而且要再创新,保持持续不断的创造力。唯有全面创新,包括技术创新、制度创新、产品创新、市场创新、管理创新等,才能维持经济的竞争力。所以,知识经济时代需要创新型人才。

二、创新型人才发展的短板分析

(一)创新型人才整体质量不高

创新型人才资源的内涵是数量与质量。有关人员从宏观层面、中观层面和微观层面,通过构建评价指标深入研究分析了从 2000 年到 2012 年全球人力资源竞争力发展的演变趋势。在人力资源数量结构、人力资源开发质量、人力资源开发能力和人力资源贡献四个一级指标中:中国有两项(人力资源数量结构和人力资源贡献)分别都处于第 4 位,居于领先地位;人力资源开发质量排第 25 位,居于中间偏上地位;人力资源开发能力则处于第 48 位,居于比较落后地位。这就形成典型的"二元现象":一方面中国人力资源在数量结构方面的优势依然存在,人力资源开发质量小区间波动;另一方面人力资源开发能力严重不足。中国人力资源开发能力明显不足具体表现在三个方面:第一,2012 年,绝大部分国家公共教育经费占 GDP 比例均高于 5%,而中国公共教育经费占 GDP 比例长期低于 3.48%(2012 年以后才有所改善),这限制了中国人力资源开发的整体水平和效益,也将成为制约经济增长和社会和谐的长期隐忧。第二,教育开发能力尚待持续提升。人力资源开发能力指数只有0.554，排名第48位，与哈萨克斯坦、埃及、印度尼西亚和印度水平相当，与人力资源强国的地位不相符。第三，公共卫生支出占GDP的比例同样不高。据掌握的数据分析，2012年中国公共卫生支出占GDP的3.03%，排名第46位，不足排名第一的荷兰（9.93%）的1/3。这些数据显示，虽然中国的人才数量是庞大的，但是在人才质量上明显位于较低水平，甚至可以说，中国在几乎所有学科和技术领域都没有堪称世界一流的大师，而恰恰这个指标最能体现一个国家在当前学科和技术领域中的国际地位和水平。

（二）创新型人才贡献率低

通俗地说，创新型人才贡献率也称"创新型人才资本贡献率"，是指创新型人才资本作为经济运行中的核心投入要素，通过其自身形成的递增收益对经济增长所作出的贡献份额。创新型人才贡献率是创新型人才培养、吸引、使用等体制机制综合作用的结果，反映了经济社会发展中创新型人才价值的实现程度。人才是我国特有的概念，在国外被称为"人力"，在编制《国家中长期人才发展规划纲要（2010—2020年）》期间，通过对包括中国在内的世界各个国家和地区人力资本增长对经济增长的贡献率进行国际比较研究，结果表明西方发达国家人力资本对经济增长的贡献率大部分为40%~60%，其中贡献率为50%~60%的有美国、法国、德国、英国等西方经济强国[1]。而我国人力资本增长对经济增长的贡献率仅为26.6%（据2008年的不完全统计，1978—2008年的平均值为18.9%）[2]，远远低于西方发达国家水平。中国之所以会出现人才对经济增长贡献率低的状况，与创新型人才发展不足有密切关系。

（三）创新型人才发展环境亟须改善

从本质上看，创新型人才发展不但是个人问题更是一个社会问题。第一，在根本利益诱导方面，一个社会的经济结构、发展水平和制度条件会为人才的产生提供

---

[1] 郭世田：《当代中国创新型人才发展问题研究》，山东大学博士论文，2012年。
[2] 周英峰：《我国人才对经济增长贡献率达26.6%》，中国青年报，2012年5月16日。

重要的基础,这是因为游戏规则的不同将导致产生不同的利益预期进而会影响人才资源配置。第二,一个社会的经济结构和制度背景在一定程度上又为人才发挥作用提供条件和保障。社会制度结构的不同会导致人才利用水平的不同,好的制度会使人才发挥出全部才能,不好的制度会导致人才的极度浪费与无效使用。就我国情况而言,随着社会主义市场经济的深入发展,创新型人才政策、法规等正在建立,但是深层次矛盾和问题尚未解决,创新型人才环境不够优化。一是在创新型人才管理上,条块分割、职能交叉、多头管理的体制尚未根本改变,用人单位和个体的自主权尚未真正落实,管理中"官本位"、行政化倾向仍很严重,创新型人才资源配置的市场化、社会化程度不高;二是以品德、知识、能力和业绩为核心的各类创新型人才的科学评价标准和评价机制尚不健全,评价中"重论文、重学历"的导向依然十分严重;三是有利于创新型人才成长的选用机制还不够完善,流动中户籍、档案、社会保障等制度性障碍依然存在,激励保障机制尚不健全。[①]

三、对策建议

提高自主创新能力,建设创新型国家,归根到底要靠人才。要坚持实施"人才强国"战略,大力培养科技创新人才。需要发挥市场在资源配置中的决定性作用,推动创新型人才的培育和发展。

(一)深化体制机制改革,建立人才市场机制

积极推动人才管理制度改革,建立一个广纳群贤、人尽其才、能上能下、充满活力的用人机制,为优秀人才脱颖而出营造良好的环境。政府要减少行政调配手段和直接干预机制,推动人才从身份管理走向岗位管理,破除人才使用单位对人才流动的计划管理。要充分放权于中介组织和企事业单位,消除各种制度性的浪费、阻碍和延误,建立人才流动的长效机制。要深化用人体制机制改革,打破城乡、行业、部门、单位、所有制分割对人才使用的限制,建立人才自由流动的供求机制、价格机制和竞

---

① 中央人才工作协调小组办公室,中共中央组织部人才工作局:《国家中长期人才发展规划纲要(2010—2020年)学习辅导百问》,人民出版社,2010年。

争机制。要打破企业、政府、高校等不同性质单位之间人才的壁垒，消除体制内和体制外相互隔离的状况，形成一个真正适应市场竞争的人才体系。

（二）建立人才储备体系

人才储备体系的建立，是壮大我国人才队伍、加快建设人才强国的必然要求，是提升我国自主创新能力、建设创新型国家的必然要求。我国通过建立人才储备体系，发展了新兴产业，提升了科研水平，带动了人才回流，促进了人才体制机制创新和人才环境建设。目前，不少国家都实施了青年人才计划，制订富有战略性的青年人才计划，加强科研后备人才队伍建设。如德国通过建立特殊研究领域的青年研究小组、设立青年教授席位、建立青年科学院、实施埃米诺特计划和哈森贝格计划等措施，大力培养青年科技人才；我国政府也于2010年实施了"青年千人计划"，计划在5年的时间里引进大约2000名优秀海外青年人才。实施"青年千人计划"，引进和储备一批能够突破关键技术、发展新兴产业及新兴学科、培养创新人才的高层次人才，为我国人才服务业的发展提供强有力的支撑。

（三）完善人才公共服务体系

建立人才公共服务体系是实施"人才强国"战略的重要内容，也是服务型政府建设的组成部分。完善人才公共服务体系：一是要建立各类人才创新、创业、就业的公共服务平台，为人才提供更多的个性化、人性化和均等化公共服务；二是要搭建人才权益保障服务平台，完善市场法律法规，规范市场行为，保障人才的诉求和合法权益；三是要构建人才信息化公共服务平台，建立统一规范的网上人才服务体系，建设人才服务数据库，推动人力资源信息服务向快速便捷、高效运作的方向发展，实现人才业务的"一站式"服务和"一条龙"服务。目前，国内不少地方正在推进人才公共服务的全面化和精细化，如创业保姆、一卡通服务等，这些都为我国完善人才公共服务体系提供了有益的启示。

（四）建立人才安全法律保护机制

人才安全是指一个国家的人才队伍在国际、国内人才市场竞争中，不会因其无序或过度流失而使经济社会发展的竞争优势受到损害或威胁。在知识经济时代，人才资源是最宝贵、最稀缺的第一资源，国与国之间的竞争实质上就是人才的竞争。在这样的背景下，人才的巨大价值进一步凸显，人才安全问题值得高度关注。尤其是，当前我国人才外流现象相当严重，国外的科研单位、跨国公司都在从我国觅取人才资源，给我国的人才安全带来了严重的挑战。为此，国家一方面要加大投入，改善人才发展环境，改革人才管理制度；另一方面要加大人才的存量保护，建立人才安全法律保护机制。要加强国家对人才安全的宏观调控和管理，地方政府和企事业单位要构建人才安全信息系统，建立责任机制。深化现行人才管理体制的改革，探索建立全国统一的短缺性人才资源管理与运作新模式，构建人才安全预警机制，建立风险防范应急措施。完善短缺性人才资源安全保护的法律法规，加大执法力度，对重点领域、重点工程、关键技术等方面的短缺性人才资源的流动进行适当安全限制。

（五）建立人才信用体系

人才信用体系是社会信用体系的一个子系统，它是由相互联系、相互制约的人才信用制度、人才信用机构、人才信用工具和人才信用教育有机结合的统一体。它实际上是一种社会机制，通过把各种与人才信用建设有关的社会力量有机地整合起来，激励守信行为，惩罚失信行为，使信用主体行为的价值取向发生改变，并自觉自愿地从失信向守信转变，促进人才交易的有序开展和人力资源的合理配置，从而保障社会秩序的稳定运行和市场经济的正常发展。人才信用体系建设包括四个方面：一是人才信用的规范体系建设，主要是规范人才市场相关主体的行为，明确行为合规与否的标准；二是人才信用组织体系，即发展人才信用征信机构，对人才资信状况进行系统调查和评估；三是人才信用工具体系建设，主要是开发人才征信和人才信用产品生产过程中所采用的技术、设施、标准和方法；四是人才信用教育体系建设，主要是培养从事人才信用工作的专业人员，向信用主体传授信用知识，塑造信用意识。这四个体系构成一个有机的整体，共同承担提升人才信用的功能。

第八章
从统筹城乡发展到城乡一体化发展

党的十八大提出"推动城乡发展一体化",并对此作出了具体的部署。从十六大提出"统筹城乡经济社会发展",到十八大提出"推动城乡发展一体化",都是我国城乡发展的理论创新和具体实践,前者为后者奠定了坚实的发展基础,体现了我国经济社会发展战略的进一步深化。

第一节
建立城乡一体化发展新体制

统筹城乡发展是我国全面建设小康社会的重大战略任务。党的十七大指出,统筹城乡发展,推进社会主义新农村建设,解决好农业、农村、农民问题,事关全面建设小康社会大局,必须始终作为全党工作的重中之重。十七届三中全会通过的《中共中央关于推进农村改革发展若干重大问题的决定》,要求把着力构建新型工农、城乡关系作为加快推进现代化的重大战略,统筹工业化、城镇化、农业现代化建设,加快建立健全以工促农、以城带乡的长效机制。《中共中央关于制定国民经济和社会发展第十二个五年规划的建议》进一步指出,要加快消除制约城乡协调发展的体制性障碍,促进公共资源在城乡之间均衡配置、生产要素在城乡之间自由流动;统筹城乡发展规划,促进城乡基础设施、公共服务、社会管理一体化。

当前,聚焦城乡一体化改革,促进城乡协调发展,应作为到2020年全面建成小康社会、保持经济持续健康发展的重大紧迫任务。党的十八届三中全会通过的

《中共中央关于全面深化改革若干重大问题的决定》对建立城乡一体化的新体制作出了重要部署。习近平总书记在2015年4月30日中央政治局集体学习时，就健全城乡发展一体化体制机制问题发表了系统的重要讲话。他说："全面建成小康社会，最艰巨、最繁重的任务在农村特别是农村贫困地区。""我们一定要抓紧工作、加大投入，努力在统筹城乡关系上取得重大突破，特别是要在破解城乡二元结构、推进城乡要素平等交换和公共资源均衡配置上取得重大突破，给农村发展注入新的动力，让广大农民平等参与改革发展进程、共同享受改革发展成果。""目标是逐步实现城乡居民基本权益平等化、城乡公共服务均等化、城乡居民收入均衡化、城乡要素配置合理化，以及城乡产业发展融合。"他的讲话为推进城乡一体化改革指明了方向，并提出了具体举措，应当引起全党的高度重视，并全面贯彻落实。建立城乡一体化新体制，现在尚属起步阶段，但应明确做好以下几项工作。

一、实现城乡居民基本权益平等化

长期以来，为了实现工业化的任务，我们不得不采取工农业产品价格剪刀差的办法，让农业为工业提供积累。与此同时，实行城乡分离的管理制度，以防止农村人口大量涌入城市，造成城市农产品供给的短缺。这些制度沿袭了60多年，形成了一些固化的习惯势力和思维定式。在全面建设小康社会的今天，这些涉及城乡居民基本权益的旧制度，显得十分不合时宜！

城乡居民基本权益不平等集中体现在两个方面：一是财产权的不平等。城市的生产资料和消费资料几乎已全部商品化，包括国家、集体和个人所有的土地、厂房、设备、住宅等，都允许在市场上自由流通；而农村的土地、住宅等产权仍不明晰，农户对土地和房产等的法人财产权仍不落实，作为农民最重要的生产资料和消费资料仍不能实现商品化、市场化，因此，农民就不能像城里人一样享受城市化过程中不动产增值的收益。这是城乡居民基本权益上的最大的不平等，是城乡居民收入差距拉大的重要原因。

二是在户籍制度上的不平等。尽管有2.8亿名外来务工人员为城市建设作出了巨大贡献，有些外来务工人员进城已二三十年，但是由于是农村户口，他们享受不到城市户口所附加的各类社会保障和公共服务，绝大部分仍处于全家分离状态。从农民应有的公民基本权益上说，这是很不合理的。党的十八届三中全会通过的《中共中央关于全面深化改革若干重大问题的决定》提出："赋予农民对承包地占有、使用、收益、流转及承包经营权抵押、担保权能。""保障农户宅基地用益物权，改革农村宅基地制度，选择若干试点，慎重稳妥推进农民住房财产权抵押、担保、转让，探索农民增加财产性收入渠道。""在符合规划和用途管制前提下，允许农村集体经营性建设用地出让、租赁、入股，实行与国有土地同等入市、同权同价。"这三项改革是对农村土地公有制实现方式的重大突破，是对农民住宅制度改革的重大突破。它第一次赋予农村土地和农民住宅以商品属性，明确了农户对自己的住房拥有所有权，农户对承包地和宅基地拥有法人财产权，这为发挥市场对农村土地资源配置的决定性作用，促进土地资源的节约、集约利用提供了前提条件，为农民在城乡之间自主选择居住地和户籍，通过转让包括宅基地在内的土地使用权和房产获得财产性收入打开了一扇大门。2016年初颁布的《国务院关于深入推进新型城镇化建设的若干意见》明确提出："全面实行城镇建设用地增加与农村建设用地减少相挂钩的政策。"为进城农民有偿退出宅基地和进城落户提供了政策支持。

承认农民对农村土地的法人财产权，与土地的私有化是截然不同的，同时解决了土地公有制与市场经济有效对接的问题，这是中国共产党的创造。不折不扣地落实十八届三中全会精神，就能在土地和房产的法人财产权上，使城乡居民拥有同等权益。我们由衷地为农民获得的这些权益感到高兴！

二、实现城乡公共服务均等化

城乡公共服务的差距是城乡差距的重要体现，包括养老、教育、医疗、交通、供水、供电、环境等，农村都明显落后于城市。原因在于长期以来公共服务事业投入重点在城市，城市越来越漂亮，中西部地区的城市与沿海地区的城市相比也毫不逊色。但是，农村特别是中西部地区的农村，公共服务投入严重不足，导致农村居民不能像城里人一样享受到大体均等的公共服务。公共服务的落后，制约了农村经济发展和农民素质的提高。

要改变中西部地区农村公共服务的落后状况，政府要把农村作为公共服务投入的重点，通过城乡人均公共财政支出的均等化实现城乡基本公共服务的均等化，尽快弥补农村公共服务投入的欠账。应当把教育、医疗、交通、环保、养老作为农村公共服务发展的重点。沿海地区农村公共服务比较好，主要是通过发展乡镇企业，很快富裕起来。富裕起来的农村自己增加投入，再加上地方政府的帮助，从而完善公共服务。中西部地区的农村也必须走这条路子。

要运用政府和社会资本合作（PPP）模式来发展农村服务业。应找到有效办法吸引社会资金投入农村建设。这就要以农村宅基地、承包地为质押，撬动银行贷款。以村庄建设用地整理节约土地用于住宅的商业开发，吸引社会资金投入，鼓励城市资本下乡、市民资本下乡。可先在城市郊区和旅游区推行，建立市民农庄，然后逐步扩展。如果能在"十三五"时期撬动银行贷款和社会资金20万亿元，投入农业现代化、新农村建设和农民工市民化，我国农村面貌将发生重大变化，农民收入将大幅度提高，既可避免落入"中等收入陷阱"，又能有力地支持经济的持续健康发展。

三、实现城乡居民收入均衡化

城乡居民收入差距大，是城乡差距的集中反映。实现城乡居民收入均衡化，是建立城乡一体化发展体制机制的核心。最近几年，农民人均收入增长速度超过城市居民，城乡居民收入差距已经由2009年的3.3∶1缩小到2014年的2.8∶1，令人欣喜。继续保持这一势头，从根本上说，要靠提高农业劳动生产率。而要提高农业劳动生产率又必须扩大土地经营规模。目前，一个农业劳动力平均只能种7亩地，如果在单季农业地区能种到100~120亩，双季农业地区能种到50~60亩，农业劳动生产率就能赶上社会平均水平。在土地所有权归村集体的前提下，允许农户凭借承包权将经营权有偿转让，这样既可使农户获得财产性收入，又有利于发展土地规模化经营。要鼓励发展各类合作经济，特别是以土地承包权入股的股份合作社。鼓励农民工返乡创业，发展现代农业、农产品加工业、商贸流通业和乡村旅游业。继续鼓励农村富余劳动力外出打工。现在沿海和城市的许多地方招工难，家政服务人才短缺，一个月嫂的月收入达五六千元。一家两口人出去打工，年收入可达8万~9万元，加上土地转包收入，家庭年收入可达10万元左右，一下子就可赶上或超过城镇居民平均收入。所以，只要创造一个城乡一体化的体制机制和政策环境，发挥城市对农村、工业对农业的带动作用，实现城乡居民收入均衡化，并不是遥远的将来，而是近在咫尺。

韩国在40多年工业化、城市化过程中，城乡居民收入始终保持同步提高，城乡收入之比保持在1:0.9左右。韩国之所以能做到这一点，主要有两个原因：一是韩国早在20世纪70年代初期就开展新农村建设活动，政府出资帮助农村发展；二是农民分享到了城市化过程中土地增值的收益。我们作为共产党领导的社会主义国家，应当更有条件实现城乡居民收入的同步提高。

四、实现城乡要素配置合理化

促进城乡要素配置合理化，是实现城乡协调发展的客观要求，其关键是允许各类生产要素在城乡之间双向自由流动，发挥市场对资源配置的决定性作用。长期以来，由于人为地设置了许多障碍，因此农村的劳动力、资金、土地等要素大量流入城市，而城市的资金、技术、劳动力很少流入农村，这是导致城乡发展差距不断拉大的根本原因。为此，毫不动摇地落实十八届三中全会精神，清除要素流动的各种障碍，是推进城乡一体化改革的首要任务。

土地是一种重要的生产要素，应发挥市场对土地配置的决定性作用。与其他要素不同的是，土地有一个用途管制问题。如果把耕地变为建设用地，必须符合城乡建设规划，并办理相应的法律手续。党的十七届三中全会《中共中央关于推进农村改革发展若干重大问题的决定》已经明确，土地的占补平衡，只能在省域范围内进行。但至今只能在少数县域范围内试点。中央办公厅去年下发的关于农村改革的实施意见指出："完善和拓展城乡建设用地占补平衡和'地票'试点。"应当总结推广重庆"地票"市场的经验。重庆经验的核心是远离城市的农村退出的宅基地，通过全市统一设置的地票市场，也能分享到城市市区土地的级差地租。对于可能出现的占好补差问题，通过建立第三方的土地质量评估机构，加强土地质量的监管，可以妥善解决。如能创造一个城乡要素自由、平等交换的制度，实现城乡要素配置的合理化，在中部地区和西部平原、浅丘陵地区，用 5～10 年时间，使农民人均收入水平赶上沿海农民的水平，是完全有可能的。

五、加快城乡一体化改革发展的四个抓手

加快城乡一体化发展进程，必须把农业现代化、新农村建设、农民工市民化和特色小镇建设四件事连在一起，同步推动。国务院提出要抓好"三个一个亿"：东部地区抓好一亿农民工市民化，中西部城市再吸纳一亿农民工就业，城市抓好一亿户棚户区改造。这几件事互相牵制，互相影响。农业现代化能够进一步释放农业劳动力潜力，为农用工业发展和水利建设提供需求；新农村建设能够改善农村生产、生活环境，为建材工业提供需求；农民工市民化能够使 4 亿多离散人口实现全家团圆梦，形成城市建设的需求；特色小镇对于优化城市布局和结构，带动乡村发展，提升我国经济的专业化、社会化水平和国际竞争力，到 2020 年全面建成小康社会，具有重大战略意义。

第二节
农业现代化不能长期滞后于工业化、城镇化

农业现代化、工业化、城镇化同步推进，是"十二五"时期我国经济发展的一个关键问题。"十二五"发展是以科学发展观为主题，以转变经济发展方式为主线。农业发展方式的转变既是整个经济发展方式转变的一个重要内容，同时也是实行一系列战略转变的一个前提条件，比如，我国经济增长要走消费驱动的路子，没有农民收入水平的提高，扩大消费拉动经济增长的目标就难以实现。要加快第三产业的发展，其中就包括农业服务体系的发展。要通过技术创新带动产业升级，要提

高劳动者素质，改善管理，也离不开农业科技水平和农业劳动力素质的提高。所以，整个经济发展方式的转变，必须包含农业发展方式的转变。

一、农业现代化已明显滞后于工业化和城市化

之所以说农业现代化滞后于工业化、城市化，主要有四个突出的标志。第一个标志，第一产业与第二产业、第三产业的劳动生产率过于悬殊，2010年我国农业增加值占整个GDP的比例是10.3%，农业劳动力占全社会从业人员的比例是38.1%，据此计算，农业劳动生产率与第二、第三产业的劳动生产率之比是1∶5.3，也就是说，5.3个农业劳动力一年创造的商品和服务价值才相当于一个第二、第三产业的劳动力所创造的价值。这个水平比10年前的1∶6提高了近一个百分点。一个国家现代化的过程，也是第一产业的劳动生产率不断提高，接近第二、第三产业的劳动生产率的过程。只有提高农业的劳动生产率，创造的价值多了，农民的收入才能增长，农业才能取得跟第二、第三产业同样的人均收入水平，这从改革开放30年各个省（区、市）的发展上已经得到证明。现在浙江省农业劳动力占全社会劳动力比率下降到17%，江苏省下降到19%，因而这两个省农民收入与城镇居民收入的比例都下降到1∶1.9，远低于全国1∶3.23的平均水平。但令人忧虑的是，中部一些农业大省农业劳动力占全社会劳动力比率至今还在50%左右。这些足以表明，我国农业的现代化落后于工业化和城市化。

第二个标志，我国农业的技术装备水平与国际先进水平的差距明显大于第二产业。我国现在的工业技术装备水平同国际先进水平还有一定的差距，但毕竟有了一些高技术的行业，而且这些高技术行业同国际水平已经相当接近。另外，即使在传统工业产业里，我国也有一些企业、有一些领域的技术已经站在了世界的前沿。相对而言，我国农业的技术水平跟国际先进水平的差距要远远大于工业同国际先进水平的差距。无论是机械化水平、化学化水平、水利化水平，还是良种推广，都要比工业技术水平相对更落后一些。

第三个标志，我国农业的社会化、规模化、标准化的水平还比较低。农业要实现发展方式的转变，本质上就是要从传统农业向现代农业转变。传统农业是自给自

足的自然经济，商品化率非常低。社会化就是要求生产出的产品主要是为社会服务，而且随着市场需求的变化，生产能与市场需求之间形成一个非常协调的关系。社会需要什么产品，就生产什么产品，需要多少就生产多少。但我国现在的农业还做不到。这几年猪肉、大蒜等部分农产品价格剧烈波动就说明了这点。这是因为我国农业还没有摆脱传统的生产与需求脱节的影响，市场化程度比较低。另外，规模化程度也较低，我国农业生产还是依靠小商品生产，在一定程度上还带有自然经济的烙印，是一种小生产。标准化程度低，我国农产品的质量缺乏一个保障体系，这直接导致我国一些食品安全事件的发生。一个三聚氰胺事件就给我国的牛奶产业带来毁灭性的打击，而国外的牛奶产业却因此有了发展机会，现在法国、德国正在研究要限制奶粉出口，理由是"出口中国太多，把国内的奶粉价格带高了，影响国内消费者的利益"。而我国的奶农呢？生产受到破坏，奶产品加工业受到了严重的冲击。因此，怎么建立一个保障体系，也是我国农业现代化要解决的重大问题。

第四个标志，农村劳动力的素质与农业现代化的要求还不相适应。尽管我国现在还有4亿农村劳动力，但现在农村几乎看不到三四十岁的壮年人，20多岁的年轻人更难看到，全靠老人种地。这种情况下，农业现代化如何实现？现在很多人担心以后没有人种地。这说明，农业还是一个弱势产业，只有提高农业集约化水平，在农村搞种植业和养殖业能取得比外出打工更高的收入，才能把高素质的劳动力留在农村。要抓住未来10~15年工业化、城市化快速推进的机遇，加快农业现代化的步伐，改变农业现代化落后于工业化、城市化的局面。2010年我国人均GDP已经超过4000美元。再有10年时间，到2020年，我国要实现全面小康，其关键就是我国六七亿农村人口能不能小康。到2025年我们GDP总量要超过美国，达到世界第一，届时人均GDP要翻一番半，也就是说要达到12000美元，进入高收入国家行列。在这个大背景下，我国农业必须要实现现代化，才不至于拖城市化、工业化的后腿。借鉴一下拉美等国家的发展经验与教训，它们之所以长期陷入"中等收入陷阱"30年、40年甚至50年里，人均GDP在几千美元之间徘徊，原因也就在于城乡二元结构的问题没有解决好，有大量的农村人口存在，劳动生产率很低，融入不到工业化、现代化中间来，融入不到城市化中间来。亚洲的菲律宾、马来西亚、泰国、缅甸、柬埔寨，也是这样的状况。而日本和亚洲"四小龙"之所以能够走出"中等收入陷阱"，是因为这些国家和地区成功地解决了二元结构的问题，将人均GDP很快提高到了1万美元以上。所以，中国能否实现全面小康，能否避免落入"中等收入陷阱"，一举跨入高收入行列，能否使经济总量超过美国，关键在于能否发展好农村，实现农业的现代化，让更多的农民进入到第二、第三产业，也享受到现代化的恩惠，分享到改革发展的成果。必须抓住机遇，不要就农业看农业，要从整个国家的宏观形势看农业，看农业的现代化。

二、当前推进我国农业现代化面临着千载难逢的历史机遇

第一个机遇是，我国社会资金富余，亟待寻找投资出路，发展农业现代化有充裕的资金投入保障。我国现在一年土地出让金的收入为2万多亿元，同时，现在银行流动性过剩，银行资金富余找不到贷款的出路成为银行运营一个很大的压力。另外，富裕起来的这部分群众手里有很多钱，也想找一些投资回报率比较高的项目投资。所以，现在中国推进农业现代化有钱，但是得考虑怎么样建立一个机制，把社会资金吸引过来。

第二个机遇是，农业劳动力转移有出路。现在不只是珠三角、长三角，一些中西部的城市都存在招工难的问题。工资1000元以下的都招不到人，基本工资都达到了1500~2000元。要抓住这个机会，使农业劳动力顺畅地向第二、第三产业转移，使一部分农村人口向城市转移，从而为农业现代化创造条件。

第三个机遇是，现在社会大众对优质的绿色农产品需求旺盛，优质农产品市场前景好。随着人民生活水平的提高，人们对农产品的改善性需求越来越大。只要产品能对路子，是信得过的，是绿色的，居民即使花更多的钱也愿意。

第四个机遇是，我国工业已经具有了强大的技术和生产能力，能够为农业现代化提供有力的装备支撑。农业的现代化对农业的技术装备提出了大量的需求，这为农机工业的发展提供了机遇。只要有需求，我国的工业生产能力马上就能发展起来，包括大型的农业机械、全过程的农业机械等。

这四个机遇结合在一起，就能为农业现代化创造一个好的环境，好的机制，这

个机会千载难逢。中国的农业文明经过了几千年的发展,现在正由农业社会向工业社会过渡,发达国家已经步入后工业化社会,我国许多地方现在还处在工业化的中后期,中西部的许多地方甚至处在工业化的初中期,要利用这个大环境、好机遇来研究怎么样加快农业现代化。

三、总结推广各地农业现代化的成功经验

改革开放的 30 年里我国各地都涌现了一批发展现代农业的实践与创新的样板,这些并不亚于安徽小岗村的承包经营,值得我们去好好总结并推广其经验。一是黑龙江克山县的土地流转,二是新疆巴州库尔勒市的规模经营,三是成都市的城乡一体化,四是河南新乡的城乡一体化,五是江苏昆山市的城乡一体化,六是北京顺义的土地入股合作社,七是重庆市"让土地成为农民的财产性收入来源"的经验,八是青岛莱阳土地入股发展养殖业的经验,等等。

这些都是农业产业现代化的典型,代表着中国农业发展前进的方向,它们的发展历程对其他地区发展现代农业而言有可以借鉴的经验与启示。

第三节
加快新农村建设

建设社会主义新农村的重大深远意义主要体现在三个方面:

第一,加快社会主义新农村建设是缩小城乡收入差距,实现全面小康的战略举措。20 世纪 80 年代初期和中期,随着改革开放的推进,农村经济快速发展,并在很大程度上推动了城市的发展,支撑了我国的改革和发展。进入 20 世纪 90 年代,农村经济发展开始下滑,特别是农民收入的提高遇到了各种各样的障碍。农村经济发展速度、农民收入增速大幅度落后于城市经济发展速度和城镇居民收入增速。受

此影响，城乡发展差距、城乡居民收入差距逐步拉大。这种情况如果延续下去，不仅关系到整个国民经济的持续、快速、健康发展，更关系到能不能顺利实现全面小康战略。因为我国有7亿农民长期居住在农村，如果农村这个巨大的消费市场的潜力发挥不出来，城乡差距拉大，那么它一定会成为一个全局性的制约国民经济平稳、快速发展的重要问题。过去人们有一种认识，认为在工业化、城市化快速增长阶段，城乡发展差距拉大，城乡居民收入差距拉大是一个必然趋势和必经阶段，因此，农民要忍一忍。等工业发展到一定阶段了，农民收入就增长了，农村经济增长就快了。但韩国新村运动就是发生在工业化快速发展阶段，这恰恰说明，城乡居民收入差距拉大并不是一个必然趋势和必经阶段。根据韩国的经验，在工业化、城市化快速推进时期，城乡经济是可以同步发展的，城乡居民收入是可以同步提高的。20世纪60年代末到70年代初，韩国进入工业化快速推进的阶段，到2004年韩国人均GDP已经达到14000美元。在这30多年里，韩国城乡居民收入比始终保持在1：（0.8～0.9）之间，在20世纪80年代后期，农村人均收入甚至超过了城市居民。2004年韩国城乡居民收入比是1：0.94。韩国之所以能够实现城乡的同步发展，主要原因是在20世纪70年代初期，在工业化开始的时候，政府就明确提出了新村运动，政府每年拿出财政支出的1%来支持农村的基础设施建设和公共事业的发展，改善农村的生产生活条件，再加上其他一些措施，所以在韩国快速工业化的30多年中，农村得到了同步的发展，农民也分享到了现代化的成果。城乡经济的协调发展，对韩国的工业化发挥了重要的支撑作用。因此，建设社会主义新农村的重大而深远的意义就在于要通过缩小城乡收入差距，实现全面小康。

第二，建设新农村是扩大内需，推动供给侧结构性改革的需要。建设新农村，一方面将通过扩大农村基础设施和公共服务建设，拉动投资需求，另一方面，能够通过提高农村居民收入，扩大农村的市场需求，有助于消化这几年形成的过剩产能，这是当前供给侧结构性改革的一个重要举措。

第三，建设新农村是我们党执政为民和代表最大多数人利益的集中体现。中国共产党代表最大多数人民的利益，首先要代表占全国人口很大比例的7亿农村人口的利益，执政为民首先就要为7亿农村人口谋利益，提出建设社会主义新农村是我们党的宗旨的体现。围绕落实科学发展观，落实党的十八大精神，把经济发展切实转入科学发展的轨道，打造中国经济升级版，必须包括把社会主义新农村建设的重大的战略部署落到实处。

社会主义新农村建设，是对"三农"工作的总体要求。党的十六届五中全会建议提出了"生产发展、生活宽裕、乡风文明、村容整洁、管理民主"的新农村建设的内容，为此从中央到地方出台了不少政策措施，以推动社会主义新农村建设。

第一，大力发展现代农业。一是促进农业科技创新和转化。建设国家创新基地和区域性农业科研中心。建设农业科技园区。实施现代农业高技术产业化项目。实施现代农业高技术示范工程。实施种子工程。实施农业科技入户工程。提高农业科技在国家科技投入中的比重。扩大重大农业技术推广项目专项补贴规模。安排农业科技成果转化资金和国外先进农业技术引进资金。鼓励企业建立农业科技研发中心，国家在财税、金融和技术改造等方面给予扶持。允许各类农业企业和民营农业科技组织申请使用国家有关农业科技的研发、引进和推广等资金。探索农业科技推广体系实行公益性职能与经营性服务分类管理的办法。对农技推广项目实行招投标制度。二是建设农村现代流通体系。推进农产品批发市场升级改造。实施"万村千乡市场工程"，建设连锁化"农家店"。鼓励邮政系统在农村发展现代流通业。中央和地方安排专门资金，支持农民专业合作组织开展信息、技术、培训、质量标准与认证、市场营销等服务。各省、自治区、直辖市开通整车运输鲜活农产品的绿色通道，降低或免交车辆通行费，实现省际互通。对农产品仓储设施建设用地按工业用地对待。进一步完善促进我国优势农产品出口的政策措施。外贸发展基金要向促进农产品出口倾斜，主要用于支持企业研发新产品新技术、开拓国际市场、参与国际认证等，扶持出口生产基地。三是调整农业结构。实施优势农产品区域布局规划。建设特色农业标准化示范基地。全面实施"无公害食品行动计划"。进一步完善农产品的检验检测、安全监测及质量认证体系，推行农产品原产地标记制度，开展农业投入品强制性产品认证。整合特色农产品品牌，支持做大做强名牌产品。扩大畜禽良种补贴规模。安排专项投入支持标准化畜禽小区建设试点。制定动物防疫体系建设规划。动物检疫监督机构的人员经费和工作经费全额纳入各级财政预算。

扩大优质水产品养殖，发展远洋渔业。四是推进农业产业化经营。各级财政安排支持农业产业化发展的专项资金。对符合条件的龙头企业的技改贷款，可给予财政贴息；对龙头企业为农户提供培训、营销服务，以及研发引进新品种新技术、开展基地建设和污染治理等，可给予财政补助。完善农产品加工的增值税政策。对农民专业合作组织及其所办加工、流通实体适当减免有关税费。加快立法进程，建立农民合作组织发展的信贷、财税和登记等制度。培育龙头企业和企业集群示范基地。

第二，加大扶贫开发工作力度。一是推进扶贫开发。安排必要的财政资金，鼓励、支持贫困农户投工投劳，开展农田、水利、公路等方面的基础设施建设。安排优惠的扶贫专款贴息贷款和制定优惠政策，重点帮助贫困地区、贫困农户以市场为导向，发展种植业、养殖业以及相应的加工业项目。开展农业先进实用的技术培训，提高贫困农户的科技文化素质，增强他们的自我发展能力。扶贫开发与水土保持、环境保护、生态建设相结合，实施可持续发展战略，增强贫困地区、贫困农户的发展后劲。创新扶贫方式，整村推进扶贫开发，支持易地扶贫、龙头企业带动扶贫、联手扶贫和劳动力转移扶贫。二是推进西部地区开发。增加资金投入、改善投资环境、扩大对外对内开放，以及出台吸引人才和发展科技教育等系列政策。

第三，改善新农村建设物质条件。一是改善农业生产条件。大力加强农田水利、基本农田和生态建设，重点抓好小型灌区节水改造、雨水集蓄利用等小型农田水利工程建设和管理，提高农业综合生产能力。二是加大人居环境治理力度。加大力度改善农村人畜饮水困难，优先解决高度缺水、饮用污染水村寨的人畜饮水问题。进一步抓好农村改圈、改厕、改厨工作，全力打造良好的生活环境。三是搞好村庄规划。按照村容整洁的要求，采取不同的新建、扩建、改建措施，保护有历史文化价值的古村落和古民宅，杜绝大拆大建，加重农民负担，破坏历史文化风貌。

第四，大力推进农村公用事业发展。一是发展农村义务教育。完善"两免一补"。巩固"两基"。建设农村中小学现代远程教育工程。建立健全农村义务教育经费保障机制。加大城镇教师支援农村教育的力度。二是发展农村卫生事业。通过提高补助标准，在全国农村基本普及新型农村合作医疗制度。加强乡镇卫生院建设。建立乡村医生补助制度。增加农村卫生人才培养的经费预算。三是发展农村文化事业。加强县文化馆、图书馆和乡镇文化站、村文化室等公共文化设施建设。建设广播电视"村村通"、农村电影放映工程、文化信息资源共享工程农村基层服务点和农民体育健身工程。扶持业余文化队伍建设。实施公民道德建设工程,开展和谐家庭、村组、村镇创建活动。四是发展农村社会保障事业。建立"五保户"供养、特困户生活救助、灾民补助等社会救助体系以及农村社会养老保险制度、农村最低生活保障制度。完善军烈属优抚制度。五是加强农村计划生育工作。推行农村部分计划生育家庭奖励扶助制度试点。实施西部地区计划生育"少生快富"扶贫工程。①

第四节
积极推动农民工市民化

新型城镇化的核心是人的城镇化,有序推进农业转移人口市民化是实施新型城镇化的战略任务。农业转移人口主要是农民工及其家属,也可以说是有序推进农民工市民化。

一、农民工市民化的必要性和现实意义

(一)农民工市民化是增加农民收入的主要途径

现阶段,我国已把增加农民收入作为农村工作的基本目标,但农村劳动力过多,人均支配的土地资源太少,劳动生产率提高缓慢,导致农民增收效果不明显,农村存在着大量的剩余劳动力,而现阶段乡镇企业又不可能更有效地吸收大量的剩

---

① 《农村政策知识》,https://wenku.baidu.com/view/9c930e001eb91a37f0115c38.html。

余劳动力。这种情况下，剩余劳动力的根本出路在于向城市转移，变农民工为市民。这样，一方面能使从土地中转移出来的劳动力依靠城市非农产业增加收入，另一方面又能通过大幅度减少从事农业的农民数量，把闲置的土地资源适度集中到从事农业的农民手中，以提高农业劳动力人均土地资源占有量，而留在农业中的劳动力则通过农业生产活动的专业化、规模化提高劳动生产率，带来更多的收入。所以，依靠农民工市民化增加农民收入是我国发展的出路之一。

（二）农民工市民化有利于促进实现农业现代化

当前，我国现代化建设的根本性问题仍然是农民问题，而农业现代化是解决农民问题的直接出路。实施新型城镇化战略，加快农民工市民化，又是加快实现农业现代化，乃至整个社会现代化的关键。只有把大多数农民从土地上解放出来，让他们在城镇中获得稳定的职业收入，才有条件实现农业的集约经营和规模经营，农业才有可能发展成为现代化产业。因此，在现代化建设进程中，同步推进工业化、城市化和农民工市民化，有利于提高城市建设的质量和水平，以及加快城市化进程；有利于引导农村劳动力进一步向城市转移，促进农业现代化；有利于提高人口整体素质，促进社会文明；有利于破除城乡二元结构，缩小城乡差别，加快社会转型。

（三）农民工市民化有利于促进社会稳定和国家长治久安

一方面进城的农民工没有城市户口，没有真正享受到城市的待遇，无法融入社会，成为城市里的边缘人，生活在城市社会的底层，而城市里贫富差距又大，因而农民工难免心理不平衡，造成很大的不稳定因素。另一方面农村劳动力过剩又找不到出路的话，可能会造成部分农民游手好闲、赌博、打群架，甚至形成帮派、结伙打劫、入室偷盗、充当车匪路霸，造成农村社会不稳定。我国正处于艰难的社会转型时期，各方面矛盾都比较突出，再加上贫富差距的不断扩大，人民对公平、共同富裕的要求更加强烈。如果不能妥善处理农民工市民化问题，不能从根本上解决由于城乡二元户籍制度引起的就业、养老、医疗、住房等方面的不公平问题，必然引起人们对社会公平、平等问题的争议，也必然会进一步增加社会的不稳定因素。因此，只有进一步推进农民工市民化，才能创造和谐融洽的社会环境，构建社会主义和谐社会。

二、农民工市民化发展现状

农民工是我国改革开放和工业化、城镇化快速发展进程中成长起来的新型劳动大军。近年来，农民工转移就业规模持续扩大，已成为我国产业工人的主体力量。根据人力资源和社会保障部发布的数据，截至2016年末，全国农民工总量为2.82亿人，其中外出农民工为1.69亿人。与此同时，农民工工资收入大幅增加，参加社会保险人数增长较快，劳动保障权益维护力度显著加强，享受基本公共服务范围逐步扩大，关心关爱农民工的社会氛围已经形成。但是，受城乡分割的户籍制度影响，被统计为城镇人口的广大农民工及其随迁家属未能在城镇落户，在子女教育、医疗卫生、住房保障等方面未能平等享受城镇基本公共服务，大量农民工及其随迁家属难以融入城市社会，农民工市民化进程滞后。

三、推进农民工市民化的政策措施

党的十八大和十八届三中全会明确提出，要有序推进农业转移人口市民化，努力实现城镇基本公共服务常住人口全覆盖。在中央城镇化工作会议上，习近平总书记指出，解决好人的问题是推进新型城镇化的关键。从目前我国城镇化发展要求来看，主要任务是解决已经转移到城镇就业的农业转移人口落户问题，努力提高农民工融入城镇的素质和能力。李克强总理提出，到2020年，重点解决好"三个1亿人"的工作目标，也就是约1亿农业转移人口落户城镇、约1亿人口的城镇棚户区和城中村改造、约1亿人口在中西部地区的城镇化，这大部分包括了农民工及其家属。

中国的农民工规模之大、涉及面之广、情况之复杂，在世界范围内前所未有。有序推进农民工市民化，不仅是需要继续深入研究的理论问题，更是新型城镇化中的重大社会实践问题。

农民工发展是一个历史过程。在解决农民工市民化的问题时，胆子要大、步子要稳、鼓励探索、分步推进、成熟先行。有序推进农民工市民化，要敢于冲破思想观念的障碍，突破利益固化的藩篱，让农民工融入企业，子女融入学校，家庭融入社区，群体融入城市，农民工尤其是新生代农民工充分发展之时，也是走中国特色新型城镇化道路取得更大成效之日。从目前来看，推进农民工市民化主要有两个线索同步推进：一个是户籍制度的改革，主要解决1亿农民工落户的问题，确保落户后的农民工和市民同城同待遇；二是推进居住证制度改革，因为到2020年可能还会有2亿左右的农业转移人口没有落户，要通过实施居住证制度，提供相应的基本公共服务。

具体来看，在教育方面，我国各地政府将逐步把常住人口全部纳入区域教育发展规划，创造条件使所有符合当地政府规定条件的随迁子女顺利入学，接受良好的义务教育。同时，指导各地政府把专项奖励资金重点用于以接收随迁子女为主的公办学校和合格的民办学校，扩大公办学校的容量，鼓励社会力量办学。在医疗方面，全国的新农合信息系统正在逐步完善，定点医疗机构即时结报的工作和农民工新农合"一卡通"的试点工作在全国快速推进。

第五节
改革农村土地制度

土地作为生产要素之一，不仅是一种重要的资源，而且还是重要的资产和资本。中共中央十八届五中全会通过的《中共中央关于制定国民经济和社会发展第十三个五年规划的建议》明确提出，要优化劳动力、资本、土地、技术、管理等要素配置，激发创新创业活力，推动大众创业、万众创新，释放新需求，创造新供给，推动新技术、新产业、新业态蓬勃发展，加快实现发展动力转换。在城乡二元土地制度下，改革现行土地供给制度，特别是农村土地制度，是推进供给侧结构性改革的重要内容，也是释放新需求、创造有效总供给的重要手段。

一、现行农村土地制度导致土地资源配置效率低下

在我国城乡二元土地制度下，国有土地和农村集体土地在两类权属下、两个市场上运行。农村集体土地的主体虚位、权属模糊、监管不力，导致农用地被恶性占用和低效利用、农村建设用地难以与国有建设用地"同地同权"、农民宅基地用益物权不保与隐性流转同时并存。

1. 在农用承包地方面，四大流转问题约束了土地职能的充分发挥

农用地是国家粮食安全的基本前提，也是农民增收最为重要的资本，发挥着保障国家粮食安全、促进农民增收的双重职能。当前，农村耕地流转的规模不断扩大，截至2015年底，以出租、互换、转包、转让、入股、代耕、反租倒包等形式，全国家庭承包经营的农村土地流转面积高达4.43亿亩，占承包经营的农村土地总数的33.3%，流转土地向家庭农场、农民专业合作社、农业专业大户和农业专业企业等各类新型经营主体集中。然而，在现有的土地流转制度框架下，农用地流转方面存在以下四个方面的问题，阻碍了土地职能的充分发挥。

一是农用地流转的规模问题。不少地区存在不顾实际，片面追求流转规模的现象。规模问题的核心是如何选择土地产出率和劳动生产率的平衡点。一方面，土地经营权流转和经营规模要与农业劳动力和人口流出程度相适应，并不是越大越好；另一方面，土地经营权流转和经营规模要兼顾效率与公平、发展与稳定。

二是农用地流转的速度问题。有些地区存在片面追求流转率，靠行政命令下指标、赶速度，甚至违背农民意愿、损害农民利益的现象。农民是土地流转的主体，是否流转、如何定价、选择什么形式等问题的决策权都应在农民手中。土地流转的增速，从2009年最高的50%持续下滑，2014年土地流转的增速已不到20%。另外，以出租形式流转的土地占比最高，2014年达到46.6%，且以出租方式流转的土地面积增长率较高，相比2013年增长了23.8%。

三是农用地流转的用途问题。有的地方出现了工商企业"跑马圈地"，擅自改变农地用途，在农地上盖房子，建厂子，搞旅游度假村、高尔夫球场、别墅、私人

会所的问题。

四是农用地流转的流程问题。在土地流转的实际操作中，违反流转程序的问题也比较突出，有的私下交易，有的"整村推进"，再加上流转市场机制不健全、信息不对称或合同签订不规范、纠纷调处不及时等问题的存在，致使农民的合法权益得不到有效保护。

虽然2014年流转土地中签订合同的比例达到66.7%，但仍有近35%的农民是依据口头协议完成土地流转的，缺乏规范的流转中介服务和法律服务。土地流转融资渠道单一，在中国农业发展银行、中国农业银行、农村信用社和中国邮政储蓄银行中，只有农村信用社可以为农民提供土地流转金融服务，但由于其信用资金采用封闭式管理，因此农户很难获得相应的融资。

2. 在集体建设用地方面，四个紧箍咒束缚了土地供给

集体建设用地是工业化和城镇化进程中所需土地的主要来源，但由于自然禀赋、土地制度、建设用地指标和地方政府四个方面的约束，使土地城镇化大大快于人口城镇化，土地供给依然存在瓶颈。在自然禀赋的约束下，我国适合搞建设的土地只有不到20%。我国土地制度对土地供给的约束有两重作用：一是严格控制耕地转建设用地，占用耕地必须经上级政府乃至国务院的审批。这就意味着，在不到20%适合搞建设的土地中，有超过80%的耕地是不能利用的，能用于建设的土地只有20%中的20%的存量建设用地。二是城乡二元土地制度，即城市土地是国有，农村土地是集体所有，建设用地指标是市场上增量土地的供应，基本掌握在地方政府手中，由地方政府通过征地和土地储备进行供给运作，但供应建设用地的数量受到中央政府土地利用总体规划和建设用地指标的严格控制。在中央建设用地指标的约束下，随着土地征收成本不断上升、土地储备日益有限，地方政府必然采取控制土地供应量的"饥饿式"供应模式，结果极大地提高了土地价格。

二、我国农村土地制度改革的国内实践经验

近年来，我国农村在加快城乡一体化，促进农业现代化及农村土地制度改革等方面，出现了一些新的典型，创造了新鲜经验，比较突出的有四个典型，值得关

注：四川成都城乡一体化的探索，重庆地票市场的探索，河南新乡市工业小区、农业园区和新型农村社区相结合发展的探索，以及浙江嘉兴对土地确权颁证、促进农村耕地流转和村庄布局调整的探索。这四个探索，有着非常重要的启示。

1. 四川成都城乡一体化

党的十七届三中全会提出要把加快形成城乡经济社会发展一体化新格局作为新形势下推进农村改革发展的根本要求，成都从实际出发，因地制宜，积极探索城乡一体化发展新路子，又有新发展，特别是在城乡社会管理一体化和城乡要素市场一体化方面，有创新。成都推动城市的各个社区管理和郊区农村的社区管理实现一体化，不是像现在其他一些地方，城市一套机构，农村一套机构，成都的城乡已经完全打通了，实现统一的管理，农村和城市居民享有同等的权益，这个探索非常宝贵。在要素市场上，已经实现了城乡之间各类生产要素双向的自由流动。在郊区，我们能看到市区的居民租农民的房子搞农家乐旅游，农民则跑到城里租一个门面搞小商店，发展服务业。到周末，城市的居民开车到农村去休闲，农民和市民一块聊天喝茶。这是全国城乡，特别是中西部城乡农民和市民相处最融洽的场景。都江堰地震的时候，房子倒塌了，国家一户只给2万元补贴，靠这个钱把房子盖起来很困难，当地人申请了一个特殊的政策，经国土资源部批准，村委会许可，在农民的宅基地上实行联合共建，吸引市民到农民的宅基地上投资，盖两个别墅，一个别墅送给农民，另一个别墅归城市居民度假时使用，城市居民不来的时候，房子可以用来经营。农民的房子建设水平一下子跨越20年，别墅里面设施齐备，环境优美。这个突破有着典型的示范意义。

2. 重庆地票市场

重庆地票市场是在学习成都的基础上有所创新，发展了七八年，某些方面甚至超过了成都。这个地票市场实际上是利用重庆市郊区分散的建设用地资源，使其价值化、商品化。这些建设用地经过整理以后，经国土部门丈量，如是新增的耕地，就发给农民一张地票，农民可以拿着这张地票到市政府的地票市场上进行交易，这个地票市场设在市政府旁边，需要土地的工商业投资者会到这个地票市场买地，价格是由市场确定的。买了地以后，由城市的规划部门负责调节用地。地票市场运行

4年，取得了四大成效：第一，农民把自己分散的建设用地，包括他们的宅基地等，整理起来，变成了现金收入，一共有200多亿元的地票出让收入装进了农民的口袋；第二，由于形成了土地的价格，银行可以以每亩抵押20万元来发放贷款，农民通过土地抵押已经拿到了50多亿元的贷款，支持了经济发展；第三，满足了重庆市对建设用地的需求；第四，增加了耕地，耕地面积不是减少了，而是增加了，增加了几万亩耕地。

3. 河南新乡就地城镇化

新乡是把农村的工业小区、农业园区和新型农民社区三区结合在一起，用吸引的方式，而不是强迫的方式，引导农村的居民到新社区居住。农民可以成本价买房子，前提条件是把宅基地交出来，交出来的宅基地的占地面积大于新区的占地面积，由政府给开发商一定的城郊土地搞商业开发，赚来的钱补贴农村社区的建设。实际上就在一个县域的范围内，以县城、小城镇和农村社区这三个层次为主，实现了就地城镇化。农民不需要跑几千里地，到大城市去打工，就地就可以向非农产业转移，过上现代化的城市生活。住到现代化的城镇住宅里，也可以去种地，搞规模化经营，在一个县域范围内形成半小时生活圈。新乡的探索走出了一条新型的、具有中国特色的城镇化路子，在中西部地区具有典型意义。

4. 浙江嘉兴土地确权颁证

嘉兴对土地，包括宅基地、耕地、林地在内，实行确权颁证，把农民对土地用益物权用一张证固定下来，有法律效力，可以推动农村土地向种粮大户集中，发展农业现代化。另外，农村宅基地集中后，可以统一提供公共服务，改善居住条件，增加耕地面积。土地确权颁证之前，城乡居民收入比是3.8∶1，确权颁证之后降为1.8∶1。农民宅基地、耕地的物权可以成为财产性收入。

三、推进农村土地制度改革的主要路径

推进农村土地制度改革，需要按照"发挥市场在资源配置中的决定性作用和更好发挥政府作用"的总体要求，根据需求结构的变化，创新土地制度，优化土地供应结构，提高土地资源配置效率，促进供给侧结构性改革，保障经济的持续健康发

展和转型升级。主要包括通过农村土地的确权颁证,鼓励承包地经营权向合作社、农业公司、家庭农场集中,为扩大土地经营规模,发展集约化、现代化农业创造条件。通过进城落户农民退出宅基地,推进新农村建设和农民工市民化。

(1) 完善土地征收制度。当前,土地征收存在的问题主要是征地范围过大、程序不够规范、被征地农民保障机制不完善等。实际上,党的十七届三中全会已经指出了征地制度改革的方向,即"严格界定公益性和经营性建设用地,逐步缩小征地范围,完善征地补偿机制"。应规范土地征收程序,建立社会稳定风险评估制度,健全矛盾纠纷调处机制,全面公开土地征收信息。完善对被征地农民实施的合理、规范、多元保障机制。尊重农民的主体性,使被征地农民能够参与征地决策。设立中立的土地纠纷裁决机构,确保征地纠纷能得到公正的裁判。

(2) 农村集体经营性建设用地制度改革的关键是在符合规划、用途管制和依法取得的前提下,建立可以出让、租赁、入股制度,并完善入市交易规则、服务监管制度和土地增值收益的合理分配机制。

(3) 农村宅基地制度改革的关键是在保障农户依法取得宅基地用益物权的基础上,探索农民住房保障新机制,探索宅基地有偿使用制度和自愿有偿退出机制,探索农民住房财产权抵押、担保、转让的有效途径。宅基地约占农村建设用地的3/4,潜力远超集体经营性建设用地,但因其涉及如何处理宅基地福利功能与财产功能、保障功能与要素功能的关系,因此改革应更审慎。国土资源部于2015年6月下旬批准了15个县(市)宅基地试点改革方案,目前各试点正在扎实开展相关准备。从前期工作看,一是要慎重确定宅基地转让和出租范围,既不能给农村社会结构带来颠覆性破坏,又要能有效扩大农民财产性收入渠道,有利于人口流动,促进就地城镇化。二是积极探索农民住房保障的多种实现形式,在农民工市民化过程中兼顾当前实际和发展需要,在用地紧缺地区优先落实"户有所居",同时支持农民住房的改善性需求。三是稳妥推进农村宅基地有偿使用,充分尊重农民的意愿,逐步扩大有偿使用范围,推进宅基地节约集约利用,促进城乡要素平等交换。四是同步推进农民住房财产权抵押和农村宅基地使用权抵押,妥善处理宅基地的福利保障功能与金融机构商业化运作之间的关系,探索集体经济组织担保、多户联保、地方政府担保等多种途径，既保障农民基本住房权利，又化解宅基地抵押权实现的风险。五是推进闲置宅基地统筹利用，吸取城乡建设用地增减挂钩和"地票"两种模式的长处，完善和拓展节余用地指标统筹使用范围，建立农民共享开发收益的机制，推动形成城乡统一的建设用地市场。

有人担心农村土地制度改革会冲击18亿亩耕地红线，但世界各国的历史证明，在城市化过程中，各个国家的耕地面积都是增加的。我国农村宅基地占地17万平方公里，合2.5亿亩。农村人均占有的建设用地是城市人均占有的建设用地的3倍多。随着农村人口的减少和城市人口的增加，配套实施城乡建设用地占补平衡的政策，我国的耕地面积有可能增加1亿亩以上。如此连环套式地整体推进改革，必将激发出巨大的需求潜力，成为未来十几年拉动经济增长的强大动力，并将迅速缩小城乡发展差距，从而使我国顺利跨越中等收入区间，到2022年前后使人均GDP达到1.2万美元以上，进入高收入国家行列。2021年是中国共产党成立100周年。我们党用100年的时间，把一个半封建半殖民地的旧中国带入一个高收入国家，这将是中国共产党对人类社会作出的最大贡献！

第九章
促进区域协调发展的体制和政策

党的十六届六中全会通过的《中共中央关于构建社会主义和谐社会若干重大问题的决定》，重申了关于促进区域协调发展的方针，从实现社会和谐的要求出发，对如何落实区域发展总体战略，推动各地区共同发展作出了重要部署。认真贯彻落实这些部署，才能确保到2020年实现区域发展差距扩大的趋势逐步扭转的战略目标，为全面建设小康社会作出贡献。

促进区域协调发展，是在实践中不断完善的正确的发展战略。经过多年努力探索，我们初步形成了各有侧重的区域发展战略：西部大开发，振兴东北地区等老工业基地，促进中部地区崛起，鼓励东部地区率先发展，实现相互促进、共同发展。这是对多年来我们党在区域发展战略上的不懈探索所作出的科学总结。推动各地区共同发展，是邓小平关于"两个大局"战略构想的核心。在当前及未来的发展中，要继续深入实施区域发展总体战略，完善并创新区域政策。

第一节
沿海地区率先发展和开放型经济

我国通过设立经济特区、沿海开放城市等措施扩大对外开放，形成了从南到北、由东向西、沿海、沿江、沿边、沿线等全方位、多层次、宽领域的对外开放格局，开放型经济迅速发展。

一、沿海地区对外开放的提出

20世纪70年代末80年代初，我国实行改革开放政策，对外开放迅速扩大。邓小平以无产阶级革命家的胆略和气魄，提出了兴办经济特区，开放14个沿海城市，允许一部分人和一部分地区通过诚实劳动和合法经营先富起来的主张。从建立经济特区、开放沿海城市，到开辟沿海经济开发区，带动了全国的对外开放。邓小平提出：沿海地区加快对外开放，较快地先发展起来，内地要顾全这个大局；沿海地区发展到一定时期，要拿出更多的力量帮助内地发展，沿海地区也要顾全这个大局。邓小平提出的这个战略构想，集中体现了走共同富裕的社会主义道路的思想和全国一盘棋的原则。无论是部分地区率先发展，还是先富帮后富，目的都是为了实现全国各地区的共同发展，实现共同富裕的目标。

20世纪90年代，我国要实行全方位对外开放，进一步提高我国的整体开放程度，加大我国引进外来资金、技术、人才和管理经验的力度，进一步密切我国与世界经济的联系。但由于各自的条件不同，沿海、沿边和内陆的对外开放情况有所差别。接临海洋、靠近世界环球航道、对外开放起步较早、外向型经济发达、现代工业力量雄厚等特点决定了沿海地区是我国对外开放的重心。我国的对外开放是在实践中沿着沿海、沿边、内陆、特区和保税区、经济技术开发区、开放城市、一般地区这样的顺序逐步推进的。在外资投向的引导上采取了许多地区倾斜政策。进入20世纪90年代后，随着上海浦东地区沿江、沿边、沿主要交通干线对外开放的展开，内陆地区的开放程度明显得到了提高，形成了多元化、全方位、宽领域对外开放的格局。沿海地区率先发展起来，对全国的发展起到了极大的激励和带动作用。

二、沿海地区发展特色

沿海地区工业化已进入中后期阶段。随着长三角、珠三角、环渤海地区和京津冀地区的发展，其集聚生产要素、吸纳就业人口的能力进一步提高。因此，沿海地区仍将是吸纳农村富余劳动力就业的主要地区，人口的集中度将进一步提高。这里的关键是，要把提高城市的综合承载能力，特别是对人口的承载能力作为城市发展的重点，而不是过分地追求宽马路、大广场、绿地、喷水池等豪华设施。改革以来的经验证明，哪个城市能够大量吸纳外来劳动力就业，哪个城市的发展就有活力，就能够保持较强的总体竞争力。

推动各地区共同发展，关键在于各个地区要从本地的资源和优势出发，发展特色经济，改变长期以来存在的地区产业结构雷同，大而全、小而全的状况。要围绕优势特色经济，发展专业化分工，形成大中小企业互相依存、上下游产业紧密连接的产业集群，从生产、购销、运输、科研、教育、信息等方面形成配套的、良好的产业发展环境，提高整体竞争力。各地应通过培育这种各具特色的产业集群，带动地区经济发展，形成分工合理、特色明显、优势互补的区域产业结构。

三、建立开放型经济体制

我国对外经济战略的目标是建立开放型经济体制。为此，必须改革和完善对外开放政策，积极引进国外的资金、技术、人才和先进的管理经验，引导向高层次、宽领域、纵深化方向发展。我国对外开放在一段时间内采取经济特区、沿海开放城市、沿海开放地带，以及沿边、沿江和内陆中心城市的区域推进战略，取得了积极的成果。积极参与经济全球化，发展开放型经济，需要打造在亚洲乃至全球经济中具有影响力和较强竞争力的国际性大都市。经过近40年的改革开放，我国沿海地区开放程度和国际化程度较高的一些特大城市，已经具备进一步发展成为国际化大都市的良好条件。要重点培育发展沿海地区现有的基础较好、开放程度高、辐射范围广的特大型城市，使之发展成为具有较强影响力和竞争力的国际性大都市，成为中国发展开放型经济、参与经济全球化的桥头堡。在新的国际经济形势下，积极发展开放型经济，进一步提高我国对外开放的广度和深度，是我国建立社会主义市场经济体制、加快现代化建设步伐的必然选择。

回顾十一届三中全会以来我国经济建设的历史进程，可以看出对外开放是深化改革和加快发展的助推器。对外开放不仅为我国的商品和劳务拓展了宽阔的国际市场，为我国的经济建设引入了急需的资金、技术和先进的管理经验，而且开阔了人们的视野，加速了改革的进程。

第二节
中部地区崛起和产业升级

中部地区崛起问题酝酿已久，正式写入中央文件是在 2004 年。党的十六届四中全会通过的《中共中央关于加强党的执政能力建设的决定》明确提出要"促进中部地区崛起"，支持中部地区发挥承东启西和产业发展优势，抓好粮食主产区建设，发展能源和制造业，加强基础设施建设，加快建立现代市场体系。2012 年 8 月 27 日，《国务院关于大力实施促进中部地区崛起战略的若干意见》（国发〔2012〕43 号）正式出台。《意见》指出要坚持以科学发展为主题，以加快转变发展方式为主线，以扩大内需为战略基点，以深化改革开放为动力，更加注重转型发展，加快经济结构优化升级，提高发展质量和水平。2016 年 12 月 17 日，国务院批复同意《促进中部地区崛起"十三五"规划》，这是党中央、国务院进一步加快中部地区崛起步伐，实现全面建成小康社会的重大战略部署。"十三五"时期是中部地区实现加速崛起、全面崛起的关键时期。

一、中部经济快速发展的条件已经成熟

中部地区包括山西、安徽、江西、河南、湖北、湖南六省，截至 2015 年底人口达到 3.65 亿人，占全国总人口的 26.5%。六省自然条件、经济发展水平、面临的问题大体相同。中部地区具有明显的区位优势和丰富资源，是全国的粮食主产区和能源、有色金属、机械、食品工业基地。概括起来这六个省加快经济发展有三个方面的有利条件。

（一）明显的区位优势

中部地区位于中国的中部，交通发达、承东启西、贯通南北、人口密集。古时

候讲,"得中原者得天下"。从古代、近代到现代,中部地区的经济在全国都具有举足轻重的作用。中部地区的现代化在某种程度上决定着中国现代化的命运。如果中部地区能够像沿海地区一样走上加速工业化、现代化的道路,就能对全面实现小康社会的目标,进而基本实现现代化作出重大贡献。

(二)比较好的经济基础

改革开放以来,中部地区的交通条件有了很大的改善,工农业生产有了很大的发展,居民收入有了较大幅度的提高,经济基础条件比较好,已经具备了实现经济腾飞的基本条件。

(三)发展的软环境有了很大改善

经过30多年的改革开放,中部地区的经济体制、政策环境有了很大改善。沿海地区的率先发展,对中部地区产生了巨大的激励效应。中部地区人民产生了加快脱贫致富的强烈愿望,这是中部崛起最强大的动力源泉。

二、中部地区经济腾飞要以工业化为突破口

加快农村工业化和城镇化是我国"十五"计划纲要提出的两大发展战略。这是经过长期实践和反复讨论才形成的正确认识。中部六省都是农业大省,农村劳动力占整个劳动力的绝大部分。从中部各省的省情出发,发展经济必须把推进农村工业化,加快农村劳动力从第一产业向第二、第三产业转移作为根本任务。与沿海地区相比,中部地区农业具有优势。人均粮食占有量高于全国平均水平,是粮食主产区和商品粮调出区。要想加快中部地区的发展,首先就是要加快工业的发展,加快农村工业化的步伐。要想建立发达的农业,首先必须要建立发达的工业,通过建立发达的工业来支持农业的发展,支持农业的现代化。中部六省要想成为农业强省,应当先成为工业强省。

国务院批复同意《促进中部地区崛起"十三五"规划》提出的把中部地区打造成先进制造业走廊。《规划》明确提出,支持在长江沿线和京广铁路沿线地区率

先打造形成具有全球影响力的先进制造业走廊，大力推进武汉城市圈、长株潭城市群、中原城市群等重点区域战略性新兴产业发展，研究建立泛长株潭等工业制造重点示范基地。同时，《规划》确定了一批重点新兴产业集群培育工程，"十三五"期间将以武汉、南昌为中心发展光电子产业，以合肥、芜湖、武汉为中心积极打造平板显示产业链，支持武汉、合肥建设存储器产业基地，支持郑州建设智能终端产业基地。为推进新能源汽车产业发展，"十三五"期间将打造郑州、合肥、芜湖、武汉、南昌、长沙等新能源汽车生产基地；为做强先进轨道交通装备产业，将依托株洲、湘潭、郑州、洛阳、太原、大同、合肥、马鞍山等地产业基础，研发新一代绿色智能、高速重载轨道交通装备系统，建立世界领先的现代轨道交通产业体系；为加快航空航天产业发展，"十三五"期间将支持南昌、景德镇建设国家航空产业基地，大力发展飞机设计与制造，提升航空制造业专业化发展能力，同时支持武汉建设国家航天产业基地，郑州、长沙、信阳建设北斗导航产业基地。

三、大力发展非国有经济

国务院制定了鼓励、支持非公有制经济发展的政策性文件。按照各类所有制经济平等竞争的原则，将放宽非国有经济进入的领域，包括垄断性行业，公共基础设施、教育、卫生、文化等社会事业，军工行业，地方性小型商业银行和合作性金融机构，并进行国有企业的重组等，这将为民营经济的发展提供新的机遇。沿海地区和中部地区在民营经济发展上的差距，主要是政策环境上的差距。中部地区应抓住机遇，为加快发展民营经济创造良好的环境。

要采取放水养鱼的政策，鼓励民营经济的发展。通过政府提供贷款贴息，建立贷款担保机构等办法，切实解决小企业融资难的问题。在税收、用地、项目审批、咨询服务等方面，对民营企业和国有企业要一视同仁。要鼓励农民成为创业的主体，成为市场的主体。农民中间潜藏着巨大的发展积极性，有着巨大的发展潜力。要关心和扶持农民企业家的成长，以带动更多的农民发展致富。

四、加快城市群建设发展

国家发展改革委正式发布的《促进中部地区崛起"十三五"规划》提出，要发展壮大中原城市群、长江中游城市群、皖江城市带、山西中部城市群,健全功能完备、布局合理的城镇体系,形成经济充满活力、生活品质优良、生态环境优美的新型城市群。同时,将推动城市群内城际铁路建设,鼓励在有条件的情况下充分利用既有铁路线路开行城际或市域(郊)列车,建立中心城市 1 小时通勤圈。《规划》明确了"城市群壮大计划",内容包括:

长江中游城市群。推动武汉城市圈、长株潭城市群、环鄱阳湖城市群大力实施创新驱动发展战略,加快建立现代产业体系,提升城市群综合实力和竞争力,建设具有全球影响力的现代产业基地和全国重要创新基地,打造生态文明和绿色城镇化样板。

中原城市群。立足区位交通等优势,建设全国重要的先进制造业、现代服务业基地和现代综合交通枢纽,打造新亚欧大陆桥经济走廊极具发展活力的核心地带。

皖江城市带。加快融入长三角城市群,进一步承接产业转移,建设产业实力雄厚、资源利用集约、生态环境优美、人民生活富裕、全面协调可持续发展的示范区。

山西中部城市群。强化太原的城市功能,推进"太原—晋中"同城化发展,加快传统产业转型升级,建设全国资源型经济转型示范区和重要的制造业、文化旅游业基地。

第三节
西部沿边开放和特色产业发展

到 20 世纪 90 年代中期,随着沿海地区与内地发展差距的拉大,党中央适时提出并实施了西部大开发战略。2000 年党的十五届五中全会通过的《中共中央关于制定国民经济和社会发展第十个五年计划的建议》提出了西部开发的重点,国家加大了对基础设施、生态工程、特色经济和科技教育等方面的支持力度，西部经济发展速度明显加快。地区经济的协调发展需要进一步扩大对外开放。18年后，曾经落后、欠发达的西部地区，已经成为当下中国经济增长的中坚力量。"十三五"时期是我国全面建成小康社会的决胜阶段，创新、协调、绿色、开放、共享五大发展理念，赋予了西部大开发新的定位与使命。中国扩大对外开放的最大潜力在西部，拓展开放型经济广度和深度的主攻方向在西部。按照"十三五"规划纲要，在"一带一路"顶层设计的引领下，西部大开发有望进入全新阶段。

一、扩大沿边开放

扩大沿边开放要求我们优化西部对外开放的战略布局，构建对外开放新体制，完善对外开放政策体系，健全对外开放的合作机制，全面提升内陆开放和沿边开放水平。

沿边地区的对外开放要以向周边国家开放为重点，实行全方位开放，要以发展边境贸易为突破口，向全面经济技术合作领域推进。既要努力扩大对外贸易，又要积极引进外资，引进外国先进技术，拓宽经济合作领域。在地域分工上要"南北为主，东西跟进"，其中，北部以向俄罗斯、蒙古以及东欧国家开放为重点，外贸以农副土特产品及轻纺工业为主，经济技术合作方面要积极参与西伯利亚、远东地区的经济开发。西南面向东南亚、南亚，外贸要大力扩大机电产品出口，经济技术合作方面要以开发国际河流、森林、矿产资源以及发展旅游业为主。西部是中亚地区，要以开拓中亚市场和吸引石油资金为主。东部面向朝鲜半岛和日本，要充分发挥该地区各个国家在资源、劳动力、技术、资金等方面互补性大的优势，形成小区域内国际经济合作的热点。

在中西部地区兴办经济技术开发区主要应以创造良好的投资"小环境"来吸引外资。其优惠政策应调整为以产业优惠为主，形成新技术产业区，带动本地区经济发展。在长江沿岸和欧亚大陆桥沿线，重点进行能源、原材料、机械制造及交通运输业的开发。为扶持边远落后地区的经济发展，在扩大这些地区对外开放方面可以给予一些符合市场经济要求的国际通行的优惠政策。逐步取消对外商投资以地区区分的不同政策，按照产业政策引导外资投向，逐步开放国内市场。

二、继续加大对中西部地区的支持

为了构建社会主义和谐社会，促进区域协调发展，国家将在经济政策、资金投入和产业发展等方面，继续加大对中西部地区的支持，以增强欠发达地区自我发展的能力。

（一）逐步缩小地区间基本公共服务的差距

由于各个地区经济发展水平不同，政府可支配财力也拉开了差距。由于人均财政支出水平存在差距，使得中西部地区的基础设施和教育、卫生、文化等公共服务设施明显落后于东部地区。按照公共服务均等化原则，中央财政转移支付资金将重点用于中西部地区，尽快使中西部地区基础设施和公共服务落后的状况得以改变。实现基本公共服务均等化，是国家财政的基本职能，也是促进区域协调发展的首要任务。如果说缩小区域之间经济发展水平的差距在短期内尚难以做到，那么，缩小区域间公共服务的差距是应当做到而且能够做到的。基础设施主要包括交通、通信、供电、饮水安全等方面，公共服务主要包括义务教育、医疗卫生、社会保障、文化等方面，在这些基本公共服务领域保持全国各个地区大体相同的水平，才能真正体现出社会主义制度的优越性，体现出我们党执政为民和代表最大多数人利益的根本宗旨。

（二）加大对欠发达地区和困难地区的扶持

对经济欠发达地区特别是贫困地区，要动员全社会的力量，继续加大扶持力度。要根据这些地区的资源条件，有针对性地予以帮助，尽快使资源优势转化为经济优势。要坚持开发式扶贫方针，继续努力减少贫困人口。要通过开发式扶贫，提高贫困居民的自我发展能力，以稳定地解决贫困问题。对资源枯竭型城市经济转型，国家要重点予以扶持。要建立衰退产业援助机制，搞好棚户区改造和采煤沉陷区治理。要通过建立资源开发补偿机制，及早让资源型城市发展接续产业，实现产业和就业结构的平稳转换。

（三）加快革命老区、民族地区和边疆地区的发展

要加大财政转移支付力度和财政性投资力度，支持革命老区、民族地区和边疆地区的发展。要改善基础设施条件，保护好自然生态。积极普及义务教育，办好中心城市的民族初中班和高中班。建设少数民族民间传统文化社区，扶持少数民族出版事业，建立双语教学示范区。大力培养少数民族人才，稳定民族地区人才队伍。支持发展民族特色产业、民族特需产品和民族医药产业。对少数民族贫困问题要优先解决，积极扶持人口较少民族的经济社会发展，推进兴边富民行动。要继续实行支持西藏、新疆及新疆生产建设兵团发展的各项政策。

三、对接"一带一路"

"一带一路"倡议是我国主动应对全球形势深刻变化、统筹国际国内两个大局作出的重大战略部署，为西部地区跨越式发展提供了契机。"一带一路"倡议的实施，有利于西部建立开放型的经济体系，有利于西部发挥自有优势，实现自身的发展。"一带一路"倡议，为中国西部供给侧改革打开一扇新的大门。"一带一路"明确了我国向西开放的战略重点，陕西、甘肃、宁夏、青海、新疆、内蒙古、重庆等省、区、市由内陆腹地成为向西开放的前沿，肩负着向西推行"一带一路"的使命。

（一）加快构建现代化的交通物流新枢纽

随着"一带一路"的推进，我国同周边国家和地区的基础设施互联互通建设已初见成效。以铁路为主体，包括公路、航空、管道、通信和口岸设施在内的连接中国同中亚的交通走廊硬件设施已经初步建成。要进一步统筹推进西部地区的铁路、公路、航空、油气管道、城市轨道交通等多元化的运输手段的发展，逐步形成连接沿线国家和地区之间的基础设施网络，构建全方位、多层次、复合型的国际骨干通道网络。完善交通软硬件设施，积极推动面向中亚、西亚、南亚和欧洲的物流通

道、能源通道、信息通道建设。加快沿线港口城市合作，逐步构建主要港口城市的航线网络，在各港口城市之间形成航运物流带、港口合作带、临港产业带、旅游圈。

（二）扩大经贸合作

"一带一路"把中国西部的省份与东南亚、南亚、西亚的市场联系起来。共建"一带一路"，搭建开发开放型经济发展的重要平台，有利于中国西部地区更好地发挥区位、交通等优势，统筹利用国际国内两个市场、两种资源，充分集聚人流、物流、信息流、资金流，进一步释放开发开放和创新创造的活力。西部地区要与沿线国家和地区形成宽领域、深层次、高水平、全方位的经贸合作格局。扩大双向投资，拓展投资领域。按照优势互补、互利共赢的原则，加强在新一代信息技术、新能源、新材料、生物等新兴产业领域的深入合作。通过与沿线国家的主要交通节点地区合作建设跨境经济合作区等各类产业园区，实现区域内产业融合、资源互补。

（三）加强产业合作

西部地区资源丰富，能源、化工、建材、畜牧、农产品加工等都是优势产业，且产能富余，是与沿线国家进行合作的优势产业。以前的西部地区更多靠的是资源禀赋，引进技术，承接产业转移；现在，科技正在成为西部地区的发展动力。西部地区结合各自的特点，明晰各自的功能定位、产业布局、资源状况，积极寻找与沿线国家合作的契合点，促进与沿线国家的上下游产业链和关联产业协同发展。在煤炭、油气、金属矿产等传统能源资源勘探方面开发合作，在水能、核能、风能、太阳能等清洁、可再生能源合作方面加大力度，形成能源资源合作上下游一体化产业链。

第四节
东北如何构建经济新优势

东北地区多年来积累的体制机制问题尚未得到有效破解，产业与经济结构单一的问题仍较为突出，东北老工业基地发展面临新的困难和挑战。

东北地区发展的新旧动力转换尚未完成，接续产业对经济发展还不能形成有效支撑，导致一系列的结构性矛盾不断显现出来。东北地区的根本出路在于工业结构转型升级，提升装备制造业竞争力及尽快形成新产业增长点，使东北新生动力在经济结构调整升级中不断释放。

一、振兴东北的政策支持

针对东北地区等老工业基地在改革发展中面临的困难，2003年党的十六届三中全会通过的《中共中央关于完善社会主义市场经济体制若干问题的决定》提出：振兴东北地区等老工业基地的发展战略，国家帮助国有企业卸掉历史包袱，加快改革、改组、改造步伐，扩大劳动就业，支持资源枯竭型城市发展替代产业，老工业基地开始焕发新的生机。

20世纪90年代以前，东北地区是我国经济发达的地区同时也是我国最重要的工业基地，却随着改革开放的深入逐渐落后于东部沿海地区。

2003年10月，中共中央、国务院发布《中共中央国务院关于实施东北地区等老工业基地振兴战略的若干意见》，明确了实施振兴战略的指导思想、方针任务和政策措施，使东北地区的发展取得了一定的成绩。但是东北三省取得的成绩只是阶段性的，与发达地区相比差距还较大，并且面临着经济总量呈下降趋势、结构调整、深化国企改革等问题。

为贯彻落实《国务院关于近期支持东北振兴若干重大政策举措的意见》(国发〔2014〕28号)精神,应对东北经济不断加大的下行压力,推动东北老工业基地发展方式由主要依靠要素驱动向更多依靠创新驱动转变,健全区域创新体系,优化创新创业环境。2015年6月26日,国家发展改革委、科技部、人社部、中科院等四部委(院)联合印发了《关于促进东北老工业基地创新创业发展打造竞争新优势的实施意见》(发改振兴〔2015〕1488号)。《意见》提出六大方面24条具体实施意见,明确提出通过改革,推动调整国有资本的布局,完善企业治理模式和经营机制,真正确立企业市场的主体地位,提升国有企业创新效率,增强国有企业内在活力、市场竞争力、发展引领力,使国有企业成为东北老工业基地振兴的重要支撑力量,同时支持民营企业提高创新能力,使民营企业成为推动创新创业的重要力量。

为让东北地区再振兴,《中共中央国务院关于全面振兴东北地区等老工业基地的若干意见》于2016年4月26日对外发布。《意见》提出:到2020年,东北地区在重要领域和关键环节改革上取得重大成果,在此基础上,争取再用10年左右时间,实现全面振兴。《意见》指出,党中央、国务院于2003年作出实施东北地区等老工业基地振兴战略的重大决策。10多年来,东北老工业基地振兴取得明显成效,经济总量迈上新台阶,结构调整扎实推进,国有企业竞争力增强,重大装备研制走在全国前列,粮食综合生产能力显著提高。根据《意见》,到2030年,东北地区要成为全国重要的经济支撑带,具有国际竞争力的先进装备制造业基地和重大技术装备战略基地、国家新型原材料基地、现代农业生产基地和重要技术创新与研发基地。然而当前发展却面临市场化程度不高、国企活力不足、民营经济发展不充分、科技与经济发展融合不够、思想观念不够解放等问题,需靠全面深化改革来解决。2016年8月22日,《推进东北地区等老工业基地振兴三年滚动实施方案(2016—2018年)》印发,12月19日,《东北振兴"十三五"规划》印发。在支持政策密集出台的同时,东北地区等老工业基地自身的升级改造也在加速。

二、推进供给侧结构性改革是东北振兴的关键

《中共中央国务院关于全面振兴东北地区等老工业基地的若干意见》要求,到

2020年，东北地区在重要领域和关键环节改革上取得重大成果，转变经济发展方式和结构性改革取得重大进展。这表明东北振兴需要解决的是活力、结构、体制机制创新和可持续发展问题，只有通过供给侧结构性改革实现解决产业结构单一、产能过剩、企业负债率高等问题，才能提高经济发展质量和效益。

实现东北地区国有企业的产业转型升级。在国家发展改革全局中，东北振兴的战略地位被提升到了前所未有的新高度。应深入实施东北老工业基地振兴战略，全面做好稳增长、促改革、调结构、惠民生、防风险等各项工作。新一轮振兴发展还要靠实体经济。要重点抓好产业转型升级，形成具有持续竞争力和支撑力的工业体系，推动形成战略性新兴产业和传统制造业并驾齐驱、现代服务业和传统服务业相互促进、信息化和工业化深度融合、军民融合发展的结构新格局。国有经济比重高，工业基础雄厚，这是东北地区最大的优势。要通过建立现代企业制度，使国有企业蕴藏的巨大发展潜力释放出来。通过技术改造和体制改革，使老企业发展的活力不断增强。其他国有企业也应当能够通过改革、改组、改造焕发生机。要大力发展技术装备、优质钢材、石化、汽车、船舶和农副产品加工业，发展高技术产业。努力建设现代农业，建成优质粮食基地。推动东北地区在改革开放中实现振兴。

探索实现东北地区国有企业经营管理机制变革创新。东北地区国有企业大部分属于钢铁煤炭化工与机械制造等传统产业领域，东北地区国有企业改革发展面临着传统国有企业经营管理机制的改革与再造。应转变政府职能，建设法治政府和服务型政府，从管企业向管资本转变。要加快开放东北地区垄断行业准入，提升民营经济的活力，利用民营经济对市场把握准确的特点深化东北地区重工业与农业的产业链条，大力发展生产型服务业，在国有企业内部引进民间资本，实行混合所有制。

三、创新驱动促进转型升级

创新是一个国家和地区发展的不竭动力。应该看到，目前东北地区无论是科技投入，还是新产品的产出，在全国都处于较低水平。要走出经济困局，东北振兴必须从新思路、新模式、新机制上谋划对策，把基点放在创新上。应因地制宜地构建起新型的现代产业体系，加快产业层次向中高端迈进。积极营造良好的政策环境，不断激发起全社会的创新热情和活力。通过科技创新再造东北新优势，力争未来使东北成为制造业强国的核心区。

首先，要把智能制造作为制高点、突破口和主攻方向，实施创新驱动。加快推进信息化与制造技术深度融合，与"互联网+"和"双创"紧密结合，推进"数控一代"和"智能一代"产品创新工程，使科技创新成为转型升级的主要驱动力。积极推动产业结构调整升级，优先发展信息技术、生物医药等战略性新兴产业。抓住国家新一轮支持东北振兴发展的政策机遇，将东北地区传统产业和先进装备制造、光电信息、生物医药等战略性新兴产业结合起来，重点发展先进制造业，把高档数控机床、智能装备与机器人等装备制造业做大做强，使优势产业链条向高端延伸，抢占工业发展制高点，同时加快生产性服务业创新发展，加快形成结构合理、方式优化的新格局。在继续做大已有大企业的同时，需要培育发展一大批中小型创新企业。

其次，要完善产学研一体化机制，深化科技体制改革，形成以市场为导向、企业为主体的激励机制，重视科技与人才的运用与培养，鼓励和吸引国内外科技人才参与到东北振兴中来。

四、扩大开放拓展合作空间

东北经济困局除了结构和体制原因外，对外开放程度低也是一个主要原因。党的十七大提出"拓展对外开放广度和深度、提高开放型经济水平"，党的十八大提出"使经济发展更多地依赖内需推动""着力培育开放型经济发展新优势"，这进一步为未来几年东北地区转变经济发展方式、推动经济一体化、提升区域开放水平指明了方向。"一带一路"是党和国家统筹国内国际发展两个大局提出来的对外开放大战略。东北地区要抓好这一历史性机遇，加快融入"一带一路"倡议，深化与"一带一路"沿线国家特别是俄、日、韩等国的经贸往来，通过开放合作积极拓展新的发展空间，力争成为中国与东北亚国家合作的先导区、"一带一路"东北亚国家重要支撑区。以推进基础设施投资合作和互联互通为依托，科学布局通道网络，围绕建设"一带一路"，加强哈尔滨、长春、沈阳、大连等中蒙俄经济走廊重要节点城市合作，拓展东北亚的陆海联运新通道。加强东北地区各城市之间的协作联动，抱团取暖，合力攻坚。发挥本地产业的比较优势，鼓励区域内有条件的企业抱团出海，参与国际产能合作，在国际合作中提升产业层次和技术水平，推进产业转型升级。以国际合作园区为抓手，在东北六市通关一体化的基础上，进一步促进贸易便利，推动贸易和投资便利化。发展东北地区开放型经济，把扩大内需和创造外需结合起来，抓住国内产业结构调整的机遇，以发展生产性服务贸易和服务业市场开放为重点，扩大外资利用规模，提高外资利用质量，同时积极培育各种市场主体，拓展海外市场。加快构建东北地区对外开放的大通道、大平台、大布局，由此形成东北振兴的新动力。

第五节 促进区域协调发展的政策

我国扎实实施区域发展总体战略，采取了一系列重要政策措施，有力地促进了区域协调发展和地区经济的合理布局。改革开放政策的实施，使东部沿海地区原有的经济潜能和区位优势得到了发挥，在吸引外资、引进技术、对外贸易方面占有得天独厚的条件，取得了其他地区难以取得的附加利益。但广大的中西部内陆地区由于自然、历史及区位条件的差异，发展相对慢一些。同时，国家对沿海条件较好的地区在政策和投资上的倾斜和优惠，也是东部沿海地区与中西部内陆地区发展差距拉大的重要原因。

一、区域协调发展新格局

深入实施区域发展总体战略，认真细化落实各项区域政策。重点落实好已批复的区域规划和区域性政策文件，继续选择一些适宜区域制定差别化政策，培育新的区域增长极，培育经济发展的持续动力。

党的十六届五中全会通过的《中共中央关于制定国民经济和社会发展第十一个五年规划的建议》提出，"必须促进城乡区域协调发展"。党的十六届六中全会通过的《中共中央关于构建社会主义和谐社会若干重大问题的决定》强调，要更加注重解决发展不平衡问题。当前，城乡、区域发展差距拉大，社会发展滞后于经济发展，是三个突出的矛盾。其中区域发展的不平衡实质上也反映了城乡发展不平衡的矛盾，中西部地区同东部地区发展的差距集中表现在中西部农村经济发展落后于沿海地区。而社会事业发展滞后，特别是中西部地区社会事业发展滞后，关键在于受经济发展水平的制约。《决定》围绕解决这三个方面发展的不平衡，分别就推进社会主义新农村建设、促进区域协调发展和大力发展社会事业作出了重要部署。

党的十八大以来以习近平同志为核心的党中央进一步丰富发展了区域协调发展的理论和实践，提出并实施了"一带一路"建设、京津冀协同发展和长江经济带建设等新的战略构想和重大举措，我国区域协调发展掀开了新的篇章。《中共中央关于制定国民经济和社会发展第十三个五年规划的建议》指出，要塑造要素有序自由流动、主体功能约束有效、基本公共服务均等、资源环境可承载的区域协调发展新格局，这是"十三五"时期实施区域发展总体战略的几个关键要点。《建议》提出，"十三五"时期，要深入实施西部大开发，推动东北地区等老工业基地振兴，促进中部地区崛起，支持东部地区率先发展，更好地辐射及带动其他地区发展。2014年中央经济工作会议提出要完善区域政策，促进各地区协调发展、协同发展、共同发展。坚持西部开发、东北振兴、中部崛起、东部率先的区域发展总体战略。同时提出要重点实施"一带一路"、京津冀协同发展、长江经济带三大战略。提出要通过改革打破地区封锁和利益藩篱，全面提高资源配置效率。这些重大举措，将形成新的区域增长带和增长极，对稳增长发挥有重要带动作用。

二、完善创新区域政策和健全区域协调发展机制

2016年8月，国家发展改革委印发《关于贯彻落实区域发展战略促进区域协调发展的指导意见》（发改地区〔2016〕1771号）发布。《意见》提出了完善创新

区域政策和健全区域协调发展机制。

（一）加强区域政策顶层设计

探索建立科学规范的区域发展水平评价体系。按照建设全国统一大市场的要求，在科学划分区域类型的基础上，以区域发展总体战略为基础框架，以不同地区主体功能定位、经济社会发展水平和基本公共服务水平为基本依据，推进建立和完善内涵清晰、措施有效、管理规范、分类指导的区域政策体系。完善区域政策制定实施的磋商与协同推进机制，以及政策调整的综合评估与决策机制，探索将公众参与、专家论证、风险评估、合法性审查等确定为政策制定的重要程序。加强区域发展环境影响评价及水资源论证，依法开展环境影响跟踪评价，强化能源资源节约管理，促进区域经济与资源环境协调发展。

（二）提高区域政策的精准性

充分发挥区域发展总体战略的指向作用，完善区域政策与财政政策、货币政策、产业政策、投资政策、消费政策、价格政策协调配合的政策体系，优化政策目标体系和工具组合，缩小政策单元，完善差别化的区域发展政策，提高区域政策的协同性、精准性、可操作性和有效性。适应引领经济发展新常态，根据经济走势和地区经济分化的特点，加强分类指导。对制造业体系比较完整、产能过剩行业比重较大、国有企业比重较大、生态功能和农业地位重要、滞缓衰退严重和资源枯竭等不同类型地区，出台有针对性的政策举措，积极推进供给侧结构性改革，发展新经济，培育新动能，促进各地区充分发挥比较优势，破解发展瓶颈和发展难题，提升综合竞争力和实力，推动结构优化和动力转换，对于重大改革政策可在重点区域、行业、领域先行开展试点示范。区域政策应更加注重促进区域间社会事业均衡发展和基本公共服务均等化，特别要加大对老少边穷等欠发达地区的扶持力度。推进中央与地方财政事权和支出责任划分改革，加大一般性转移支付比重，提高地方自身发展能力。强化对区域经济形势的监测预测和跟踪分析，建立与之联动的区域政策动态调整机制。

(三) 发挥区域规划指导约束作用

充分发挥区域规划对国土空间开发和经济社会发展的综合协调作用，做好区域规划与国民经济和社会发展总体规划、主体功能区规划、土地利用总体规划、城市总体规划、镇总体规划、环境保护规划、水资源综合规划等衔接配合。落实国家级区域规划管理有关规定，进一步突出国家对跨行政区的重要发展轴带和经济区布局发展的宏观统筹，促进各区域联动协调发展，强化跨省（区、市）的区域规划对编制区域内省（区、市）级总体规划、专项规划的指导和约束作用。

(四) 优化规划政策实施与评价机制

健全区域规划实施体系，综合运用法律、经济、技术、行政等多种手段，充分发挥相关工作推进领导小组、部际联席会议等协调机制作用，建立和完善运行高效的规划实施机制。探索构建区域规划与政策实施绩效评价与考核体系，建立区域规划与政策实施跟踪评估与动态优化完善机制。根据区域规划实施情况中期评估和执行期满全面评估结果，可以按程序调整、废止或续编规划。其中国家级规划评估结果需向国务院报告。完善公众参与和社会监督机制，对于不涉及国家秘密的区域规划，尽可能开展第三方评估，定期向社会公布规划实施及相关评估情况。

(五) 建立健全区际利益平衡机制

健全市场机制，有效发挥政府、企业和社会组织等多元主体的作用，充分调动社会力量，鼓励成立各类区域性社会组织，构建多层次、多领域的区域合作网络。创新合作机制，健全区域合作服务体系，形成东西互动、南北协调的合作发展格局。强化互助机制，完善发达地区对欠发达地区的对口支援制度和措施，促进对口支援从以单方受益为主向双方受益进一步深化。健全扶持机制，以推进基本公共服务均等化为方向，加大对欠发达地区的扶持力度，继续在经济政策、资金投入和产业发展等方面加大对中西部地区的支持，进一步完善对粮食主产区、资源产区的利益补偿机制，建立健全稀缺资源、重要农产品的价格形成机制，有效平衡输出地和输入地的利益关系。健全生态保护补偿机制，坚持谁受益、谁补偿原则，完善对重点生态功能区的生态保护补偿机制和地区间横向生态保护补偿制度，探索市场化的生态保护补偿机制。

（六）支持发挥平台创新示范作用

鼓励国家级新区、国家级综合配套改革试验区、重点开发开放试验区以及其他各类区域发展平台大胆创新探索，在建立区际间利益分享与平衡机制、跨区域综合管理机制、统筹城乡发展等方面进行探索试验，努力形成一批可复制、可推广的成功经验。积极推进国家自主创新示范区建设，继续在部分区域系统推进全面创新改革试验，形成若干具有创新示范和带动作用的区域性创新平台。同时，通过在有条件的地区新设特殊功能区、试验区等，打造重大改革试验平台，支持在一些重点领域和关键环节进行探索，为推动我国深化改革发挥积极的试验示范作用。

（七）推动区域治理法治化

进一步深化促进区域协调发展法规体系建设的基础问题研究，在总结过去实践经验和借鉴国外成功做法的基础上，逐步推进促进区域协调发展的立法进程，实现以法律形式规范区域协调发展的目标原则、战略重点、责任分工、体制机制等，增强约束性和权威性。

第十章
不断完善宏观调控体系

在社会主义市场经济条件下,国家有必要采取措施或行动,使国民经济和社会发展沿着预先安排的轨道合理、健康、协调地运行,或者是在发展过程中出现不良状况时使其恢复健康运转的状态,这种措施或行动也就是宏观调控。其中主要是宏观经济调控,即政府根据国民经济协调发展和均衡增长的要求,在市场经济运行的基础上,综合运用计划的、经济的、法律的和行政的政策手段,对国民经济总量运行进行调控,使总供给与总需求趋于基本平衡,有效地实现发展目标。由于市场机制的局限性,单纯地依靠市场机制自发的竞争作用,难以有效地实现国民经济的总量均衡,再加上社会化大生产的发展客观上要求按比例分配要素,以保持国民经济总量上、结构上的均衡和协调,因而有必要加强和改善宏观经济调控。

在经历了30多年的快速增长之后,我国经济进入了转型升级阶段。完成这个阶段的历史任务,我们就能赢得新一轮的经济持续增长,从而避免落入中等收入陷阱,顺利跨入高收入国家行列。否则,各方面矛盾凸显,将延缓现代化进程。这是对政府宏观调控能力的集中考验。在这个艰难的爬坡阶段,政府千万不能弱化自己的功能,而是要在发挥市场对资源配置决定性作用的同时,更好地发挥政府的应有作用。要通过不断完善宏观调控体系,增强宏观调控能力,尽快实现国民经济转型升级。

第一节
在抑制通胀和扩大内需中完善宏观调控体系

1993—2004 年这 12 年里，我国没有出现严重的通货膨胀，经济增长没有出现大的波动，物价的年均波动不超过 1 个点，经济增长波动幅度不超过 2 个点，是新中国成立以来经济保持平稳快速增长最长的时期，也是新中国成立以来，特别是改革开放以来经济发展最快、最好的时期，取得这样的成果确实不易。但这 12 年我们并不是没有遇到矛盾和问题。如 20 世纪 90 年代初期，主要是抑制通货膨胀；1996 年市场软着陆以后，我们遇到亚洲金融危机的冲击，又遇到了水旱灾害，在宏观调控上主要是抑制通货紧缩，解决需求不足。所以，这一时期前半段基本上是抑制通货膨胀，后半段基本是跟需求不足作斗争。

一、在抑制通胀中实现软着陆

在社会主义市场经济体制建立之初，我国就遇到了通货膨胀的严峻考验。由于长期计划体制下形成的价格扭曲，加上商品短缺积聚的价格上涨的巨大能量，1994 年社会消费品零售价格上涨幅度达到 24.1% 的历史最高水平。市场价格波动直接影响到社会的稳定。因此，尽快把过高的通货膨胀降下来，成为当时宏观调控的首要任务。在中央的统一领导下，采取了综合性对策，实施了适度从紧的货币政策和财政政策，清理和制止了乱集资、乱拆借、乱设金融机构的现象，有效地控制了总需求膨胀的局面。同时，针对价格上涨幅度最大的几类商品，积极增加有效供给。为了抑制食品价格上涨，提出了"菜篮子"市长负责制和"米袋子"省长负责制；在城市郊区扩大了蔬菜种植面积，鼓励肉类和水产品生产；通过提高粮食收购价格，提高农民种粮的积极性。在投资政策上，制定了鼓励增加短缺产品供给的政策。在对外贸易政策上,通过进出口商品结构的调节,增加国内市场的有效供给。经过3年的努力,终于把过高的价格上涨水平降了下来,成功地实现了软着陆。在抑制通货膨胀的过程中,由于综合利用控制需求和增加供给的手段,保持了适度的经济增长速度,维护了就业和社会的稳定。宏观调控体系在抑制通胀的实践中经受住了考验,并得到了不断完善。

二、以扩大内需实现较快增长

随着经济软着陆的成功,需求不足的矛盾开始出现。为抑制通胀而采取的控制投资和消费增长的措施,造成了经济增长乏力。特别是1997年亚洲金融危机的出现,对国内经济带来较大冲击。在亚洲各国货币大幅贬值的情况下,我们坚持人民币不贬值,从而导致出口增长困难。面对这些新情况和新问题,我们及时调整宏观政策,把扩大内需放在宏观调控的首要位置,并采取了一系列重大措施。包括发行长期建设国债,用于支持农村电网建设,加大城市基础设施建设投入,开始建设高速公路,建设国家储备粮库,扩大大学招生规模等;为了鼓励民间投资,提出对民营企业投资与国有投资在税收、贷款、用地、项目审批等政策上要一视同仁;提出要鼓励增加居民消费,扩大消费信贷,优先支持有利于改善消费环境的投资。从1997年开始实施的扩大内需的政策,不仅有效地支持了经济增长,而且为经济的长远发展打下了坚实的基础。仅扩大大学招生一项政策,就圆了几千万青年人的大学梦,改变了他们一生的命运,为经济转型升级准备了大批人才。扩大内需政策的成功实施,提高了宏观体系调控的及时性、针对性,证明了我国的宏观调控能够适应经济形势的变化。

三、对经济结构进行战略性调整

对经济结构进行战略性调整,是保持物价稳定和实现经济长期较快增长的根本途径,是转变经济发展方式的重要举措。党的十七大提出要加快转变经济发展方式,正是从长远出发作出的重大战略决策。按照加快转变经济发展方式的要求,全力实现"六大转变":一要大力调整需求结构,实现经济增长主要由投资、出口拉动向消费、投资、出口协调拉动转变，增强消费对经济增长的拉动作用；二要调整供给结构，实现经济增长主要由第二产业拉动向第一、第二、第三产业协调拉动转变，着力发展第三产业；三要调整要素结构，实现经济增长由主要依靠物质资源消耗向主要依靠技术进步、改善管理和提高劳动者素质的方向转变，以自主创新带动产业升级；四要调整经济与社会发展结构，改变社会发展严重滞后于经济增长的局面，大力发展社会事业；五要调整城乡结构，改变城乡差距不断拉大的趋势，建立城乡一体化发展新格局；六要调整内外经济结构，实现由"引进来"为主向"引进来"与"走出去"并重的方向转变。只有实现了这些转变，我们才能增强自身的承受能力，从容应对由工资水平提高所带来的成本上升问题，有效地化解通胀压力。

抑制部分商品价格过快上涨，需要短缺产品的生产有一个较快增长。调整经济结构，也需要在生产中依靠对增量的调节来解决。特别是要实现扩大居民消费这一目标，必须通过扩大就业来增加居民收入，这就更需要保持较快的经济增长速度。如何保持总需求的稳定增长，为经济的平稳较快增长提供足够动力，是宏观调控必须要高度关注、妥善处理的问题。

处理好经济增长与抑制通胀的关系，需要在稳定物价的前提下实现经济的较快增长。在稳定物价方面，最重要的是做好三件事：一是稳定农产品价格。增加农产品供给，减少流通环节，降低流通成本。二是稳定城市住房价格。继续强化地方政府在稳定住房价格方面的责任。三是积极"走出去"争取拿到更多的铁矿石等资源的勘探权和开发权，增加国内短缺资源的进口数量，打破跨国公司对价格的垄断。特别是要鼓励民营企业走出去，给它们提供充足的外汇支持。我国外汇储备偏多，迫使央行增加基础货币投放，这造成银行资金流动性过剩，加上美国实施量化宽松政策，国外游资流入，因而给国内带来越来越大的通货膨胀压力。在央行提高存款准备金率的同时，应当合理引导资金投向，努力把通胀压力转变为支持产业升级的动力。总之，要增加产品的有效供给，以抑制结构性价格上涨。

四、综合运用财政政策和货币政策

为了在经济结构调整上取得突破，实现抑制通胀和稳定增长的双重目标，必须综合运用财政政策和货币政策，正确引导社会资金投向。财政投资应用作诱导性资金，通过贷款贴息、税收减免、奖励创新、扶持创业就业、资本金注入等措施，把包括银行信贷在内的社会资金引导到结构调整所需要的方向上来。货币政策应在保持稳健的同时实行有松有紧的差异化政策，特别是对增加食品、住房中短缺品种的供给应积极给予信贷支持。把财政资金运用到对银行信贷等社会资金投向的引导上，就能发挥四两拨千斤的作用，形成结构调整的巨大合力。同时，把社会资金吸引到需要大量投资的地方，有利于消化银行过剩的流动性，减轻通胀压力。

（一）运用财政政策鼓励增加短缺产品供给

改革以来曾经出现过两次严重的通货膨胀。1988年，由于价格改革引起涨价心理预期，带来抢购风潮，通胀率达到18.8%。1994年，由于乱集资、乱拆借、乱设金融机构和房地产热、开发区热，导致投资膨胀，通胀率高达24.1%。治理这两次通胀，都是通过采取严厉的紧缩措施，并带来了经济增长的较大波动。针对这两次通胀的成因，应改善宏观调控，以财政政策为主，把财政、货币政策结合起来，在保持经济平稳较快增长的前提下，逐步实现抑制通胀的目标。

财政政策的运用，一是利用奖励、补贴、税收等办法，提高农民的生产积极性，扩大生猪、奶牛等养殖规模，增加粮食、油料的种植面积，加强主要农产品收购、储备和运力保障，建立猪肉等农产品储备调节体系。二是增加对城市低收入居民和大学生的物价补贴，使他们的生活水平不下降。三是降低通胀预期。通过大众传播媒介影响社会舆论，增强广大人民对经济发展前景的信心。

（二）增强货币政策的灵活性

通货膨胀归根到底是一种货币现象。由于外贸顺差持续增加和国际热钱流入，造成银行货币流动性过剩，支撑了投资的高增长，为通货膨胀提供了条件。在信贷政策运用上，应重点考虑利率的影响，当利率已处于较高水平时，不宜再用提高利率的办法来抑制通胀。利率是把双刃剑：过高的利率与鼓励消费的政策相悖，并影响资本市场的筹资功能；会刺激国际热钱的流入，加大人民币升值压力；会提高企业的融资成本，形成成本推动型物价上涨压力。通过提高存款准备金率来抑制通胀，实践证明收效甚微，而且会导致企业流动资金不足，特别是中小企业会普遍感到贷款难，制约了经济发展。我们应在从紧控制信贷总量的同时，加强"窗口指导"，优化信贷结构，重点满足中小企业贷款需求，促进产业结构调整。

在汇率政策运用上，人民币汇率的上升，在一定程度上削弱了我国产品的出口竞争力。国际热钱大规模流入也给实施从紧的货币政策带来很大困难。所以必须制定严密有效的防范国际热钱大进大出的措施，以维护金融安全。保持人民币币值稳定，是经济稳定的前提条件，也是宏观调控的首要目标，这就需要保持总供求的大体平衡。

从历史经验来看，我国的每一次通货膨胀，都是由于急于求成，盲目追求经济增长的高速度，造成低水平的投资膨胀，导致能源、原材料和农副产品的价格暴涨。为了抑制通胀，不得不采取严厉的紧缩政策，从而带来经济增长速度的大起大落。

（三）正确引导社会资金投向

应注重把社会资金吸引到以下方面：

资本市场。我国资本市场发展滞后，企业资金来源主要靠银行贷款。发达国家直接融资与间接融资的比例一般为 7：3，而我国目前是 3：7，发展股票、债券等直接融资的潜力巨大。应抓紧完善规范透明的资本市场，发展各类基金等合格机构投资者，扩大直接融资规模；充分发挥资本市场优选企业、价值发现和财富分配功能，尽快把资本市场做大做强。

战略性新兴产业。以自主创新带动产业升级，关键是要加快发展战略性新兴产业，包括节能环保、新一代信息技术、生物、高端装备制造、新能源、新材料、新能源汽车等。应通过优先提供贷款、优先发行企业债券和在股票市场上市等措施，鼓励资金向战略性新兴产业的骨干企业集聚，以尽快形成新的投资热点和经济增长点。

基础设施和公共服务。城乡基础设施和公共服务落后，不能满足经济社会发展的需要，亟待投入大量资金加快建设。应积极推广特许经营权等行之有效的办法，把社会资金吸引到这些领域。比如，城市轨道交通和立体停车场建设社会需求巨大，应允许企业投资建设和自主经营。应鼓励发展民办学校、民办医院、民办托儿所、民办养老院，以满足社会多层次的需求。

第三产业。第三产业发展滞后，已经严重制约第一、第二产业的发展，制约就业规模的扩大。第三产业发展滞后的原因在于税负过重。根据测算，第三产业实行的营业税比第二产业的增值税税负一般重1/3。应加快生产性服务业营业税改为增值税的试点，并尽快推广。同时，提高个体户营业税的起征点，为服务业发展和群众性创业活动提供良好的环境。

农业现代化。加快农业现代化机遇难得：一是社会资金充裕，亟待寻找投资出路；二是农业劳动力转移有出路，许多地方存在招工难问题；三是市场对优质绿色农产品需求旺盛，投资生产高品质农产品能获得可观的收益。要创造一种新的机制，吸引社会资金投资于农业现代化建设。应鼓励创建家庭农场、农业合作社、农业公司等新型农业投资经营主体，通过土地承包经营权有偿转让，把更多的农民从土地上解放出来，转移到第二、第三产业；通过提高农业集约化经营水平，提高农业劳动生产率和土地产出率，推动城乡发展一体化。

第二节
正确处理稳增长与调结构的关系

推动经济增长由主要依靠增加物质消耗向主要依靠技术进步、改善管理和提高劳动者素质转变，促进产业结构优化升级，是我国经济发展新阶段必须完成的历史任务，是保持经济持续健康发展的根本途径。中央经济工作会议强调要把转方式调结构放到更加重要的位置。

一、稳增长是经济工作第一位的任务

努力保持经济稳定增长是我们经济工作的重要内容，积极发现培育新增长极、加快转变农业发展方式、优化经济发展空间格局、加强保障和改善民生工作等，都是围绕着稳增长来部署的。我们必须采取积极有效的措施来实现稳增长的目标。

稳增长必须积极实施扩大内需战略。之所以把稳增长摆在首要位置，是基于经济运行的实际情况提出来的。由于受内外多种因素的影响，我国经济增长速度已连续5年缓慢下降，经济下行已形成巨大惯性。虽然增速仍处于合理区间，但持续下降以至滑出合理区间的可能性是存在的。一旦出现这种局面，一些脆弱环节如煤炭、钢铁、房地产、中小企业的经营风险就会显露出来。我国正处于由中等收入国家向高收入国家跨越的艰难爬坡阶段，世界上有许多国家都是在这个阶段遇到了障碍，落入所谓的"中等收入陷阱"。把稳增长作为经济工作第一位的任务，是实现经济持续健康发展的需要，是到2020年实现全面小康的需要。

经过30多年的改革发展，我国经济增长机理发生的一个最大变化，就是由供给约束转变为需求约束。投资与消费比例处于失衡状态，导致了目前的产能过剩。我们不自觉地走上了生产能力迅速扩张和广大居民有支付能力的需求相对不足的路子。解决当前经济下行、增长乏力问题，实现稳增长目标，必须对症下药，从扩大内需入手，破解需求不足的问题。

扩大内需的重点应当放在提高居民消费率和扩大公共服务消费上。这就必须调整收入分配结构，尽快增加中低收入者的收入，特别是增加农民的收入。要增加公共服务的供给，包括养老、医疗、教育、环境、交通、信息等。而提高居民消费率是解决这一难题的根本出路。如果通过实施各项宏观政策，将居民消费率提高到20世纪80年代初的水平，那么每年将会有10万亿元左右的商品由现在用于投资转变为用于居民消费，这不仅可使居民消费水平有一个大幅度提高，而且将对经济增长产生强劲的拉力。

积极的财政政策要有力度，货币政策要更加注重松紧适度，这是扩大内需的重要举措。把积极的财政政策与松紧适度的货币政策结合起来，可实现调结构和稳增长的双重目标。目前，我国各级政府的债务率不到40%，在世界主要国家中属于最低的水平，实行积极的财政政策具有很大的空间。政府应适当发行一些长期建设债券，引导社会资金投向，促进结构调整。我国工业品出厂价格指数近几年已连续下降，2016年居民消费价格上升幅度已下降到2%。这在一定程度上说明当前经济运行中应防御的主要风险是通货紧缩，特别是我国的金融格局是以间接融资为主的。因此，现阶段广义货币（M2）的总量大一些，是必要的，不会引发通货膨胀，对稳增长将发挥不可替代的作用。

二、调整结构是经济发展新阶段必须实现的重大战略

加快城乡结构调整。城乡发展差距拉大，是当前经济结构中最突出的矛盾。2016年我国乡村人口尚有5.9亿，占全国人口的比重为42.65%，但人均收入仅为城镇居民的35.3%。如果乡村人口比重和城乡居民收入的差距没有大幅度缩小，要想跨上人均GDP为1.2万美元的高收入国家的台阶，几乎是不可能的。世界上所有进入高收入行列的国家，都是在城乡收入差距大体消除之后实现的。目前，我国大幅度减少乡村人口数量和缩小城乡收入差距，面临着千载难逢的历史机遇：第一，劳动力转移有出路；第二，市场对优质农产品需求旺盛；第三，农用工业能够提供充足的农用生产资料；第四，各级财政对"三农"的年投入已达几万亿元。通过推进农业现代化、规模化，把农业劳动生产率提高到社会平均水平，以消除城乡收入差距，条件已经成熟。推进农民工市民化，把他们在农村的家人接入城市居住，条件也已成熟。做好这两件事，城市化率将会有一个明显提高，城乡收入差距将基本消除。由此激发出城乡建设和消费的巨大潜力，不仅将对化解产能过剩发挥决定性作用，而且足以带动我国经济到2030年以前以7%以上的速度持续增长。

加快产业结构调整。要以自主创新带动产业升级，加快战略性新兴产业发展，努力使目前以资源密集型、劳动密集型为主转变为以技术密集型、知识密集型为主，降低单位GDP的能源原材料消耗，提高产品的附加值和技术含量。为此，要加大创新驱动战略的实施力度。在这方面，各个城市都应当向深圳学习。2016年，深圳PCT国际专利申请连续13年排名全国第一，全市PCT国际专利申请19648件，

占国内 PCT 申请总量的 46%，在全国继续保持绝对领先优势。为什么深圳在技术创新上能遥遥领先，关键在于其形成了鼓励创新的文化氛围，有一套有效的激励创新的体制机制，有容忍失败的社会环境，有一批风险投资企业，有吸引国内外人才的制度，政府对技术创新给予一视同仁的支持。如果各地能够创造出深圳这样的环境和建立深圳这样的机制，创新驱动战略就能落到实处。

加快区域结构调整。就全国来看，如果说沿海地区已进入工业化中后期阶段，那么中西部地区还处于工业化的中期或初中期阶段。区域发展上的差距，除历史原因外，主要在于行政区划阻碍了生产要素的自由流动。习近平总书记说，要打破自己一亩三分地的思维定式，就是针对行政壁垒讲的。缩小区域发展差距，要充分发挥市场对资源配置的决定性作用，同时运用行之有效的帮扶机制、合作机制。突出抓好"一带一路"、京津冀一体化和长江经济带的发展，带动区域经济协调发展。

加快经济社会发展结构调整。社会事业发展滞后于经济发展，是结构失衡的重要表现之一。较为突出的是养老、医疗等社会保障和教育的发展不适应经济发展的要求，不能满足广大人民的需要，必须加快发展。此外，环境污染问题严重，已成为突出的社会问题。特别是大气污染、水污染，已经严重影响到人民的生命健康。治理污染，要做到市场和法律手段并用。通过建立谁污染、谁付费和第三方治理制度，形成吸引社会资金投资环保产业的市场机制，把治理污染变成新的经济增长点。当前，治理污染的技术是成熟的，包括脱硫、脱硝、除尘、污水处理等，关键在于所有企业都要认真地去做，而不是敷衍了事、应付检查，特别是要加强对污染物排放的法律监督和对违法者的惩处。

三、把稳增长与调结构有机结合起来的关键在改革

历史经验证明，国民经济出现结构扭曲问题，根本原因在于体制和政策不合理。调整经济结构，首先应当从改革入手。

重新聚焦农村改革。改革开放以来，每一次改革发展的重大突破，都率先来自农村。必须通过真刀真枪的改革，冲破阻碍城乡之间生产要素自由流动的行政藩篱和认识上的思维定式。党的十八届三中全会通过了《中共中央关于全面深化改革若

干重大问题的决定》,在农村土地制度改革上有三大突破:包括允许农户对土地的承包权进行抵押、担保、转让;允许农户对宅基地的使用权进行抵押、担保、转让;允许集体经营性建设用地与国有土地同权同价,建设城乡一体化的建设用地市场。这三大改革第一次赋予农村土地以商品属性,农户凭借其法人财产权即用益物权,可以取得财产性收入,从而像城里人一样,分享到城市化进程中土地增值的收益。这项改革的落实,必将释放出农村巨大的土地供给和劳动力供给潜力。现在有两个认识误区:一是担心冲击18亿亩耕地红线。恰恰相反,如果宅基地的市场价值得以实现,宅基地占地可减少一半左右,除满足城市建设用地需要外,还能增加耕地面积。二是担心农民工失业农村回不去怎么办。推进农民工的市民化,使其享受失业保险,这一问题就可以逐步化解。可以说,推进农村体制改革,是稳增长与调结构的一个重要平衡点,其所释放出来的需求潜力,是其他任何措施都难以替代的。

改革行政审批制度。实践证明,行政审批过多,阻碍了生产力发展。下面对钢铁和石化两个原材料行业进行比较:"以塑代钢"可以大量节约能源消耗。能够代替相同功能的钢材所消耗的塑料,其生产过程耗能只有钢材的一半。由于钢铁行业允许民营企业进入,充分竞争使企业努力降低成本,增强了国际竞争力。石化行业由于限制民营企业进入,发展不足,导致每年进口石油化工产品耗费2000多亿美元,加上进口石油耗费2000亿美元,每年进口额高达4000多亿美元。由于塑料的成本降不下来,导致钢材消耗过多,单位GDP能源消耗居高不下,因此减少审批,势在必行。

改革税收制度。我国第三产业发展滞后,主要原因在于第三产业的税负过重。最近两年,由于实行"营改增"的税制改革试点,加上简化新办企业登记手续,第三产业出现迅猛发展势头。如能在第三产业全面推开改革,对稳增长和调结构都将起到重要作用。

改革投资体制。与一些物质产品产能的过剩不同,公共产品供给不足。原因在于过去公共产品建设主要依靠国家财政投入。只要推行政府与社会合作模式,赋予企业以特许经营权,就能把社会资金引到基础设施和公共服务建设项目上来,对稳增长和调结构将起到立竿见影的效果。

四、需要认真解决的认识问题

保持稳增长与调结构之间的平衡，不仅需要在实践中准确把控，还要在理论认识上廓清四个问题：

一是宏观调控是实现经济稳定发展的内在要求。针对经济运行情况，进行适时适度的宏观调控，是改革30多年来的成功经验，对当前稳定经济增长仍然有效。在20世纪80和90年代，我国经济始终未能摆脱周期性大起大落的困扰。进入21世纪以来，我们总结了经验：每当经济偏热时，就踩一下刹车，适当收紧银根，控制投资总规模；每当经济偏冷时，就踩一下油门，适度松动一下银根，扩大内需，达到了熨平周期的作用。当前面临稳增长与调结构的双重任务。我们既不能为了实现年度增长目标而牺牲长期战略中调结构的任务，重回高投资、高消耗支持高增长的老路，也不能对调结构、转方式操之过急，要求在三两年之内就要明显见效，这将不可避免地造成经济下行、需求不足和通货紧缩。

二是着力探寻破解市场经济下过剩这一难题的途径。计划经济的主要特征是短缺，而市场经济的一个重要表现是过剩。对于如何解决短缺的问题，我们已经找到了有效的办法。但对市场经济下的过剩，由于我们实践不足、认识不深，还缺乏有效对策。当前，需求不足或产能过剩已成为经济运行中的一个主要矛盾。要借鉴一些国家的经验：发展公共福利，包括扩大养老、医疗保障覆盖面，提高保障水平，发展教育事业，提高办学水平；工业化创造供给，城市化创造需求，发展城市群，重点发展中小城市，提高户籍城市化率。这些都是破解过剩问题的良方。以自主创新带动产业升级，需要在增量调整中完成，并以增量调节带动存量调整。

三是研究在开放型经济条件下如何保持总供求的大体平衡。中国对外直接投资的规模在迅速增加。进出口贸易和涉外投资对国内总供求平衡的影响作用越来越大。应研究如何利用国际贸易和投资来调节国内的供求关系。在旅游消费支出中，购买奢侈品的消费又占了很大比例。如果适当降低奢侈品进口关税或减少奢侈品目录，许多消费就能留在国内，对平衡进出口贸易也有好处。

四是计划、财税、金融三大调控杠杆要形成合力。这是我国宏观调控的重要特色。三大杠杆协调动作，就能做到事半功倍。计划要发挥引领作用。经全国人大通过的计划，应成为财税调控和金融调控的依据。财政资金对信贷资金和社会资金应起到引导作用，通过贴息、减税、资本金补助等手段，发挥四两拨千斤的作用。金融调控主要是通过对货币总量的调控，调节总需求规模，保持币值稳定。根据国际经验，在经济快速成长期，广义货币（M2）的增长速度保持在经济增速的2倍左右比较合适，这既能满足经济发展对货币的需求，又不会产生通货膨胀。

第三节
计划、财税、金融三大调控杠杆形成合力

改革开放以来，我国经济能够长期保持较快发展，还取决于有一个平衡机制。这个平衡机制就是在社会主义市场经济实践中逐步建立起的计划、财税、金融相互协调的宏观调控体系。

一、建立计划、财政、金融三大部门协调制度的重要意义

我国涉及宏观经济调控的部门相当多，既有偏重综合调控的部门，也有偏重某一方面调控的部门，其中主要有财政、税务、银行、物价、国有资产管理、土地及资源管理、劳动、内外贸、工商行政管理等。在涉及宏观经济调控的各个部门中，最重要的综合调控部门是计划、财政和金融三大部门，即综合调控三大支柱。这三大部门主管的业务对国民经济来说覆盖面最大，影响最广，调控手段的使用频率最高。其中，计划确定年度宏观经济调控目标，包括经济增长、物价、投资、消费、财政预算、货币发行、就业、国际收支等，作为宏观调控的依据；财税政策运用预算和税收杠杆，促进结构的优化；金融政策利用货币杠杆，保持总需求与总供给的

大体平衡。三大调控手段既相互制衡，又相互配套，形成调控合力，从而达到熨平波动、优化结构、稳定发展的目的。

二、三大调控杠杆要形成调控合力

建立计划、财税、金融相互协调、相互制衡的宏观调控体系，是保持经济持续健康发展的需要。计划确定中长期发展目标和年度宏观调控目标，经全国人大批准后，具有法律效力，成为宏观调控的依据。财税政策在保证公共支出需要的同时，主要职能在于促进经济结构的优化。货币政策的主要职能是保持总供求大体平衡和币值稳定。

计划、财税、金融三大杠杆，是宏观调控的基本手段。计划提出宏观调控的方向和要求，财政政策注重经济结构的调控优化，货币政策注重保持供求总量的平衡，通过综合运用各类调控杠杆，保证国民经济朝着中长期发展目标持续、健康、有序运行。三者之间既相互制衡，又相互协调，形成合力。面对转型升级的任务，计划部门应制定转型升级的目标、重点、要求；财税部门应运用减税、贴息、资本金补助等措施，引导信贷和社会资金投向；金融部门应运用定向宽松的货币政策，包括重点建设债券等措施，引导信贷资金投向计划和财税政策引导的方向。

计划、财税、金融三大调控杠杆相互协调的宏观调控体系，是我国社会主义市场经济体制的重要组成部分。三大调控杠杆应围绕加快转变经济发展方式、促进经济增速止跌回升、在结构优化中实现平稳较快发展，协调配合，共同发力。如能形成合力，则事半功倍。在社会主义市场经济条件下，国家计划要突出宏观性、战略性和政策性。计划指标总体上应该是指导性的，特别是对企业、国家计划目标一般不具有约束力。因此，国家计划的实施、国家计划目标的实现必须运用各种手段，特别是经济手段。这就要求对实际进行各种经济手段操作的部门的活动进行协调。

财税体制改革已成为转方式、调结构的关键。应围绕扩大居民消费和调整收入分配结构改革财税体制，对收入水平低的行业实行结构性减税让利，以增加职工收入。降低中高档消费品进口关税，以扩大国内消费。进一步提高小微企业营业税、增值税的起征点，以放水养鱼、培植财源。加快进行服务业营业税改增值税的试点和推广。对因改革而减少的地方财政收入,应给予相应补偿,以调动地方改革的积极性。加大对自主创新和发展战略性新兴产业的支持力度。通过贷款贴息、税收减免、资本金补助等措施,引导银行贷款和社会资金投向国家政策鼓励的行业和重点建设项目。金融政策既应有总量方面适度放松的政策,如降低存款准备金率,适当放宽存款利率上限和贷款利率下限等,更应有结构性信贷政策,按照调整经济结构的要求调整信贷结构。应避免"一刀切"的调控政策,因为实践证明,没有差别性政策,也就没有调控政策。改革金融体制,稳步推进利率市场化,满足小微企业和农产贷款需求,建立以用汇为主的外汇管理体制,健全多层次资本市场体系,努力提高资金周转率和使用效益。在防范和化解金融风险的前提下,充分发挥金融对经济平稳较快发展的支持作用。

三、实现三大部门在宏观调控方面的统一性要求

党的十一届三中全会以来,我国经济管理体制发生了巨大的变化,计划、财政、金融三者的地位和作用不断调整,三者的相互关系也发生了很大变化。三大部门的改革仍在进行,三者的关系也还没有固定。由于改革过程中不可避免会出现一些矛盾冲突,三者还不能做到很好地配合,同时各自的改革也存在一些问题。计划的新体制仍处于探索过程中,计划的地位、作用等一些基本问题还没有完全解决。财政的主要问题是财政的收支不平衡。近年来我国金融行业改革步伐较快,但金融调控机制仍不完善,专业银行的企业化经营还没有真正实现,金融法规建设和监督管理相对落后,影响了金融手段的调控作用。

统一性要求指的是在运用各种调控手段时,必须在调控方向、调控力度、调控步骤等方面保持一致关系,使各种调控手段在使用中形成合力,从系统整体出发,把每一种手段作为调控系统的有机构成部分,统筹安排、合理组合、相互配套、扬长避短、运作适度、操作准确。统一性要求以最小的代价达到宏观调控的目标,保持国民经济的稳定发展。实现三大部门在宏观调控方面的统一性要求,必须注意以下三个方面:

一是功能上的互补。三大手段各有特点,各有重点,不能互相替代,但可以互

相补充，互相支持。必须针对不同的调控问题，采用不同的调控手段组合，以取得最佳效果。二是时间上的配合。各种调控手段都有一定的时滞，但其表现特点则各不相同。西方学者发现，在市场经济国家，货币政策的外部时滞一般在半年到一年半左右。我国学者对我国货币政策的实践经验进行研究之后发现，这一时滞目前仅为两到三个月。一般来说，计划偏重较长时期的调控，金融和财税手段对短期调控作用较强。三是力度上的配合。提出力度配合方面的要求主要是为了使各种手段在松、紧程度上互相协调，在实现调控目标的同时，防止国民经济的震动过大，造成较大损失。

四、积极探索计划、财税、金融相互配合的机制

完善宏观调控体系，实现调控目标与政策手段的机制化。建立计划、财税、金融相互配合、相互制衡的宏观经济调控体系，是优化经济结构、实现经济稳定的需要。要完善包括中长期计划、年度计划和专项计划在内的计划体系，提高计划的科学性、预见性、可行性，使之成为宏观调控的依据。加快改革财税体制，健全中央和地方财力与事权相匹配的体制，完善促进基本公共服务均等化和主体功能区建设的公共财政体系，形成有利于结构优化、社会公平的税收制度。深化金融体制改革，建立货币市场、资本市场、保险市场协调发展的现代金融体系，努力保持总供求的大体平衡，促进宏观经济稳定增长，支持实体经济发展。在宏观调控中，常常出现目标与手段脱节的问题。如中央早就提出扩大居民消费、提高第三产业比重等，但收效甚微，有的问题甚至变得更加难以解决。究其原因，在于缺乏有力的调控手段。十八大提出加强宏观调控目标和政策手段机制化建设，具有极强的针对性。

第四节
宏观调控应注意适时适度

宏观调控是实现经济稳定发展的内在要求。针对经济运行情况，进行适时适度的宏观调控，是改革30多年来的成功经验，对当前稳增长仍然有效。

一、宏观调控的经验

在应对国际金融危机的过程中，以及在抑制通胀和扩大内需的实践中，我国宏观调控体系不断完善，调控水平不断提高，积累了一些宝贵经验：一是宏观调控必须从实际出发，坚持不断创新。由于我国经济处于快速发展中，经济体制也处于改革中，经济情况随时都在变化，因此宏观调控随时面临着新的矛盾和问题，必须用新的理念、新的办法去解决。要坚持有什么问题就解决什么问题，千万不能套用老经验、老办法。当前国民经济运行中出现增速持续下滑的问题，既有外需的影响，更是结构性矛盾长期积累的结果，主要表现在投资与消费的比例严重失衡，居民消费率过低。只有围绕这些深层次矛盾来制定宏观经济政策，才能有效地解决经济运行中的问题。二是宏观调控必须审时度势，善于化挑战为机遇。随着我国经济与国际经济的联系日益紧密，国际经济波动必然影响到国内经济。因此，必须着眼于国际国内两个大局，进行适时适度调控。面对不利局面，要善于趋利避害，化危为机。在应对亚洲金融危机时，面对外需不振的严峻形势，我们着力扩大内需，加强基础设施建设，既保持了经济的较快增长，又为以后的发展打下了基础。进入21世纪后，国民经济出现了长达10年高增长、低通胀的局面，成为历史上最好的发展时期。三是充分发挥我国的政治优势，形成调控合力。搞好宏观调控，关键在于统一认识，统一步调。围绕落实党中央的决策，各个部门、各级政府协同动作，政府、企业与居民团结一致，就能收获事半功倍的效果。

二、实施适时适度的宏观调控

建立计划、财税、金融相互配合的宏观调控体系，是保持经济持续稳定协调发展的需要。在实践中，我们逐步摸索出宏观调控的八大指标，即经济增长速度、物价、就业、居民收入、投资、财政支出、银行信贷、国际收支。每年年初提出调控的八大目标，各个部门根据职能分工，运用多种调节杠杆，确保这些目标的实现，从而使经济保持平稳较快增长的局面。在经济发展的不同阶段，经济运行中存在着不同的问题，这就需要根据不同情况采取有针对性的调控措施。如在20世纪90年代前期和中期，通货膨胀成为经济生活中的主要矛盾，运用综合手段抑制通胀就成为宏观调控的主要任务。20世纪末和21世纪初，需求不足成为经济生活中的主要矛盾，扩大内需又成为宏观调控的主要任务。从抑制通胀到扩大内需，反映出我们在宏观调控中从实际出发，有什么问题就解决什么问题的求真务实精神。在宏观调控中，财政、税收、信贷、进出口等调控手段相互配合、协调行动，取得了良好的效果。

三、适时适度地调整宏观调控的方向和力度

要完善宏观调控体系，发挥价格、税收、利率、汇率等杠杆的作用，引导和促进经济结构调整，根据经济形势适时适度地调节宏观调控的方向和力度。促进经济增长方式的转变，最大的政策环境保障，就是适时适度地运用宏观经济政策和调控手段，调节社会总需求和社会总供给，防止出现通货膨胀与通货紧缩，以减少和烫平经济波动，使社会资源得到充分有效的利用，促进资源有效配置。

目前，在促进经济增长方式转变的宏观调控方面，主要是要研究买方市场、有效需求与宏观调控的关系问题。我国已经进入新的发展阶段，经济运行环境发生了一系列深刻变化，最突出的是，随着买方市场的初步形成，出现了阶段性、结构性的剩余，经济发展受市场的约束越来越明显，"需求约束型"经济形态已形成。在这样的经济形态下，由于投资主体所面对的投资风险不断放大，投资的收益预期将

直接受到市场有效需求的约束,在投资主体多元化和非政府化后,投资规模的大小将不直接取决于政府计划者的意愿。因此,启动经济增长和向上调整经济增长速度将变得更困难。而且随着经济的转型,社会总需求对消费需求和外需的依赖程度不断上升,影响经济增长速度的因素将更加复杂,因为消费需求的变动不仅取决于居民可支配收入状况,而且取决于居民的边际消费倾向,还受到居民间收入差距的影响,而外需的不确定因素则更多。因此,在形成买方市场经济形态之后,我们不仅要关注短期的经济增长问题,而且要研究在买方市场经济条件下中国长期经济增长所面对的一系列问题,研究买方市场经济形态对中国长期经济增长状况的影响和作用。要坚持扩大内需的方针,通过综合运用计划、财税、金融等手段,发挥价格、税收、利率、汇率等杠杆的作用,加强和改善宏观调控,为经济增长方式优化创造良好的宏观经济政策环境。

四、搞好计划实施过程中的即期调控

即期调控的重点是:与有关经济综合部门和行业主管部门密切合作,在计划确定的宏观调控目标指导下,适时、适度调节社会资金的流量和流向,保证重点建设资金按计划及时到位;做好敏感商品的市场供应的动态平衡,防止市场运行的非正常波动和物价的社会性上涨,及时处理生产、建设、运输、内贸、外经贸等方面需要计划部门综合协调的问题;做好落实抗灾救灾以及应对其他意外情况的有关工作。进入21世纪后,我国的国民经济出现了长达10年高增长、低通胀的局面,成为历史上最好的发展时期。这个成绩的取得,是我们在加强宏观经济和市场运行跟踪监测、预测、预警的基础上,针对计划实施和经济运行中出现的突出矛盾和影响全局的问题,综合运用各种经济手段、经济法规和必要的行政手段,适时适度地进行即期调控,保证市场正常运行,引导国民经济朝着所期望的目标发展。

第五节
宏观调控着眼于激发经济活力

要稳定和完善宏观经济政策,保持经济运行在合理的区间。要创新宏观调控方式,加强区间调控、定向调控和相机调控,为经济发展营造良好环境,培育和创造出一个"活而有序"的市场体系。

一、通过改革激发经济活力

通过宏观经济调控,保持经济总量的大体平衡,避免通货膨胀和通货紧缩,实现经济的稳定增长。重点是要通过调整收入分配结构,提高中低收入者的购买力;实行鼓励消费的政策,进一步活跃市场,使消费保持旺盛增长,从而拉动投资的增长。要以提高人民的住、行和教育文化消费水平为主,培育新的消费热点,形成新的经济增长点。要注意正确引导居民的收支预期。每项改革措施的出台,都应使大多数人的收入有所增长,不能使改革的成本集中到一部分人特别是劳动群众身上。

必须抓住机遇,通过深化改革,不断解放生产力。要按照现代企业制度的要求,进一步深化国有企业改革,建立规范的公司制。要调整国有经济布局,坚持以公有制为主体,各种所有制经济共同发展。当前尤其要注意为中小企业的发展提供良好的政策环境。要深化金融体制改革和投资体制改革,发展和完善资本市场,开辟多种投融资渠道,鼓励社会投资迅速增长。要放宽社会投资进入的领域,凡是加入世界贸易组织后允许外资进入的领域,应先对内资开放。从各地情况来看,凡是多种所有制经济共同发展的地区,经济发展的活力就比较强,就业矛盾就解决得好,人民生活水平也能得到较快的提高。如浙江省,近几年农民收入持续高速增长,与全国农民收入增长缓慢的状态形成强烈反差。究其原因,是农村经济体制改革比较彻底，为农村第二、第三产业发展创造了良好的体制环境，全省农村形成了专业化的产业群、专业市场与小城镇相互促进的发展格局。全省农民收入的80%来自第二、第三产业，城乡经济出现协调发展的局面。浙江省的实践再一次证明，只有改革才能促进生产力发展。

二、发挥市场对资源配置的决定性作用

发挥市场对资源配置的决定性作用，就是让价值规律充分地发挥作用。在各个部门之间，通过价值规律作用，按照社会需求比例在各个部门间分配社会劳动，从而实现各部门供求的大体平衡。在一个部门内部，通过价值规律作用，把资源配置到最具发展潜力的企业，实现企业间的优胜劣汰。政府充当游戏规则的制定者和监督者，不要干预企业的经营决策。在实施经济转型、产业升级战略中，政府要制定明确的导向政策，包括鼓励类、限制类政策。在市场准入政策上，要制定负面清单，实行非禁即入原则。在要不要发挥政府作用以及如何发挥政府作用的问题上，东亚国家实行了与西方发达国家和拉美国家不同的模式，这也是东亚一些国家能够成功跨入高收入国家行列，而许多拉美国家长期落入中等收入陷阱的重要原因。我国在30多年的改革发展中，一方面不断扩大市场作用，另一方面逐步转变政府职能，完善宏观调控，创造了经济奇迹。我国与拉美国家经济体制的重要区别，就在于对政府作用的认识上，以至有国外经济学家把这两种经济现象概括为"华盛顿共识"和"北京共识"。自由经济学派对市场作用的过度推崇和对政府作用的过度批判，已经误导了不少国家政府。作为自由经济学派发源地的美国政府，在应对金融危机中对美国银行和房利美、房地美实施救助措施，美联储连续几年实施货币宽松政策，刺激企业投资和经济复苏，向国外转嫁危机，说明美国政府根本不相信自由经济学派的那一套理论。我国正处于转型升级的关键时刻，我们不仅不能使政府去功能化，而且要更好地发挥政府的作用。对经济实施必要的刺激措施，这不是一个贬义词，而是一个褒义词。一个负责任的经济学者，应当支持政府推出刺激经济的措施，而不能随意指责。

三、适时选定并实施带动能力强的国家重大工程

集中力量建设国家重大工程，带动经济、科技发展，是政府的一项重要职能。在美国历史上，不同时期都提出和实施了带动全球科技、军工发展的重大工程。如曼哈顿工程带动了核弹、核电发展；星球大战计划带动了航天航空产业发展；信息高速公路工程带动了全球互联网发展；新能源计划、出口倍增计划、再工业化计划等，对美国经济和全球经济也将产生重要影响。新中国成立以来，我国制定和实施的两弹一星工程、南水北调工程、长江三峡水利枢纽工程、青藏铁路工程以及正在实施的大飞机项目等，也都具有重大带动意义。当前面临经济转型升级挑战，应当选择和实施对全局具有带动意义的重大工程，如大规模集成电路工程、生物基因工程、新能源工程、根治淮河工程等，举全国之力攻克技术难关，对提升自主创新能力、经济竞争力和持续发展能力必将产生重大带动作用。

第十一章
投资体制的巨大变革及其影响

投资体制是我国整个经济体制的重要组成部分,它对社会扩大再生产过程中的资源配置方式有着重要影响。投资体制一头连着经济活动的宏观管理体制,一头连着微观经济活动,直接涉及宏观经济和微观经济。改革开放以来,随着我国社会主义市场经济体制的加快建立,我国投资体制也发生了重大变革。

第一节
改革前高度集中的投资权限

传统投资体制是传统计划经济体制的核心组成部分,它最典型、最集中地代表和反映了传统计划经济体制的全部特征。

一、高度集中统一的投资体制的建立与形成

从新中国成立到20世纪50年代末,我国初步建立统一的财政经济。通过1950年3月政务院第25次政务会议通过的《政务院关于统一管理一九五〇年度财政收支的决定》规定中央直属的经济建设费用和国营企业投资费用列入中央人民政府预算,大行政区、省(市)之国营企业投资和经济建设费分别列入大行政区及省(市)预算内开支,并提出无预算不拨款、无计划不审核预算的要求。1950年3月政务院通过《中央人民政府政务院关于统一国家财政经济工作的决定》,规定国营

企业的投资必须按照全国财政预算及中央财经委员会批准的各期支付数量支付。国营企业请领投资款项之前必须先有经过批准的工程概算。此后，国家又陆续发布了《关于决算制度、预算审核、投资的施工计划和货币管理的决定》《基本建设工作暂行办法》《基本建设工作程序暂行办法》《货币管理实施办法》《预算决算暂行条例》等一系列投资管理和财经制度。由此，形成了以集中统一为基本特征的计划经济投资管理制度。

二、高度集中的投资体制的特征

在传统计划经济体制下，投资权限高度集中，扩大再生产的权限由国家统一掌握，包括地方政府都没有投资权限，机器设备的更新、车间的改造需要报国家来审批，甚至工厂里盖个厕所也要报上来批。至于大的项目更是要国家来批，投资决策高度集中在政府手中；企业不是独立的投资主体，没有投资自主权；传统投资体制中投资来源以单一的财政性资金为主，投资要素主要通过条条和块块相分割的行政体制来分配和使用。政府对投资的管理主要采取以指令性计划为主要手段、以行政命令为主要中介的直接管理方式。传统投资体制是一种从上到下没有任何约束的"大锅饭"体制，权、责、利不相适应。无论是全国投资总量、投向、布局安排的决策发生失误，还是一个具体的建设项目决策或设计、施工发生失误，都很难明确责任者，无法追究任何责任。居民的钱只能存在银行，不可能直接用于投资。总之，传统投资体制的特征可以归结为：传统投资体制是以政府为单一的投资主体，以指令性投资计划和行政性立项审批为基础的，以高度集中的政府投资决策和单一的财政资金渠道为特征的直接管理型投资体制。

计划经济下的"全包全统"的一体化投融资管理体制，其基本特征表现在以下几个方面：第一，投资项目的决策权与审批权高度集中于中央。第二，投资的管理强调从中央到各部委的条条管理。第三，所有建设资金由财政统收统支，无偿划拨使用。第四，基建物质由国家统一分配，施工力量由国家统一安排。第五，建立统一集中的投资建设管理机构和管理制度。第六，国家设立专业银行，统一办理基本建设拨款并负责监督工作。

三、高度集中的投资体制的弊端

传统投资体制的弊端是,投资主体单一、投资决策高度集中、投资效益低下;投资供给的无偿性、投资责任的软约束性,造成普遍的"投资饥渴症",导致经济的周期性振荡;非商品经济性质的投资主体间的关系与商品经济及社会化大生产不适应。传统投资体制集中过多、控制过死的弊端,降低了生产经营者的积极性,使企业失去生机和活力。而在传统的投资体制中,政府与企业之间是"父子关系",国家通过指令性计划和行政机制控制投资项目和企业的经营活动,企业不承担任何投资风险,使企业的投资需求几乎不受预算约束和市场约束,导致企业投资效率低,资源浪费严重。实践证明,这种体制束缚了企业和劳动者投资的积极性,限制了生产力的发展。

第二节
下放投资审批权的改革效应

针对投资计划管理集中过多的弊端,20世纪80年代末90年代初,国家不断地一批批下放行政审批权限。

1984年10月,国务院出台《关于改革计划体制的若干暂行规定》,缩小了固定资产投资的指令性计划的范围,扩大了指导性计划和市场调节的范围,下放了固定资产投资项目的审批权限,简化了项目审批程序(五道改二道),进一步扩大了地方政府和企业的投资决策权。下放投资项目规模不断扩大,国家计委投资审批限额由1000万元以上提高到3000万元以上,后来提高到几亿元以下,最后放权放到由国家审批的项目集中到关系国家经济命脉和国计民生的重大的基础设施和骨干项目上,其余项目的审批基本都下放到省和计划单列市。

实行"分灶吃饭"的财政包干体制,改变了由中央集中"统收统支"的财政分配体制,出现了中央政府和地方政府两级利益主体,包括投资事权在内的两级事权得到初步划分。随着国有企业实行经营承包制、乡镇企业的崛起和三资企业的出现,以往政府作为单一投资主体的局面开始被多种所有制成分投资主体打破。

具体表现为:中央财政预算内基建拨款实行"拨改贷",地方财政利用机动财力和预算外收入扩大基建投入;国内银行逐年扩大固定资产投资贷款业务;对部分行业的基本建设贷款实行差别利率;开征国家能源交通重点建设基金和建筑税;企业利用自身积累的资金和折旧基金扩大投入;发行重点建设债券和企业债券;借入国际金融组织和外国政府贷款;外商直接投资涌入等,使获得建设资金的渠道迅速拓展,有偿使用的范围不断扩大。

下放投资权限这一政策,扩大了地方政府和企业的投资自主权,鼓励地方政府、企业和社会各方面进行投资,调动了各级地方政府和企业进行社会扩大再生产的积极性,利用了各方面可以利用的资源,对于保证改革以来经济的快速增长发挥了重要作用。

通过这一阶段的改革,在传统的投资体制中开始引入了市场机制。

一、企业向投资主体转变

从 1978 年开始,经过一系列改革,企业作为投资主体逐渐从政府中脱离。通过恢复企业基金制,建立 50% 的折旧基金留成制、利润留成制度,建立了自主权较大的专业总公司,组建了跨行业的大型企业联合体;通过推行投资包干责任制等改革,使企业自主权不断增大,自有资金不断增加,投资决策权不断扩大。

1984 年下半年实行的《关于改革建筑业和基本建设管理体制若干问题的暂行规定》进一步规定,"国家投资的建设项目,都要按照资金有偿使用的原则,改财政拨款为银行贷款"。"拨改贷"意味着企业不但可以使用自己所有的利润,而且还可以贷款,即以市场化的方式融入资金进行投资,这就使企业的独立投资主体地位得到了进一步强化。"拨改贷"政策实施以后,一方面,企业享有一定的投资决策权,并相应地承担一定的投资风险,企业与政府开始分离,向投资主体转变。另一方面，政府以贷款的方式而不是划拨的方式投入企业，政府和企业开始分离，政府也不再将企业视为自己的一部分，政府通过资金的有偿使用来约束投资主体，建立起投资的微观约束机制。

建筑施工企业的改革，使建筑施工企业从政府分离。1979年国家建委推行合同制，建筑施工企业与政府部门签订合同，按合同条款而不是按政府指令施工建设。1981年，国营施工企业开始实行经济责任制。1982年，开始实施建筑工程安装招标制度。1983年，实行利改税，同时建筑设计单位开始按照市场规则实行设计取费制度。

此外，通过设立经济特区，对外资实行开放政策，制定外资法规，外资企业被允许在中国投资，投资主体更加多元化。

二、政府的角色开始转变

投资体制改革的推进，促使政府的职能和作用的转变。在计划经济投资体制中，政府的职能是控制全社会投资资金的分配，统计计算投资总量。随着投资体制的改革和投资主体的多元化，政府直接控制的投资逐渐减少，政府自身所能支配的投资资金只是全社会投资的一部分，政府投资不能代表社会总投资。从1981年起，政府开始编制包括多渠道资金在内的综合基本建设计划；1982年开始，又把全民所有制基本建设投资和更新改造投资统一纳入固定资产投资计划。这意味着政府不再是投资的唯一全能主体，而是向投资活动管理者转变。

投资决策权的纵向下放拉开了高度集中的投资计划管理体制改革的序幕。企业从政府中分离出来，被赋予投资的法人资格和贷款融资资格，这使得企业作为投资主体开始关注投资收益，关心市场供求变化，并具有一定响应供求变化的能力，市场机制开始发挥调节作用。投资资金由政府财政划拨改为银行贷款流入企业，使银行成为投融资的渠道，促进资本市场的发展。

第三节
有心栽花花不开，无心插柳柳成荫

20世纪80年代初至90年代末的投资体制改革从根本上改变了投资的结构，催生出多元化的投资格局。

一、国有企业成为投资主体

1985年，按照《关于国家预算内基本建设投资全部由拨款改为贷款的暂行规定》的规定，国家预算安排的基本建设投资全部由财政拨款改为银行贷款，"拨改贷"全面推开。同年，金融体制改革进一步深化，人民银行专职货币发行和制定、行使货币政策；专业银行从事存贷款业务。金融体制改革使企业能获得更多的投资资金。党的十三大以后，国有企业股份制试点范围进一步扩大。1992年出台的《全民所有制工业企业转换经营机制条例》规定，财政部把原确定为企业预算外资金部分规定由企业自主支配使用，包括可以用作投资。

此外，一些专业银行特别是建设银行系统的信托投资公司利用自有资金和吸收的信托资金，直接进行投资。

但是，从总体上来看，以投资权限下放为标志的投资体制改革仍然滞后于社会主义市场经济发展的要求，滞后于财政、金融、计划等宏观经济体制改革的步伐。突出的问题是，投资的风险约束机制还没有建立起来，计划体制下存在的"投资饥渴症"尚未得到根治，在财政分灶吃饭的体制下，下放投资权限，形成了条块分割的体制，使投资资金过度分散，不能集中财力兴办符合规模经济要求的建设项目。企业仍未成为真正的、完善的投资主体。市场配置资源的基础性作用还没有发挥出来。大量的投资项目仍然由各级政府决策，出了问题又把责任推给企业，实际形成了对投资效益和投资回收无人过问的局面。由于投资体制存在的这些问题，导致"大而全、小而全"和盲目重复建设现象蔓延。

二、民间投资异军突起

1978年以来的农村经济体制改革大大提高了农业劳动生产率水平，增加了农村剩余劳动力和消费剩余产品，为农民投资创办企业提供了必要条件。1984年中央出台文件允许农民从事非农业生产经营活动，允许农民个人或集体投资办厂，之后，乡镇企业便如雨后春笋般在广大农村地区成长起来，造就了一大批民营投资主体。

与此同时，以城市个体工商户为主体的城市民营投资主体也发展起来。随着这些非国有投资主体的迅速成长，它们在投资活动及整个社会经济活动中的范围和影响日益增大，计划经济投资体制起作用的范围也随之逐渐萎缩。这对投资体制由计划模式向市场模式演变起到了积极的推动作用。

伴随着中国经济体制的改革和对外开放的发展，中国民间投资迎来了发展机遇。民间投资高速扩张，占全社会固定资产投资的比重稳步上升，并于2002年首次超越国有经济投资，成为拉动投资增长的主导力量。根据Wind咨询的数据，2004年，我国民间固定资产投资完成额为17957.5亿元，2016年，民间固定资产投资完成额为365219.4亿元，年均增长28.5%。民间投资占全社会投资的比重由1980年的18.1%提高到了2015年的64.2%。由此可见，民间投资的规模在逐年扩大，民间投资占全社会投资的比重在逐年增长，民间投资对全社会投资的贡献也在逐步提高。

第四节
民间投资在规范中发展，在发展中规范

近10多年来，民间增速大都略高于投资的整体增速。民间投资在全社会固定资产投资中的比重也在逐步上升，2015年曾达到65%左右的峰值。与此同时，民间投资也遇到了不少问题。总体来看，随着投资体制改革的深入推进，民间投资呈现出"在规范中发展，在发展中规范"的态势。

一、民间投资领域不断拓宽，但仍有诸多限制

得益于民间资本的活力、效率，国家一直在放宽民间资本的投资领域。民间资本的投资领域主要分布于食品加工、服装、塑料制品、医药、资源、能源、制造业，以及租赁、批发、零售、住宿、餐饮等一般服务业，重点投向资本市场、房地产和资源类产业。随着政策的逐步放开，民间资本加大了交通、农村水利、通信等领域的投资力度，同时开始向垄断性行业如电力、电信、邮政、金融、烟草、石油、铁路、航空等渗透。

同时我们也看到，尽管国家一再鼓励拓宽民间资本进入垄断行业的领域，但是更多的只是体现在政策层面，并没有落实到位。民间资本进入市场仍然面临诸多壁垒，不能享受公平的待遇，不但进入门槛高，而且税收、融资、人才等待遇都不一样。尽管政策规定民间资本可投资部分垄断行业，但是其在这些垄断行业的投资中占比很低，只占10%左右。

二、民间投资比重越来越大，但仍有过多的民间资本成为炒作游资

民间资本在各行业中的投资额越来越大，占全社会固定资产投资比例逐年攀

升。在《中国统计年鉴》中找不到民间投资的具体数据,但是从全社会固定资产投资资金来源看,国内贷款占比越来越低,从 1995 年的 20.5% 下降到 2011 年的 13.4%。利用外资占比也一直走低,从 1995 年的 11.2% 下降到 2011 年的 1.5%。只有自筹资金占比一直走高,从 2002 年及以后就超过了 50%,且一路攀升,在 2011 年达到历史最高的 66.3%。然而,金融危机后国内经济受到的负面影响远未消除,人民币升值、经济结构调整、房价上涨、中小企业用工成本和生产成本上升,使民间资本不愿流向制造业。近几年股市不景气,民间资本炒热了中国的棉花、糖、姜、绿豆等农副产品,以及水电、煤矿等资源类产品。在金价普跌的情况下,全球大的金融机构远离金市,"中国大妈"却奇迹般地掀起了抢购黄金的热潮。投资渠道不畅、制造业不景气,过剩的民间资本在一定程度上对中国的经济产生了不利的影响。

三、民间资本投融资市场混乱,运营主体素质有待提高

迅速增长的民间资本,狭窄的投资渠道,不公平的投资环境,监管的缺失,使得民间资本投融资市场混乱。在宏观经济形势严峻的当下,中小企业贷款困难,经营也困难,更加依赖民间借贷,而民间借贷的利率也水涨船高,随着风险的增大利率增加,致使中小企业经营更加困难,进而又导致民间借贷的风险剧增。民间借贷市场中资金链断裂的事件频出,前些年发生的浙江老板跑路事件、吴英案等,折射了民间借贷存在的诸多问题。

中国民间资本起始于商业资本,发展于产业资本,很多民营资本家因为胆大、吃苦、执着的精神从家庭小作坊做成了现代化的企业。但由于受企业主知识结构、自身综合素质以及信息来源等方面的局限,中国民间资本运营主体的素质有待提高,在企业管理中出现了家族化企业、企业家独裁、民企价值观念落后、企业规章制度不健全、组织计划薄弱、灰色企业文化、战略迷失等问题,阻碍了民营资本进一步规范运作和发展。

第五节
市场决定资源配置应主要体现在投资权上

在传统计划经济体制下，管理权限高度集中，扩大再生产的权限由国家统一掌握，企业没有投资自主权，居民的钱只能存在银行，不可能直接用于投资。实践证明，这种体制束缚了企业和劳动者投资的积极性，也限制了生产力的发展。社会主义市场经济体制的建立，特别是投融资体制的改革，赋予了企业和个人投资自主权。

《国务院关于投资体制改革的决定》（国发〔2004〕20号）明确提出，深化投资体制改革的指导思想是：按照完善社会主义市场经济体制的要求，在国家宏观调控下充分发挥市场配置资源的基础性作用，确立企业在投资活动中的主体地位，规范政府投资行为，保护投资者的合法权益，营造有利于各类投资主体公平、有序竞争的市场环境，促进生产要素的合理流动和有效配置，优化投资结构，提高投资效益，推动经济协调发展和社会全面进步。深化投资体制改革的目标之一是：改革政府对企业投资的管理制度，按照"谁投资、谁决策、谁收益、谁承担风险"的原则，落实企业投资自主权；合理界定政府投资职能，提高投资决策的科学化、民主化水平，建立投资决策责任追究制度。并提出，扩大大型企业集团的投资决策权。基本建立现代企业制度的特大型企业集团，投资建设《政府核准的投资项目目录》内的项目，可以按项目单独申报核准，也可编制中长期发展建设规划，规划经国务院或国务院投资主管部门批准后，其中属于《目录》内的项目不再另行申报核准，只需办理备案手续。企业集团要及时向国务院有关部门报告规划执行和项目建设情况。鼓励社会投资。放宽社会资本的投资领域，允许社会资本进入法律法规未禁入的基础设施、公用事业及其他行业和领域。

党的十八大后，特别是在十八届三中全会通过的《中共中央关于全面深化改革若干重大问题的决定》的推动下,我国的投融资体制改革又获得了重大进展。2013年,国务院决定在上海自贸区内探索国际上通行的"负面清单管理"模式,使得投资体制改革又向前迈出了一大步,给企业发挥投资自主权腾出了更多空间。2016年7月5日印发的《中共中央国务院关于深化投融资体制改革的意见》,进一步明确了"企业为主,政府引导""放管结合,优化服务""创新机制,畅通渠道"等总体要求,重申了"确立企业投资主体地位""发挥好政府投资的引导和带动作用"。这在一定程度上体现了中共中央、国务院对深化投融资体制改革,充分发挥市场配置资源的作用,进一步完善社会主义市场经济体制的坚强决心,也体现了中央政府对由企业依法依规自主决策投资行为的高度重视。

在以落实市场主体投资权为重点的投资体制改革下,政府鼓励各类社会投资的政策激发了劳动者投资创业的积极性,一大批乡镇企业和城镇个体、私营经济迅猛兴起,支撑了整个国民经济的持续快速增长。企业股票上市和各类债券的发行,给了居民越来越多投资选择的机会。实践证明,劳动者个人拥有投资权,有利于充分调动蕴藏在亿万群众中发展经济的积极性,把闲散的资金集中起来,兴办各类事业;有利于劳动者自主创业,自谋职业,既满足社会需要,又扩大劳动就业;有利于企业的优胜劣汰,效益好的企业可以从金融市场中迅速筹集资金,充分发展,效益不好的企业由于得不到资金支持而破产,分散了经营风险。

像浙江的经济发展比较快,它的一个重要经验就是千百万农民成为市场的主体、投资的主体,能够迅速捕捉市场信息,具有很强的经营意识和应变能力。像鲁冠球、邱继宝、南存辉等乡镇企业的领头人,20年前他们还只会种地、弹棉花、修自行车、修鞋,今天已掌管着上亿元甚至几十亿元资产,成为市场竞争的佼佼者。他们说,战争年代出一批农民将军,改革开放年代要出一批农民企业家。正是由于劳动者有了投资入股的自主权,才使他们有了发展的机遇,创造了发展的奇迹。

改革开放以来,国家对原有的投资体制进行了一系列改革,打破了传统计划经济体制下高度集中的投资管理模式,初步形成了投资主体多元化、资金来源多渠道、投资方式多样化、项目建设市场化的新格局。但是,现行的投资体制还存在不少问题,特别是企业的投资决策权没有落实到位,市场配置资源的决定性作用尚未得到充分发挥,如何更好地发挥政府在投资中的作用需要进一步探索。

第十二章
建立激励与约束相结合的投资管理体制

多年以来，我国投资领域存在着两个老大难问题。一是"投资饥饿症"导致反复出现投资总规模过大，成为总需求膨胀以至周期性经济波动的重要原因；二是投资结构不合理造成国民经济发展的瓶颈制约加剧，降低了宏观经济效益。这两个问题产生的根源在于：传统计划体制下投资的权责脱节和资金供应上的"大锅饭"。实践证明，要解决这些老大难问题，必须依靠市场经济机制，即建立投资的激励机制和风险约束机制。

投资激励机制是保证投资者收益和以行业平均资金利润率引导投资方向的机制。在市场经济条件下，生产要素向价格较高的行业和地区流动，实现资源的配置。由于受价值规律和供求规律的影响，生产要素价格较高的地方，要么是短线行业，要么是竞争能力比较强的企业。资本和其他各生产要素按照追求最大利润的原则流向这些地方，也就达到了资源优化配置的目的。所以，调整产业结构的动力来自利益的驱动，我国国民经济中长期形成的短线和长线行业，究其根源是价格问题。旧体制下的价格管理制度，把基础产业和基础设施的产品和服务价格定得过低，以致交通、通信和能源行业的投资不能收回，简单再生产难以维持，扩大再生产的投资严重不足，因而这些行业得不到应有的发展。相反，加工工业产品的价格定得偏高，会造成生产能力过剩和严重的重复建设。为了有效地调整产业结构，建立能够把资金引向短线行业的激励机制，必须形成由市场决定价格的机制。要加快价格调整的步伐，在原有价格没有理顺之前，应允许新形成的生产能力实行市场价格。

第一节
落实企业投资自主权

按照建立现代企业制度的要求，实行项目法人责任制，是打破投资上的"大锅饭"，强化国有单位投资风险约束机制的根本措施。项目法人责任制的核心是把投资者的所有权同项目法人的财产权分开，投资者仅以其出资额对项目投资经营承担有限责任，经理由投资者组成的股东大会或董事会聘任，项目经营者则承担职业风险。也就是说，一旦发生投资失误或因经营不善而出现偿债困难，投资者就会失去其投资，项目经营者则除承担必要的责任外，按照法律规定，在一定时期内将不允许再担任类似职务。

一、按照项目类型落实投资权

工业项目逐步做到依托现有企业进行建设。改建、扩建项目，企业是项目法人；合资建设的项目，成立董事会，董事会是项目法人。项目法人对建设项目的筹划、筹资、建设实施直至生产经营、归还贷款和债券本息以及资产的保值，实行全过程负责，并承担投资风险。今后改建、扩建项目应先有投资责任主体，后定建设内容，即先有项目法人，后定项目。项目建议书改由项目法人提出。新建项目，应尽可能依托现有企业进行。不能依托现有企业的，项目建议书可由政府部门提出，但经批准后需要迅速确定项目法人。国家投资建设的项目，还可以采取招标的方式确定建设项目承担者。

建设项目经批准立项后，有关资金筹措、招标定标、建设实施、生产经营、人事任免等，由项目法人按照国家有关规定的权限自主决定。项目建设与生产所需的外部条件，由项目法人与有关企业签订合同。外部条件需要国家统筹安排的，应按规定报批。因决策失误或管理不善造成项目法人无偿还债务能力的,应依法破产,银行有权依法取得抵押财产,或由担保人负责偿还债务。

合资建设的项目应积极推行法人持股的股份制形式。凡不同投资方合资建设的新建、扩建项目,都应创造条件,组建符合规范的有限责任公司或股份有限公司,各投资方按入股比例分产权、分利润、分产品。

在强化投资者的风险责任的同时,还要建立银行贷款的风险机制。依托现有企业进行建设的项目,凡是需要向银行申请贷款的,应具有企业资产和资产状况的审计报告。银行必须严格审核企业的资信度,评估企业的还贷能力。企业使用银行贷款,必须用现有资产作为抵押。同一资产只许在一家银行抵押一次。如企业没有足够的自有资产作抵押,必须委托有足够偿债能力的法人做担保人。政府及有关部门不能担保。当借款企业无力按期偿还贷款时,担保人承担偿还责任。实行建设项目资本金制度,根据项目总投资的一定比例(不同行业不同比例)予以注册登记。注册资金必须使用企业自有资金,不能使用借入资金。为保证建设项目开工后的续建资金,应有相应的金融机构对后续投资的贷款、筹资作出担保。银行应建立严格的资产负债和资产风险比例管理制度,逐步将资本充足率即资本与总资产的比率提高到《巴塞尔协议》规定的水平,并规定可用于投资贷款或担保的数额占其总资本的比例。

规范企业的融资行为。企业投资资金来源统一规范为企业自有资金和企业对外筹措资金两部分。企业自有资金是指企业所有、自行支配、用于固定资产投资、无须偿还的资金。企业对外筹措资金是指以企业名义从境内金融机构和资金市场借入、需要偿还的用于固定资产投资的资金,主要包括商业银行贷款和经批准发行的企业债券。

建立科学和严格的投资决策责任制。各类投资项目都必须严格执行固定资产投资的科学论证和决策程序,努力减少决策失误。所有投资项目都应经过有资格的咨询公司评估,听取专家和工程技术人员的意见。国家投资的项目一般由政府有关部门按管理权限批准立项,政策性银行根据自己对项目的评估决定是否提供资金或参股、控股。项目法人拥有项目的决策权。建设项目涉及规划布局、土地占用、环境保护、安全、卫生等方面的问题，由政府有关部门依法审核。

二、按照项目类型划分投资方式

从我国的实际情况出发，并根据国外经验，应按照项目的不同特点和投资主体，把固定资产投资大体分为竞争性项目、基础性项目和公益性项目三类，实行不同的投资方式。

竞争性项目主要是指该项目所属行业的投资资金利润率达到或高于社会平均水平，市场调节比较灵敏，行业内具有国际竞争能力的企业集团已经形成。这类行业的投资项目应当交给市场，由企业自主决策、展开竞争，政府逐步从中退出，企业投资除运用自有资金外，所需贷款由企业向银行申请，由商业银行自主决定，自担风险。企业和银行可以双向选择。大型项目应由几家银行组成银团共同贷款。申请贷款的企业必须有一定的资本金，经过资信评估，并要有资产抵押和风险担保。

基础性项目主要包括具有自然垄断性、建设周期长、投资量大的基础设施，以及需要政府扶持的基础工业、支柱产业中的重大项目。今后一段时期内，基础性项目的投资仍属于政策性投融资。有些应以政府为主，联合企业共同投资。要开辟基础性项目的投融资渠道。根据中央与地方财权、事权的划分，合理确定各自负责的基础设施建设的范围。国家重大建设项目或重点支持的项目，由国家计划提出备选项目，通过财政投融资和发行金融债券等渠道筹资，还可以通过国有资产存量的调整，抽出一部分资金用于基础性项目建设。这类基础性建设项目都要建立企业法人的风险约束机制。

公益性项目主要包括教育、文化、卫生、体育、环保、国防建设等，其投资主要由政府用财政资金拨付。应调动社会各方面的积极性，广泛吸收社会资金兴办公益性项目。对一些营利性的社会公益性项目，也要推行企业法人责任制。

第二节
谁投资、谁受益、谁承担风险

项目法人责任制是由项目法人对投资项目的策划、筹资、建设、经营、偿债和资产的保值增值实行全过程负责。也就是说,要求项目法人在享有投资决策权及其他充分权利的同时,承担相应的投资风险责任。建立项目法人责任制是国际上普遍实行的一种投资项目的组织管理方式,是被实践证明了的强化投资责任约束机制、规范项目法人行为的有效方法。

一、我国项目法人责任制的形成

在我国,项目法人责任制是从 1984 年开始逐步形成和建立起来的。第一步,推行多种形式的项目投资包干责任制。1984 年,为了适应整体经济体制改革的需要,国家先后在建筑业和基本建设领域推行投资包干责任制,对勘察设计单位实行建设项目技术经济承包责任制。由项目承包单位负责对投资项目实行"五包",即包投资、工期、质量、主要原材料用量、形成综合生产能力;同时,由项目主管部门负责"五保",即保建设资金、设备材料、外部配套条件、生产定员设备、工业项目投料试车所需原料和燃料供应。在这些总体要求前提下,实行多种投资包干的形式:①建设单位对项目主管部门包干;②工程承包公司接受项目主管部门或建设单位的委托实行包干;③施工单位接受项目主管部门或建设单位的委托,承担建设全过程的包干;④下级对上级的包干。与此同时,建设项目任务的确定开始采取招投标方式。第二步,实行建设项目的业主责任制。1992 年 8 月,国务院决定,新开工项目原则上都要实行业主责任制,项目业主对从建设项目的筹划、筹资、设计、建设实施,到生产经营、偿贷付息以及国有资产的保值增值的全过程负责。随后,在全国，重点是在大中型项目中实行了多种形式的项目业主责任制。第三步，推行建设项目法人责任制。为了适应建立社会主义市场经济体制的要求，适应企业成为"四自"的市场主体和法人实体的需要，建立投资责任的约束机制，规范项目法人的行为，明确责、权、利，提高投资效益。1992年，在投资体制改革方案中，提出了推行企业法人责任制的要求。要求建设项目逐步做到，先有法人主体，后定项目，由企业法人对建设项目的策划、筹资、建设直至生产经营、归还贷款、债券本息，以及资产的保值增值，实行全过程负责制，强化风险约束。还提出改建、扩建和新建项目，都要尽可能地依托现有企业进行。

"九五"期间，在总结经验的基础上，进一步研究制定了有关实施办法。1996年1月，国家计委依据《中华人民共和国公司法》（简称《公司法》），颁布实施了《关于实行建设项目法人责任制的暂行规定》，明确要求国有单位经营性基本建设大中型项目在建设阶段必须组建项目法人。项目法人可按照《公司法》的规定设立有限责任公司（包括国有独资公司）和股份有限公司形式。这就把项目法人责任制又向前推进了一步。

二、项目法人制的基本内容

推行项目法人责任制的目的是使各类投资主体形成自我发展、自主决策、自担风险、追求效益的运行机制和项目经营机制。依据"谁投资、谁受益、谁承担风险"的原则，强化投资主体的风险责任约束，这是符合社会主义市场经济要求的。项目法人责任制的主要内容包括项目法人的设立、项目法人的组织形式和职责、项目法人的任职条件和任免程序、考核和奖惩等几个方面。①项目法人设立的基本规则。新上项目在项目建议书被批准后，应及时组建项目法人筹备组，具体负责项目法人的筹建工作，项目法人筹备组应主要由项目的投资方派代表组成；在申报项目可行性研究报告时，必须同时提出项目法人的组建方案；在项目可行性研究报告批准后，正式成立项目法人；项目法人组织要精干。还规定，由原有企业负责建设的基建大中型项目，需新设立子公司的，要重新设立项目法人；对只设立分公司或分厂的，原企业法人就是项目法人。②项目法人的组织形式。根据项目的组成形式不同，项目法人的组成也应采取不同的形式。国有独资公司设立董事会，董事会由投资方组建；国有控股或参股的有限责任公司、股份有限公司设立股东会、董事会、监事会，董事会和监事会由各投资方按照《公司法》的有关规定进行组建；董事会应建立例会制度，讨论项目建设中的重大事宜，对资金支出进行严格管理，并以决议的形式予以确认。③项目法人的责权。建设项目董事会的职权包括：负责筹措建设资金；审核、上报项目初步设计和概算文件；审核、上报投资计划并落实年度资金；提出项目开工报告；研究解决建设过程中出现的重大问题；负责提出项目竣工验收申请报告；审定偿还债务计划和生产经营方针，并负责按时偿还债务；聘任或解聘项目总经理，根据总经理的提名，聘任或解聘其他高级管理人员。项目总经理的职权包括：组织编写项目初步设计文件；组织招投标工作；编制并组织实施项目年度投资、用款、建设进度计划和项目财务预决算，编制并组织实施归还贷款和其他债务计划；组织工程建设实施，负责控制工程投资、工期和质量；在项目建设过程中，在批准的概算范围内对单项工程的设计进行局部调整；根据董事会授权，处理项目实施中的重大紧急事件；负责生产准备工作、培训有关人员；负责组织项目试生产和单项工程验收；拟订生产经营计划、企业内部机构设置、劳动定员定额方案及工资福利方案；组织项目后评价，提出项目后评价报告等。从上述责权可以看出，项目法人对项目的策划、筹资、建设、经营、偿债和资产保值增值实行全过程负责制。④项目法人的考核与奖惩。对项目法人考核的主要内容包括：一是国家发布的固定资产投资与建设的法律、法规的执行情况；二是国家年度投资计划和批准设计文件的执行情况；三是概算控制、资金使用和工程组织管理情况；四是建设工期、施工安全和工程质量控制情况；五是生产能力和国有资产形成及投资效益情况；六是土地、环境保护和国有资源利用情况；七是精神文明建设情况；八是其他方面需要考核的事项。

第三节
建立招标投标制

从 20 世纪 80 年代开始，我国逐步推行招标投标制。先后在利用国外贷款、机电设备进口、建设工程发包等领域实施，并逐步规范化，现已上升到法律形式，自 2000 年 1 月 1 日起，开始施行《中华人民共和国招标投标法》（简称《招标投标法》）。在固定资产投资领域推行招标投标制，对于创造公平竞争的市场环境、提高投资的经济效益、保证工程质量发挥了重要作用。

一、招标投标制的基本内容

1. 实行招标投标的范围

固定资产投资领域推行的招标投标主要集中在三大领域：一是大型基础设施、公用事业等关系社会公共利益、公众安全的项目；二是国家投资、融资的项目；三是使用国际组织或外国政府贷款、援助资金的项目。

2. 招标投标的方式

目前国内实行的招标投标的方式主要有三种。一是公开招标。公开招标是招标人以招标公告的方式邀请不特定的法人或者其他组织招标。二是邀请招标。邀请招标是指招标人以投资邀请书的方式，邀请若干特定的法人或者其他组织投标。三是议标。议标是通过协商达成交易的一种方式，通常是在非公开状态下采取一对一谈判的方式进行。

3. 招标投标的规则

一是招标规则。招标人提出的招标项目，按照国家有关规定需要履行审批手续的，应先获得批准，并落实资金来源；招标人在对潜在投标人进行资格审查时，不得以不合理的条件限制或排斥潜在投标人,不得实行歧视待遇;招标文件不得要求特定的生产供应者以及含有倾向或者排斥潜在投标人的其他内容;招标人不得向他人透露已获得的招标文件的有关内容。

二是投标规则。投标人应具备承担招标项目的能力,具备国家规定招标文件规定的资格条件;投标人应按照招标文件的要求编制投标文件,投标文件应对招标文件提出的要求和条件作出实质性响应;投标人拟在中标后将中标项目的部分非主体、非关键性工作交由他人完成的,应在投标文件中载明;投标人不得串通投标,不得排挤其他投标人的公平竞争,不得以低于成本的报价竞标,也不得以他人名义投标或以其他方式弄虚作假,骗取中标。

4. 评标、中标的方法

评标与确定中标是招标投标活动中最重要的环节。从我国推行招标投标的实践来看,通过评标委员会评标有利于体现公开、公平和公正的竞争原则,保证中标的质量。因此《招标投标法》规定:评标由评标委员会负责,评标委员会由招标人的代表和有关技术、经济等方面的专家组成,其中专家不得少于成员总数的2/3;评标委员会完成评标后,向招标人提出书面评标报告并推荐合格的中标候选人,招标人根据评标委员会的书面评标报告和推荐的中标候选人确定中标人;评标委员会经评审,认为所有投标都不符合招标文件要求的,可以否决所有投标;所有投标被否决的,招标人应重新招标。

二、招标投标制的历史沿革

1. 起步阶段(1980—1989年)

1980年10月17日,国务院制定《国务院关于开展和保护社会主义竞争的暂行规定》,首次规定"对一些适于承包的生产建设项目和经营项目,可以试行招标投标的办法"。1983年6月7日,城乡建设环境保护部颁布《建筑安装工程招标投标试行办法》,规定建筑安装工程通过招标择优选定施工单位,施工单位可通过投标承揽工程任务。这是建设工程招标投标的第一个部门规章,也是第一个对招标投标作出较详尽规定的办法。它的颁布为我国推行招标投标制度奠定了基础。1984年9

月18日，国务院颁布《国务院关于改革建筑业和基本建设管理体制若干问题的暂行规定》，要求改变单纯用行政手段分配建设任务的老办法，大力推行工程招标承包制，开始全面推行招标投标制度。同年11月，国家计委、城乡建设环境保护部联合制定《建设工程招标投标暂行规定》。此后，各地相继制定了招标管理办法，开始探索我国的招标投标管理和操作程序。随着计划经济体制向市场经济体制转变，我国率先在工程建设领域推行招标投标制度，拉开了我国招标投标制度全面推广和发展的序幕。招标投标领域伴随各领域的体制改革而逐步扩大，由建筑行业逐步扩大到铁路、公路、水运、水电、广电等专业工程，由工程的建筑安装逐步扩大到勘察设计、工程设备等工程建设项目的各个方面，由工程招标逐步扩大到机电设备、科研项目、土地出让、企业租赁和承包经营权转让招标。在扩大招标投标领域的同时，还制定了招投标管理规章，建立了招投标监管机构和专门的招标机构。

2. 发展阶段（1990—1999年）

1991年2月，为加强国家重点建设项目的管理，国家计委下发了《关于加强国家重点建设项目及大型建设项目招标投标管理的通知》，要求建设项目的设计、设备采购、施工除有特殊原因不宜招标外，都要创造条件实行招标，可根据工程的性质、规模、复杂程度及其他客观条件，分别采取公开招标、邀请招标和议标等方式。国家建设项目招标投标工作由此开始逐渐推广，取得了显著的经济和社会效益。

1992年10月，党的十四大确立社会主义市场经济体制的改革目标。次年11月，党的十四届三中全会通过《中共中央关于建立社会主义市场经济体制若干问题的决定》，国务院随后作出了深化外贸体制、建筑市场体制改革的决定，进一步解除了束缚招标投标制发展的体制障碍。11月，国家计委制定《关于建设项目实行业主责任制的暂行规定》，明确由项目业主负责组织工程设计、监理、设备采购和施工招标工作，自主确定投标、中标单位。12月，建设部发布《工程建设施工招标投标管理办法》，对招标投标各个环节作出了明确规定，进一步规范招标投标制。

1998年3月1日，《中华人民共和国建筑法》在全国施行，确立了建筑工程发包与承包招投标活动的法律地位。8月建设部印发《关于进一步加强工程招标投标管理的规定》，《规定》要求凡未建立有形建筑市场的地级以上城市，在年内要建立起有形建筑市场（即建设工程交易中心）。至此，开始初步形成建筑市场监督管理新模式，结束了工程建设招标投标工作各自为政、执法监察不力等状况。

回顾这一阶段的历史可以看出，第二阶段招标投标事业发展迅速，招标投标扩大到政府采购，从中央到地方普遍加强对招标投标的管理和规范工作，相继出台一系列法规和规章，招标方式已经从以议标为主转为以邀请招标为主，交易活动已由无形转为有形、隐蔽转为公开，招标投标管理体系基本形成。这不仅为招标投标公开、公平、公正开展提供了有力保障，也有效地遏制了工程建设领域的腐败行为，为完善招标投标制和在全国推行公开招标投标打下了坚实基础。

3. 法制化阶段（2000年至今）

2000年1月1日，《中华人民共和国招标投标法》生效，招标投标活动开始步入法制化、制度化和规范化的管理轨道，极大地推动了招标投标工作，有力地促进了我国市场经济的健康发展，成为我国招标投标事业发展的重要里程碑，标志着我国招标投标事业发展进入了全新的历史阶段。我国招标投标事业在深入贯彻落实《招标投标法》的过程中得到长足发展，全社会依法招标投标意识显著增强，各地坚持标本兼治，立足培育和发展招投标市场，着力推进招投标体制创新、机制创新和科技创新，大力推行电子招标投标系统，加强招标投标全过程监督管理，从源头上防治围标串标等违法违纪行为，使招标投标行为日趋规范，市场诚信体系建设进一步完善，招标投标领域得到不断拓展，深化完善综合监管体系，朝着构建统一开放、竞争有序的招标投标市场而努力奋斗。

第四节
建立工程建设监理制度

为了确保工程建设质量，提高投资效益，从1996年起，我国在固定资产投资建设领域全面推行工程建设监理制,由国家计委和建设部共同负责推进工程建设监理事业的发展。第一,工程建设监理的范围和内容。工程建设监理的范围包括:大、中型工程项目;市政、公用工程项目;政府投资兴建和开发建设的办公设施、社会发展事业项目和住宅工程项目;外资、中外合资、国外贷款、赠款、捐款建设的工程项目。工程建设监理的主要内容是:控制工程建设的投资、建设工期和工程质量;进行工程建设合同管理,协调各有关单位间的工作关系。第二,工程建设监理合同与监理程序。工程监理合同的主要内容有:监理的范围和内容、监理单位与项目法人双方的权利与义务、监理费的计取与支付、违约责任、双方约定的其他事项。工程监理合同由监理单位与项目法人签订。工程建设监理的一般程序为:编制工程建设监理规划;按工程建设进度,分专业编制工程建设监理细则;按照工程建设监理细则进行工程建设监理;参与工程竣工预验收,签署工程建设监理意见;工程建设监理业务完成后,向项目法人提交工程建设监理档案资料。

一、建设监理制度的提出

1988年7月建设部颁发《关于开展建设监理工作的通知》,《通知》指出:党的十三大以后,随着计划商品经济的发展和基本建设投资体制、设计与施工管理体制的改革,迫切需要建立一个能够有效控制投资、严格实施国家建设计划和工程合同的新格局,抑制和避免建设工作的随意性。

为了开拓国际建筑市场,也需要采用国际通行管理办法与其相衔接。1988年11月建设部印发《关于开展建设监理试点工作的若干意见》,明确指出试点指导思想:改革建设项目管理体制,提高投资效益和建设水平,确立建设领域社会主义商品经济新秩序,建立具有中国特色的建设监理制度。

二、工程建设监理制度的确立

1988年《关于开展建设监理工作的通知》和《关于开展建设监理试点工作的若干意见》先后发布,确定北京、上海、天津、南京、宁波、沈阳、哈尔滨、深圳8市和能源、交通两部的水电和公路系统18家企业为全国开展建设监理工作试点。

并就监理单位建立和管理、监理业务的取得和内容、监理取费、监理与建设和承建单位的关系等给出了明确的指导意见和管理办法。在开展建设监理试点工作同时，开展了监理人员培训，为推行建设监理做组织上的准备。通过试点，建设部于1989年7月颁布了建设监理工作的第一个规范性文件《建设监理试行规定》，1992年1月和6月分别颁发了《工程建设监理单位资质管理试行办法》和《监理工程师资格考试和注册试行办法》，1992年9月国家物价局、建设部联合发布了《关于发布工程建设监理费有关规定的通知》等文件，这些都是试点工作的结晶。

1995年10月建设部、国家工商行政管理局印发了《工程建设监理合同（示范文本）》，12月建设部、国家计委印发了《工程建设监理规定》。在此阶段，北京、上海、河北、浙江、湖南等省市政府或人大常委会分别发布了地方监理法规。在12月全国第六次监理工作会议上，建设部决定按原定计划，从1996年开始在全国推行工程建设监理制度。1997年11月1日，第八届全国人大常委会第二十八次会议通过的《中华人民共和国建筑法》第三十条规定："国家推行建筑工程监理制度"，以立法的形式确立了我国建筑领域实行工程建设监理制度。

三、工程建设监理制度的发展

从1988年11月确定"建立具有中国特色的建设监理制度"至今，监理法规体系从无到有、不断提高、逐步完善的过程，也是工程建设监理制度发展与完善的过程。如1996年1月1日实施《工程建设监理规定》，建设部1989年7月发布的《建设监理试行规定》同时废止；2001年的《工程监理企业资质管理规定》替换了1992年的《工程建设监理单位资质管理试行办法》，2007年又被《工程监理企业资质标准》和《工程监理企业资质管理规定》替换；2006年4月1日施行《注册监理工程师管理规定》，1992年的《监理工程师资格考试和注册试行办法》同时废止；《建设工程监理与相关服务收费管理规定》2007年5月1日施行，1992年的《关于发布工程建设监理费有关规定的通知》同时废止等。

第五节
严格投资项目管理程序

在社会主义市场经济条件下,加强固定资产投资的计划和管理、实施投资宏观调控的主体仍然是政府。但对投资行为、投资主体的管理要按照市场经济的要求,该放开的一定要放开,让企业、居民根据市场需求开展投资活动,政府主要是制定政策,引导方向,同时还要搞好监督检查,也就是要加强对建设项目实施过程的监督与管理。

一、建立工程质量领导责任制

为了确保建设项目的工程质量,必须建立和落实各种责任制,特别是工程质量行政领导人责任制、项目法人责任制和工程质量终身责任制。

第一,建立工程质量行政领导人责任制。对固定资产投资项目的工程质量,要实行行业主管部门和主管地区行政领导责任人制度。如果发生重大工程质量事故,要追究当事人在项目审批、执行建设程序、干部任用和工程建设监督管理等方面失察的领导责任。第二,健全和完善工程质量建设方面的项目法人责任制。固定资产投资项目除国家特殊规定的以外,都要按照政企分开的原则组成项目法人,实行项目法人责任制,由项目法定代表人对工程质量负总责。项目法定代表人需要具有相应的政治、业务素质和组织能力,具备项目管理工作的实际经验;项目法人单位的人员素质、内部组织机构,必须满足工程管理和技术方面的相应要求。第三,建立工程质量终身责任制。项目工程质量的行政领导责任人,项目法定代表人,勘察、设计、施工、监理等单位的法定代表人,按照各自的职责对其经手的固定资产投资项目的工程质量负终身责任。如果发生重大工程质量事故,不管责任人调到哪里工作，担任何种职务，都要追究相应的行政责任和法律责任。

二、整顿建设市场，健全工程管理制度

鉴于建筑市场混乱，腐败现象严重，必须健全工程管理的各项制度和规则。

一是要全面实行和落实招标投标制。固定资产投资项目的勘察、设计、施工和主要设备、材料采购都要实行公开招标。招标投标活动要严格按照国家有关规定进行，体现公开、公平、公正和择优、诚信的原则。对未按规定进行公开招标、未经批准擅自采取其他形式进行的项目，不准批准开工。招标单位要合理划分标段，合理确定工期，合理标价定标。中标单位签订承包合同后，严禁违反合同进行转包。总承包单位如进行分包，除总承包合同中有约定的外，必须经发包单位认可，但主体结构不得分包。同时，禁止分包单位将其承包的工程再次分包。严禁任何单位和个人以任何名义、任何形式干预正当的招标、投标活动，不允许搞地方和部门保护主义，严禁在同一经营实体或同一行政单位直接管辖范围内搞设计、施工、监理"一条龙"作业。

二是实行工程建设监理制。固定资产投资项目的施工，要由具备相应资质条件的监理单位进行监理。监理单位要配备足够的合格的监理人员。未经监理人员签字认可，建筑材料、构配件和设备不得在工程上使用或安装，不得进入下一道工序的施工，不得拨付工程进度款，不得进行竣工验收。监理人员要按规定采取旁站、巡视和平行检验等形式，按作业程序及时跟班到位进行监督检查，对达不到质量要求的工程不得签字，并有权责令返工，有权向有关主管部门报告。

三是确实实行合同制。建设工程的勘察、设计、施工、设备材料采购和工程监理要依照合同法订立合同。各类合同要有明确的质量要求、履约担保和违约处罚条款。不管是哪一方违约，都必须承担相应的法律责任。

四是实行严格的竣工验收制度。固定资产投资项目建成后，要按照国家有关规定进行严格的竣工验收，并由验收人员签字负责。项目竣工验收合格后，方可交付使用。

五是把好市场准入关。国务院有关部门要通过制定规章制度、颁布资质等级标

准、执法检查，依法加强对建设市场的监管。市场管理部门和工商登记部门要对参加建设各单位的资质认定和市场准入严格把关，对工程咨询、设计、施工和工程监理执业人员的素质要从严要求。同时，参加建设的单位要具备与工程建设要求相应的资质等级和业绩，具备足够的技术管理能力和装备水平，严禁无证、越级承揽工程。

三、加大执法和监督力度，把好工程质量关

一是要把工程质量管理纳入法制化轨道，建立健全工程质量管理的法律、法规和标准。各地区、各部门要严格执法，包括严格执行现行的工程建设标准、定额和规范，切实做到有法必依，执法必严，违法必究。各级监察部门要加大对建设领域腐败行为的惩处力度，对玩忽职守、弄虚作假、贪污受贿和截留、挤占、挪用、克扣工程建设资金的单位和个人给予严厉处罚。

二是要加强政府监管。继续发挥各行业主管部门和地方政府质量监督机构的作用，对固定资产投资项目中的基础设施和住宅建设实行强制性的工程质量监督检查，对在质量监督中发现的问题，有关单位要及时处理。

三是要加强审计监督。审计部门要依据《中华人民共和国审计法》对政府投资的建设项目加强审计。对重大项目要进行专项审计和跟踪审计。对审计中发现的问题，要依法严肃处理。

四是加强社会监督。固定资产投资建设项目的施工现场，要将项目法人、勘察、设计、施工、监理等单位的名称和责任人姓名挂牌公示。项目主管部门和主管地区政府要公布质量举报电话，自觉接受社会监督。所有单位、个人和新闻媒体都有权举报和揭发工程质量问题。另外，还要建立和落实工程质量的报告制度和项目档案工作，包括做好工程档案的立案、保管和移交工作。

第十三章
建立政府和社会资本合作投资模式

进入新的历史时期，特别是党的十八届三中全会以来，发挥市场对资源配置的决定性作用，转变政府职能，更好地发挥政府作用，需要投资体制改革有新的抓手。目前，从中央各部委到地方政府再到企业都在转变观念、不断探索和调整思路，建立和改革相关的投资制度。可以说，以政府和社会资本合作为代表的公共产品投资体制改革，得到了各级政府和社会的响应。

第一节
公共产品供给不足是当前的突出矛盾

经过30多年的改革和发展，我国在个人消费领域，所有的生产资料已经处于全面过剩的状态，产能的利用率只有2/3左右。但是，与生产资料和消费资料产能过剩这样一个状况相反，在公共产品和公共服务领域，生产资料和消费资料却处于严重供给不足的状态。比如说，①从水利工程看，一直以来，中国公共水利设施仍然主要依靠财政投入，水利市场化投融资机制尚未全面建立。国家公共财政资金更好地结合社会资本共同解决水利问题，是未来发展的重要方向。根据国务院水利发展"十二五"中长期规划以及其他相关专项规划测算，2015—2020年，全国水利年均需4000亿元投资。②从高速铁路建设看，按照《中长期铁路网规划》，在"十二五"期间，中国铁路投资额将保持在每年7000亿元左右，高铁的总投资约为

1.875万亿元，平均每年约3750亿元。按照现在高铁在建和规划情况，"十三五"期间，高铁通车新增总里程达6318千米，投资总额达8592亿元，平均每年有1700亿元左右的资金缺口。③从机场建设看，根据中国民航局的数据，到2020年，运输机场数量将达到240个以上（不含港、澳、台地区），年均投资超过850亿元。④从地铁投资看，根据国家发改委数据，预计2016—2020年，中国新建地铁线路需1.5万亿~2万亿元的投资，年均3000亿~4000亿元。⑤从城市地下管网看，中国城市地下管线种类繁多，包括供水、排水、燃气、热力、电力、通信、广播电视、工业等八大类20余种管线。按照《全国城镇供水设施改造与建设"十二五"规划及2020年远景目标》，"十二五"期间，管网改造投资835亿元，新建管网投资1843亿元，累计2678亿元，年均535.6亿元。2015年8月，《国务院办公厅关于推进城市地下综合管廊建设的指导意见》提出：到2020年，要建成一批具有国际先进水平的地下综合管廊并投入运营。要以政府为主导，发挥市场作用，吸引社会资本广泛参与。据统计，2015年中国有69个城市在建地下综合管廊，约1000公里，总投资约880亿元。吉林省2015—2018年计划建设1000公里地下综合管廊，总投资约1000亿元。辽宁、广东、河南等省也在全省推进地下综合管廊建设。地下综合管廊建设，需要社会资本的巨大投入。如果每年能建8000公里的管廊，每公里规划投资1.2亿元，投资额则达到9600亿元。目前我国地下综合管廊建设整体还处在施工建设的初步阶段。⑥从养老产业供给看，目前仅有1000亿元左右的实际供给。随着中央政府对养老事业的重视，养老产业每年都有上千亿元的投资缺口。⑦从教育、医疗以及文化等领域公共服务供给看，随着户籍制度的推进，现居城市各行业从业的无户籍者对城市教育、医疗、文化等的均等化需求巨大。以2013年为例，对于现有流动人口，有至少1万所小学、400个剧场和50万张医院床位需要投资建设。户籍制度放开以后，现居城市的从业者后顾之忧减少，成为真正的"城里人"，其子女可以接受城市里的教育，他们也可以享受城市的医疗卫生，特别是对于受过高等教育的从业者，其文化服务需求更强。以2015年的医院床位为例，全部城市市辖区拥有228.1万张医院床位，每万人拥有59张，假使全部现有流动人口都在城里就医，那么就还需要92.7万张新床位。这些新变化导致的教育、医疗等公共服务事业的发展需求，将带来巨大的投资需求。

另外，脱贫攻坚对公共产品和服务的需求巨大。目前我国经济社会发展中，脱贫攻坚问题是我国实现全面小康战略面临的巨大挑战。一是贫困人口规模较大。截至2014年末，根据农村扶贫标准（人均收入2300元，2010年不变价），我国仍然有7017万农村贫困人口，其中河南、湖南、广西、四川、贵州、云南6个省（区）的贫困人口都超过500万人。二是贫困区域分布较广。全国有14个连片特困地区，除直辖市外，其余省级行政区都存在相当数量的生活在贫困线以下的群众。三是贫困程度较深。据统计，截至2015年底，全国还有数千万农村家庭喝不上"干净水"，7.7万个建档立卡的贫困村不通客运班车，83.5万个自然村中，不通沥青（水泥）路的自然村数33万个，占39.6%。贫困人口中因疾病导致贫困的比重超过40%。我国消除贫困的任务仍然十分艰巨，尤其是扶贫标准提高后，贫困人口数量增加，治理范围扩大，治理难度提高，这对经济社会发展带来重大阻碍，对政策及制度安排提出了更高的要求。

要在2020年实现消灭贫困人口的目标，"十三五"时期每年平均需减贫1115万人。欠发达区域脱贫是脱贫攻坚问题的重中之重，需要基础设施发挥支撑作用。最典型的就是架桥修路，"要想富，先修路"就是一个很形象的对这样的发展过程客观规律的总结。同时也需要医疗教育等公共服务的大量投入。在经济下行压力加大的背景下，从公共产品和服务供给方面进行突破来支撑相关区域的超常规发展，造福于这些区域内的社会成员，改变贫困人口、贫困区域的面貌，是补上脱贫攻坚短板的重要抓手，也为扩大公共产品和服务供给提供了巨大需求及实施领域。

"十三五"时期既是全面建成小康社会的决胜阶段，也是我国基本公共服务体系建成的关键时期。基本公共服务供给不但要提高人民的生活水平，而且要服务于我国五大发展理念和国家重要发展战略，成为发展经济的重要引擎。"大众创新、万众创业"是我国新的发展引擎，要创建有利于创新产业的公共服务平台。比如政府可以组织建立创业信息共享、资金需求、专利和技术转移平台，完善大数据产业服务平台等公共平台；进一步精简政府审批事项，提高政府公共服务效率；加大对中西部地区、贫困地区、革命老区、民族地区等欠发达地区的交通、能源、电信、网络、饮水等基础设施的投资,提高教育质量和医疗服务水平,加强人才培训力度,增强贫困地区造血功能,促进区域协调发展;加大对生态环境的保护和治理力度,促进绿色发展。要建立广覆盖、普惠性城乡基本公共服务均等化体系,加大对农村地区公共服务的倾斜力度,推进城镇公共服务向农村延伸;从解决人民最关心最直接最现实的利益问题入手,解决人民反映强烈的公共服务问题,比如进城务工人员子女就学问题、看病难问题、交通拥堵问题、空气污染问题、食品安全问题、社会保障问题等;在经济发达地区,充分发挥市场作用,引导社会资本开发医疗、养老、文化、体育等非公共基本服务和公共产品供给,满足人们的个性化和高端化需求。

第二节
PPP 模式是增加公共产品供给的重要途径

到欧美等发达国家去,最让中国人感慨的就是人家有好的环境、好的公共服务。你在大街上走,好多地方都是绿地,有一些椅子可以让我们坐在那里休息,有的地方还有小桌,在那里喝一杯茶、喝一杯咖啡,感觉非常好。

实际上,改革开放之初,PPP 模式(政府和社会资本合作模式)在我国已有实践。从 20 世纪 80 年代至今,PPP 模式在我国大致经历了探索、试点、推广、停滞、大发展等几个阶段。

第一阶段:探索阶段(1984—1993 年)。改革开放初期,外资较大规模地进入我国。为了充分有效地发挥外资作用,我国地方政府与外资签订协议,合作进行基础设施建设,这种合作就是 PPP 模式的初级形态。这一阶段 PPP 项目有深圳沙角 B 电厂 BOT 项目、广州白天鹅饭店和北京国际饭店等,其中深圳沙角 B 电厂 BOT 项目被认为是我国真正意义上的第一个 BOT 项目。另外,这一阶段中建成通车的京津塘高速公路,是我国第一次利用世界银行贷款,实行国际竞争性招标,采用国际惯例 FIDIC 条款和工程监理制度建设而成的具有代表性意义的外资参与的 PPP 项目，是利用外资的成功案例。

第二阶段：试点阶段（1994—2002 年）。1992 年邓小平南方谈话以及当年召开的党的十四大确立建立社会主义市场经济体制的目标，为基础设施市场化投融资改革奠定了基础。该阶段试点工作由国家计委（现国家发改委）有组织地推进，也掀起了第一波 PPP 高潮。1994 年国家计委选取了 5 个 BOT 试点项目：广西来宾 B 电厂项目、成都第六水厂项目、广东电白高速公路项目、武汉军山长江大桥项目和长江望城电厂项目。1995 年广西来宾 B 电厂项目获得国家计委的批准，是我国第一个 BOT 试点项目。

第三阶段：推广阶段（2003—2008 年）。2002 年党的十六大提出在更大程度上发挥市场在资源配置中的基础性作用，为 PPP 推广提供了理论基础。2003 年十六届三中全会提出让民营资本进入公共领域。2004 年建设部（现住房和城乡建设部）出台《市政公用事业特许经营管理办法》，该办法及各地的特许经营条例为这一时期的 PPP 项目开展确立了法律法规依据。在推广阶段，外企、民企、国企等社会资本均积极参与，PPP 项目以污水处理项目居多，也有自来水、地铁、新城、开发区、燃气、路桥项目。之后 PPP 掀起第二波发展高潮。这一阶段比较著名的 PPP 项目有合肥王小郢污水 TOT 项目、兰州自来水股权转让项目、北京地铁 4 号线项目、北京亦庄燃气 BOT 项目、北京房山长阳新城项目等。其中，这一阶段诞生的北京地铁 4 号线项目是第一个被官方称之为 PPP 的项目。在北京地铁 4 号线方案中，项目建设分为建设期（4 年）和运营期（30 年）。其中项目建设期投资分为 A、B 两部分。A 部分土建工程投资需 107 亿元，由京投公司负责，B 部分设备装置的投资需 46 亿元，由组建的 PPP 项目公司——北京京港地铁有限公司负责；运营期港铁通过票款收入进行运营维护并收回投资，由北京市交通委负责监管，待 30 年特许经营期结束后无偿移交给京投公司。该项目引入社会投资，有效缓解了北京市政府的投资压力，而且北京地铁 4 号线一年广告收入超过亿元，明显高于其他地铁运营线路。

第四阶段：波折阶段（2009—2012 年）。2008 年国际金融危机爆发，我国随之推出了4万亿经济刺激计划。这一阶段地方政府基础设施建设投资高速增长，城镇化程度快速提高。这个时期，国企特别是央企拿到大量的银行授信，开始与地方政府对接，成为推动城镇化进程的重要角色。央企参与的很多项目都是以PPP方式进行的。尽管没有政策禁止民间社会资本进入，但央企成为主角使私人资本无法参与竞争，社会上出现了"玻璃门""弹簧门"等现象。央企对私人资本的不规范竞争改变了PPP规则，PPP发展进入短暂的波折性发展阶段。

第五阶段：发展新阶段（2013年至今）。十八大提出"让市场在资源配置中发挥决定性作用"，2013年财政部部长楼继伟就PPP作专题报告，肯定PPP模式在改善国家治理、转变政府职能、促进城镇化等方面的重要作用。2014年5月，国家发改委推出首批80个引入社会资本的基础设施建设示范项目。地方政府也开始积极推介PPP项目。2014年9月底，财政部公布首份PPP文件——《关于推广运用政府和社会资本合作模式有关问题的通知》，为PPP在我国获得新发展迈出了实质性步伐。2014年11月26日，《国务院关于创新重点领域投融资机制鼓励社会投资的指导意见》正式公布，提出建立健全PPP机制涉及四个层面：推广PPP模式、规范合作关系保障各方利益、健全风险防范和监督机制以及健全退出机制，受到市场极大关注。11月29日财政部下发《政府和社会资本合作模式操作指南（试行）》，对PPP项目的设计、融资、建造、运营、维护至终止移交全生命周期的各环节操作流程进行了全方位规范，这可看作是对《国务院关于创新重点领域投融资机制鼓励社会投资的指导意见》及《财政部关于推广运用政府和社会资本合作模式有关问题的通知》（76号文）的落实和细化。紧随其后，2014年12月2日，国家发改委印发《国家发展改革委关于开展政府和社会资本合作的指导意见》（发改投资〔2014〕2724号），就PPP项目范围及模式、工作机制、管理规范、政策保障等做了详细规定和说明。从此，PPP已在我国各行各业深入人心，成为社会各界广泛关注的焦点。以前的PPP更多以BT、BOT等为主，政府仍是主要的投资者和风险收益主体，此轮则强调社会资本与政府共享利益、共担风险，国家各主要职能部门高度重视，制度配套上也更为完善。可以说，2014年是PPP在我国发展的转折年。

受经济发展对PPP模式的需求及政策推动影响，2014年以来，PPP进入了新的发展阶段,并掀起第三波高潮。目前,中央层面,财政部已正式成立PPP工作领导小组,统一部署国内PPP机构设立、职责分工等工作。地方层面,多地省级财政部门正在谋划成立PPP项目统一管理机构,对PPP表现出极大的热情。其中,浙江省是推动PPP最积极的省份之一,成立了PPP试点工作领导小组。但由于PPP仍处于大发展的起步阶段,目前各地基本上还处在学习培训阶段,并没有大量上马PPP项目。现在的热潮主要是学习、培训、研讨活动。这为未来PPP在我国快速发展奠定了良好基础。

实践证明,通过政府和企业合作的方式,政府和企业达成一个契约,把公共产品的投资经营交给企业来完成,同时政府制定相应的政策,使投资经营公共产品和公共服务能够取得合理、稳定的回报,既不要让它产生暴利,也不让它亏损,这就能够把全社会的资金吸引到公共产品上来,调动公共产品供给的积极性。

PPP模式在我国改革开放初期就开始实践,成功的案例很多,失败的案例也有。20世纪80年代,国家计委曾想搞一个民间投资铁路的模式,于是就搞了一个"三茂"模式,从茂名到佛山,以政府为主,企业参与,修了一条铁路,想作为铁路投资改革PPP模式的一个突破。结果搞了一二十年,失败了。为什么呢?因为我们整个铁路投资体制的每次改革,都是铁道部在独家经营。如果一条铁路是非铁道部经营的,那么当车皮供应是垄断的,货源是垄断的,企业会经营不下去,老是亏损,最后没有办法,还是给了铁道部,搞别的去了。

但是也有很多成功的经验,改革开放初期,我们引进外资,搞基础设施建设,搞自来水建设是很成功的。如四川凉山彝族自治州与一家民营企业签订合作协议,包括新建5条高速公路,总投资1600多亿元。这个PPP项目完成后,凉山彝族自治州的交通状况发生了根本性变化,为全区人民摆脱贫困、实现小康提供了有力支持。这个经验也值得总结推广。它的模式叫BT(建设—移交),就是建成以后,就转给政府,还款期是四年,在四年时间内,投资环境改善了,土地升值了,而政府也有能力来偿还这笔投资了。像四川凉山彝族自治州,要找政府或者哪个国有企业投1600亿元改善交通状况,是十分困难的。但是用了这个模式,一下子就把资金都引进来了。

像 BT 这样的模式还有很多,如 BOT（建设—运营—转让）、BOOT（建设—拥有—运营—转让），还有 TOT（移交—运营—移交）。这些模式都是针对现在的一些公共设施运行状况不好,老是亏损的情况,通过把它的经营权转让给企业,让企业经营,经营状况很容易就改善了,企业既可以交税又可以盈利了。总之,BT 等 PPP 形式的投资模式是非常多样的,适用于各种各样的情况。只要我们开动脑筋,积极地在这方面想办法,通过广泛地推广 PPP 模式,我们就能够在较短的时间内改变公共产品供给不足的局面。特别是农村的公共服务跟城市的公共服务现在差距还比较大,所以我们的 PPP 模式要适用于新型城镇化,要推动公共服务投资的重点由城市转向农村,实现城乡一体化发展,实现城乡公共基本服务均等化。

第三节
推行 PPP 模式需要政府部门协调配合

PPP 项目涉及的范围很广,首先是项目的选择、立项,这个是规划部门、行业主管部门最熟悉的,所以哪些项目适合做 PPP,是由政府的规划部门提出来的。但是有了这个项目以后,PPP 项目需要给予一定的财政政策支持,这时无论是贷款的贴息,还是资本金的补助,都要财政部门参与,但是光有财政的钱不行,还要有政府的融资、国开行的贷款、商业银行的投资、农发行的贷款等,所以需要发改部门、财政部门、金融部门、税务部门、审计部门的密切配合。因此要搞好这件事,靠某一个部门单打独斗是不行的,要完成这个任务,需要在政府强有力的领导下,各个部门各有分工,形成合力,只有这样,才能把 PPP 这件事办好。

具体来说,发改部门应从宏观调控的角度,筛选 PPP 适用项目,确定相关制度设计和政策安排。发改部门在筛选 PPP 项目后,在 PPP 综合服务平台上向全社会"亮相",包括项目投资规模、融资管理、运营补贴和项目监管等信息。这一全国统一的平台将能获得所有社会资本的关注,起到宏观调控的作用,并促进实现充分竞争。

财政部门应从资金方面作出努力，主要通过PPP综合服务平台为政府性投资争取更多的资金渠道。首先，要吸纳社会资金。PPP综合服务平台搭建后，政府项目、社会资本充分集中，信息充分流动，财政资金的引子作用将十分重要。其次，要盘活存量资金。目前，国内很多适用于PPP模式的项目大量占用了财政资金，或者依靠了大量的债务融资。对于这类项目要充分利用平台的信息优势，打破信息孤岛，该收回的坚决收回，该调整的及时调整，运用PPP模式盘活存量资产，化解现有债务，创造更多的现金流支持新项目建设。最后，用好金融资金。通过PPP综合服务平台，财政部门可进一步改善融资平台资产结构，提高融资能力，保障重大项目建设的资金需求。

税务部门应充分利用现代信息技术，促进企业纳税便利化，做好PPP项目税收工作。传统的PPP项目相对孤立。而PPP综合服务平台上专设有投后管理子平台，我国可建章立制，要求各部门直接在平台上在线审批、立项和管理项目，各部门信息完全公开透明。同时，社会资本在建设中必须安装流量监测、摄像头等高新技术设备，并与平台联网。各级税务机关可以通过这个平台共享信息，掌握企业线索，防范偷税、漏税等事件的发生。目前，税务机关加大网上税务局建设力度，扩展网上办税功能，并探索手机移动办税，促进了网上办税推广，这些业务可以考虑与PPP综合服务平台结合起来，简化工作流程，加强监督管理，实现"一箭双雕"。如企业通过PPP综合服务平台可在家里或企业办公室就能完成税务登记、税务申报、税款划拨、查询税收公报、了解税收政策等业务，非常简洁方便。

审计部门要着重监督资金使用合理、正确，并落实到位。多年来，国内一些被审计对象依法接受审计意识欠缺，拒绝提供审计必需的资料，有的协查单位甚至存在威胁恐吓审计人员的情况等。而传统的PPP项目相互独立，审计工作要分头进行难度较大。因此，多年来地方政府通过地方融资平台进行市政建设，尽管对改善民生和推动社会事业发展起到积极作用，但也带来较高的债务规模等弊端。PPP综合服务平台建好后，有关PPP项目全部进入平台，相关项目从启动、运营到工程完毕，均可在平台上体现。审计部门事前、事中和事后都可以对有关项目进行审计，校正偏差，引导规范，让资金用到实处，见到成效。

银行部门要着重为项目提供充足资金，同时做好风险预防。当前以及未来一段时间，PPP项目的主要融资渠道还是靠银行贷款，在目前经济形势严峻的情况下，银行可以利用PPP综合服务平台掌握企业业务往来、经济状况、企业信用、法律法规规章政策等多方面的情况，相关数据库信息对企业开放，方便企业利用，为银行安全放贷、顺利回收提供一个新的权威平台。

统计部门要准确摸清PPP项目运行信息，为PPP项目科学决策提供服务。在PPP项目的选择上，要进行充分的项目统计、评估，提高项目决策的科学性和合理性。可以借鉴国际"物有所值"评价方法，在做项目选择时进行全面评估，对不同采购方式所对应的资本结构、运行成本及可获得的利润进行综合分析，重点关注财政承诺、定价机制、风险分担、项目效率、运营成本等要素。同时，对质量和公众满意度提升等有形投入价值，以及利益相关方参与度提高、组织能力增强、发展目标拓展等无形投入价值进行综合分析，最终判定项目采用PPP模式的可行性。

第四节
吸引民间投资进入PPP项目

民间资本是中国经济的一支重要力量。目前，为了更好地吸引民间投资，我国大力推广PPP模式。据市场机构调查，2016年已公示社会资本方中标人的1401个PPP项目中，民营企业牵头或单独中标的项目占51%。调查发现，在注重吸引民间资本投入的同时，PPP项目存在民间资本进入难的问题。

一、民间投资进入PPP项目遇到的困难

目前，民间资本进入难，主要体现为以下几个方面：

第一，相对一些大项目的巨大资金需求，民间资本实力有限。地方政府在稳增

长的压力下,优先推出的往往是大型或特大型的公共设施或者公共服务项目,融资需求一般是几十亿元、上百亿元甚至是几百亿元,但民营企业不具备如此强大的投融资能力。

第二,政府与民间资本的地位仍不平等。政府与民间资本是PPP模式的主体。只有两个主体地位平等,权责相称,才能建立良好的合作伙伴关系。但是,长期以来,我国政府在通过投资推动国民经济高速增长的实践中,占据了强势的地位,形成了政府主导投资的观念。到目前,这种观念仍根深蒂固地存在于各级政府官员的头脑中,这必将严重阻碍PPP模式的顺利运行。PPP要求参与各方都必须有契约精神,严格按照合同行事,这样才能保证项目顺利推进。前些年我国PPP多以"建设—运营—转让"(BOT)、"建设—移交"(BT)项目为主,政府在项目中是强势一方,政府信用较社会资本更容易出现问题。因为PPP的项目期限一般都比较长,所以民间资本还会担心发生"新官不理旧账"的情况。

第三,在大量竞争性领域中,国有企业因为有庞大的经济体量,所以具备绝对的优势,也会受到各地地方政府的青睐,这会给民营企业造成一定的挤出效应。

第四,不少地方政府将公益性项目拿出来给社会资本,却把有经营效益的项目留给政府平台。也就是说,有些政府把赚钱的项目、好的项目都留给自己的城投公司来干,把不赚钱的项目、"硬骨头"拿出去招标,让民营经济进来,结果搞不成。

第五,民营资本进入难还包括没有建立完善的风险分担机制,没有明确双方的权利和义务边界,二者承担的风险和所得的回报也不相匹配。因为民营资本承担的风险要有上限,而在实际的操作过程中,不少地方政府认为PPP就是政府少花钱或者不花钱,所以就尽可能地降低政府风险,然后把风险转嫁给社会资本方,这样也会导致社会资本,特别是民营资本敬而远之。

二、吸引民间投资加入 PPP 项目的措施

当前民间投资回稳向好的基础还不牢靠,要下大力气解决制约民间投资增长的突出问题,努力促使民间投资持续稳定健康发展。对PPP项目进入的企业,无论是国有企业,还是民营企业,甚至包括外资企业,应一视同仁,平等对待,通过招标

来选择这些投资主体的进入。

一是加强经济体制改革，创造良好的宏观经济环境。首先，持续推进"放管服"改革，提高民间投资便利度，加强产权保护力度，打造新型政商关系，努力营造良好的投资环境。其次，进一步降低重点领域和行业民间投资市场准入门槛，消除对民营企业各种形式的不合理规定和隐性壁垒。积极开展国有企业混合所有制改革试点，鼓励民营企业参与国有企业改革、参股混合所有制企业。最后，不断提高民营企业服务水平。帮助金融机构明确投资方向，降低投资风险，促进金融资金"脱虚入实"。

二是以适当的投资收益吸引民间投资。积极向民营企业推介优质PPP项目，创造条件吸引更多的民营企业参与PPP项目建设和运营。通过合理确定价格收费标准、依法适当延长特许经营年限、充分挖掘项目运营商业价值等多种方式，建立合理投资回报机制。探索建立动态调整的定价机制，目前定价机制收益分配、机制等不合理的问题仍旧存在，可以考虑采取区间弹性定价，尽快形成科学的收益分配模型，也就是建立一种动态调整的定价机制。

三是建立信用约束机制和风险分担机制，打消民间资本进入PPP项目的顾虑。首先，加快推进社会信用体系的建设，优先在PPP项目中建立信用约束机制，严格约束政府和企业，尤其是政府方面的不守信行为。其次，切实建立合理的风险分担机制，尤其是要让社会资本承担项目建设、运营过程中的成本、工期、服务质量等方面的风险，平衡好各方利益。同时，我们要有绩效评价机制，全面规范PPP的操作。

第五节
加强对PPP项目全过程的监管

不可否认，PPP模式有助于加快转变政府职能。在PPP项目中，政府不仅需要减少对微观事务的直接参与，更需要加强市场监管、绩效考核等职责。因此，在PPP模式的推广过程中，政府应逐步建立起对 PPP 项目的监管机制，确保工程质量和资金的偿还，防范 PPP 项目出现债务偿还的风险，优先保障公共安全和公共利益。

在监管层面，当前凡是 PPP 市场较成熟的国家，都建立了国家 PPP 中心甚至是地方 PPP 中心。针对国内对 PPP 管理模式认识有限的情况，我国需借鉴国外经验组建承担政策咨询、技术支持、能力建设、促进或直接投资等重要职能的 PPP 中心。中心利用自身专业人员和大量外围专家，可以为政府提供专业技术支持，有效解决政府在 PPP 管理上的机制性失效问题，这在成功推行 PPP 进程中发挥着至关重要的作用，PPP 综合服务平台将成为 PPP 中心履行职能的最重要载体。

首先，政府要以 PPP 综合服务平台为载体，对各级地方政府进行充分细致的培训和指导，充分了解企业公开运作模式和后台流程的区别，明确如何防范私营企业者投机取巧，在充分保障公共需求的条件下，让企业获得合理利润。其次，以 PPP 综合服务平台为载体，实施投资管理监督建设和运营过程监管。政府应着力推进完善业主负责制、招标投标制、工程建设监理制、价格评估制以及项目精算制度。一个项目能否搞成，要看成本控制怎么样，看整个工程的造价是多少，所以要培养一大批的价格评估机构作为中介机构，另外要培养一大批精算师，要把账算清楚，进行科学的技术经济分析。政府不仅要从招投标开始进行监督，更重要的是要在整个建设运营过程中进行实时贯穿的全程监督。在具体项目中社会资本对银行和对政府的表述，基本上就是两个完全不同的版本，如果政府部门把这些方面都掌握在自己手里，这对社会资本来说将是一个极为有效的监管。因此，以 PPP 综合服务平台为载体，建立一套良好的审计、监督体系，对建设项目实施过程中灰色地带加以监控，是确保 PPP 模式能够健康有效地应用实施的重要条件。

作为项目运作的监督者和指导者，政府部门还应从保护和促进公共利益的立场出发，利用 PPP 综合服务平台，建立一套执行 PPP 项目的规范化、标准化交易流程，对项目的具体运作提供技术指导和相关政策支持，确保项目运作全过程公开与公正。政府部门与企业通过 PPP 综合服务平台，要对项目中需要承担的责任、义务和风险进行明确界定，保护双方利益。通过完善的法律法规和平台的透明作用，对参与双方进行有效约束，最大限度地发挥各自优势并有效弥补不足。

第十四章
改进对投资总规模和投资结构的调控

对投资进行有效调控是宏观经济管理的重要内容。从某种意义上讲，投资本身就是一个系统性工程。因此，对投资总规模和投资结构的调控，是投资体制改革不可或缺的内容和路径。

第一节
保持投资总规模的合理增长

固定资产投资总规模（简称投资总规模）是宏观经济的一个重要总量指标。合理的投资总规模，对国民经济持续、稳定和快速发展具有积极的推动作用；反之，过度的投资扩张（在我国投资萎缩只在极个别年份发生过）带来投资规模膨胀，势必引起经济大起大落，造成严重的经济损失和浪费。

合理控制固定资产投资总规模，是保持经济总量平衡，实现经济持续、快速、健康发展的关键。历史上几次经济的大起大落，都同投资总规模失控有关。为了有效地把投资总规模控制在国力允许的范围内，根治投资"饥饿症"，除了依靠强化投资风险约束外，还要建立完善的投资调控体系，运用经济、法律手段和必要的行政手段调节投资总规模。

在向市场经济转轨的过程中，应加强和改善对投资总规模的调控。应当从建设资金源头入手，通过对资金供应量的调节，使投资总规模保持在合理的范围之内。国家应合理确定和控制银行投资贷款、债券和股票发行总规模。强化银行资产负债比例管理。对各种集资要规范化、法制化，应严禁用银行拆借资金发放固定资产投资贷款、搞固定资产投资、购买有价证券以及向企业和房地产开发投资参股。中央银行对各专业银行、商业银行和非银行金融机构应当加强监督。国家根据合理的经济增长率和投资率等经济参数，继续编制中长期和年度固定资产投资总量指标。应学会用利率等经济杠杆调节投资规模。当投资规模过大时，适当提高贷款利率，以提高投资成本，降低投资欲望。还可以运用控制土地使用权出让和税收政策，调节全社会投资规模。

第二节
运用多种手段调控投资增速

从国际经验看，调控投资增速的手段有多种，但在数十年我国投资体制的改革过程中，调控投资增速的手段主要包括资金调控、规模调控和总量监测。

一、资金调控

对投资总量的调控要从建设资金源头入手，通过对资金供应量的调节，使投资总规模保持在合理的范围之内。国家合理确定和严格控制银行投资贷款，国外贷款、债券和股票发行的总规模，由国家计委会同人民银行等有关部门继续实行指令性计划管理。对各种集资要规范化、法制化。严禁用拆借资金发放固定资产投资贷款、搞固定资产投资、购买有价证券以及向企业和房地产开发投资参股。非银行金融机构的对外贷款统一纳入国家信贷规模管理。中央银行对各专业银行、商业银行和非银行金融机构要加强监督。

二、规模调控

国家继续编制中长期和年度固定资产投资总量指标。对预算内投资、政策性贷款投资、证券投资、利用国外贷款的总量仍实行计划管理，严格控制；国有单位的其他投资均作为指导性计划。对集体投资实行预测性计划。各省、自治区、直辖市根据国家产业政策，通过环保政策和土地使用管理等进行间接调控。对个体投资通过信息和产业政策加以引导，加强环保和土地使用管理。国家对个体投资实行预测性计划，全国只列总数，不再分解下达。

三、总量监测

根据各地区经济发展不平衡的情况，国家着手建立起一套衡量地区适度投资规模的综合指标体系，初步考虑用投资率（年度投资规模/国民生产总值）、综合建设周期（在建项目总投资规模/年度投资规模）和投资规模扩大率（新开上项目总投资规模/投产项目总投资规模）3项指标，对各地区投资活动进行监测。

随着市场体系的完善和投资约束机制的建立，国家对投资总规模的调控将逐步转变为通过运用利率、税率、折旧和财政补贴等经济杠杆来进行。行政手段的运用将逐步减少。为了改进对投资总量的调控，政府必须及时准确地掌握投资信息。为此，需要尽快建立固定资产投资项目登记备案制度以及投资项目信息系统。应通过立法把这一整套的操作程序固定下来。所有投资项目都应依法向所在地投资主管部门办理申报登记，形成一个全国统一的投资项目信息系统。国家宏观经济管理部门应进一步加强投资信息的搜集和分析，定期发布有关重要产品已经形成和正在建设的生产能力，以及国内外市场供求变化趋势等信息，以引导企业投资决策。

第三节
不断优化投资结构

不断优化投资结构是投资体制改革的目标和内容。投资结构优化主要包括投资产业结构、投资所有制结构及投资资金来源结构的优化。

一、投资产业结构不断优化

从三次产业角度看，1992—2002 年间，第一产业投资占总投资的比重先降后升，2002 年后继续下降；第一产业产值占国内生产总值的比重，2002 年前不断下降，2002 年后呈上升势头。第二产业投资占总投资的比重，1992—2001 年间呈持续下降趋势，2001 年后呈稳定上升态势；第二产业产值占国内生产总值的比重，1992—2004 年间，从 43.9% 上升到 53%，上升了 9.1 个百分点。第三产业投资占总投资的比重，1992—2001 年间呈小幅上升，2001 年后呈持续下降趋势；第三产业产值占国内生产总值的比重，呈现出"降—升—降"的发展格局。第二产业的投资效益明显高于第一、第三产业，表明工业和建筑业对经济增长的贡献要大于其他行业，第三产业的投资效益次于第二产业，而优于第一产业。第三产业对经济增长的贡献将越来越大，因此第三产业越来越成为发展的重点。

基础部门与加工业的投资结构和产业结构的变动态势基本一致，两者之间具有较强的相关性，但基础部门与加工业的投资比例失衡，这是产业结构失衡的直接原因。1992 年后尽管基础设施建设有了较大发展，但基础部门与加工业投资结构失衡并未从根本上改变。直到 1996 年加快能源交通建设，特别是 1998 年以来，在需求约束导致的非国有投资增长乏力的情况下，连续实施了 7 年积极的宏观经济政策后，才使我国基础设施的落后状况得到根本改善，这一时期因此成为我国基础结构得以优化的历史阶段。

二、投资所有制结构不断优化

改革开放以来，我国以国有经济为主体的所有制格局被打破，经济形式呈现多元化发展格局，不仅有国有经济和集体经济等公有制经济形式，还出现了个体经济、私营经济、外资经济等私有制经济形式，而且集体经济、个体经济和外资经济等非国有经济对经济增长的作用日渐增大。

三、投资来源结构不断优化

我国投资的来源结构发生了明显的变化,自筹和其他资金来源比重大而且总体上呈上升趋势,国家预算内资金投资比重较小,表明我国经济体制市场化改革的整体渐进推进较好地培育和发展了市场性因素。随着市场机制的引入和健全,市场的力量逐步增强,市场的投资主体地位得到了强化,市场化改革使投资体制格局更加强化了投资主体多元化、融资渠道多源化、投资方式多样化、投资决策分散化的基本特征,由此表明我国经济体制改革取得了明显成效。

第四节
正确引导外商投资和到海外投资

随着我国改革开放进程深入推进,引导外商投资和到海外投资成为我国投资体制改革的不可或缺的组成部分,与此同时,也构成了我国技术进步、产业发展及统筹国内外两个市场、两种资源的重要动力。

一、正确引导外商投资

为了不断提高对外开放水平,充分利用国内外资金发展我国经济,积极、合理、有效地利用国外贷款,要继续对国外政府贷款和国际金融组织贷款实行全口径计划管理,对国际金融组织贷款、双边政府贷款和国际商业贷款实行指令性计划管理,对外商投资中方担保下的对外借款、国际租赁、对外发行股票、可转换债券等,实行总量控制下的指导性计划管理。加强对国外商业贷款的管理,完善责权利统一的借用还机制。国家坚决制止到境外非法融资和擅自变相举债的做法,禁止信托投资公司等金融机构举借外债偿还国内债务。任何部门和地方政府一律不得为企业境外融资出具担保，内资金融机构一律不得为外商企业发行外债出具担保。要坚持重质量、重效益的原则，加强对外商直接投资的引导。国家将进一步改善投资环境，吸引更多的外商来华投资，特别是跨国公司来华投资。鼓励外商转让技术，对高新技术项目和转让技术项目，简化审批程序。要按照修订的《外商投资产业指导目录》合理引导外资投向，鼓励外资投向中西部地区，投向基础设施、基础产业和高新技术产业。

二、正确引导海外投资

扩大海外投资具有一箭三雕之效果：一是通过海外投资，创造出口需求，可在发达国家市场疲软的情况下保持我国出口的持续增长；二是通过寻求国外自然资源和科技资源，提高我国经济可持续发展能力和自主创新能力；三是把部分外汇储备转变为物质储备，有效规避美元贬值风险。

（一）海外投资的重点

海外投资在方向选择上有以下四个重点。

第一，为了获取更多能源资源的勘探权、开发权（包括农产品海外供给基地），优选项目进行投资。在海外很多地区，特别是中南半岛地区，资源勘探程度很低，例如老挝、柬埔寨、缅甸，没有经过认真的地质普查，至今不清楚本国有什么矿藏。我们应围绕打破中国未来发展所面临的能源资源瓶颈约束，寻找国内短缺的能源资源来进行海外投资。笔者曾到老挝、柬埔寨、泰国做过考察，湄公河流域光、热、水、土资源非常丰富，特别适合水稻等农作物种植，但是由于缺乏市场需求，水稻本来可以一年种三季，现在只种一季。将来该地区可以成为我国水稻等农产品的供给基地。中国西南的云贵川地区地形并不适合种植水稻，将来这些地区的"大字报田"可以退耕还林还草，恢复生态。我们可以输出工业品来换取农产品，这是一笔合算的生意。比如，英国一年出口 6000 辆汽车换回的粮食就能满足全国的需要。将来我们要使中南半岛地区成为我们矿产、能源、农产品的供应基地和工业品的销售市场。现在，我们同该地区之间是垂直分工，开展投资和贸易，可以把该地区的资源优势转变为经济优势，实现互利双赢。将来，我们再帮助该地区逐步发展资源的加工业，以技术、知识密集型产品换回资源、劳动密集型产品。

第二，发展加工贸易，以资本输出带动商品劳务输出，创造出口需求。现在我国不仅轻纺等劳动密集型产业具备了海外投资能力，而且家电、汽车、钢铁等技术、资本密集型产业也都具备了海外投资能力。

第三，开展国际并购，提高国内企业的自主创新能力和国际经营能力。这主要是针对欧洲的一些发达国家。由于受金融危机以及市场和管理等因素的影响，很多发达国家的中小企业经营困难，还有一些家族式企业由于后代不愿意接班，急于转让出去。这些企业拥有较好的技术资源和国际营销网络，给我们带来并购的机会。通过国际并购，能够迅速提高国内企业的技术创新能力和国际经营能力，加快产业升级的步伐。2014年，国内的国宇集团收购了德国的威尔博特公司，后者是世界著名的生产塔吊的专业公司，拥有80多年的历史。过去三一重工想以8000万欧元收购，但人家不卖。后来，该公司遇到经营困难，国宇集团便以300万欧元就完成了收购，第二年开始盈利。

第四，到海外进行工程承包，带动劳务、建材和施工机械的出口。在实施互联互通战略中，应当让较多的中国企业参与到这些基础设施的项目建设中来。海外投资应优先投向那些愿意接受人民币为投资结算货币的国家以及与我国签订双边货币互换协议的国家，以扩大人民币在海外的流通量。除了发展中国香港为人民币海外结算中心之外，鼓励新加坡、伦敦等地建立人民币海外结算中心。鼓励更多的国家、地区和企业在贸易中以人民币作为结算工具。适时放开人民币资本项目可兑换业务。适应人民币在海外流通量逐步增加的新情况，应扩大在海外发行人民币债券的规模，允许企业在海外进行人民币融资，提供更多的人民币金融产品，供海外持有人民币的投资者选择。鼓励国内银行到国外设立分支机构，扩大海外经营。国内工商企业走到哪里，国内银行的服务就应跟到哪里。逐步放宽外商对国内金融业的投资，以开放促进金融体制改革和金融产业发展。外商投资国内金融业，有利于强化国内市场的竞争，提高国内金融企业的竞争力，从而有利于维护国内金融安全。对于热钱的流入流出，要加强监管，必要时可以开征专项税收，抑制投机行为。

（二）海外投资的战术

开展海外投资，对我国企业来说，尚缺乏经验。在战术上，有四点需要注意：

第一，选择投资项目，应以经济效益为主。要对投资项目进行深入的技术经济上的可行性分析，选择效益最好、投资回收最快的项目进行投资，包括互联互通基础设施项目，也要选择经济效益最好的。比如现在从西哈努克港到金边修一条高速公路，只有200公里，肯定盈利。再比如现在泰国军政府积极推动的克拉运河项目，最短的地方才80公里，如果把这条运河修通了，我国远洋船舶就不需要再绕经马六甲海峡，航程可缩短1600公里。像这样短平快、效益好的项目，不一定局限在"一带一路"的互联互通上。总之，海外投资必须首先考虑投资回报率和投资回收年限。

第二，投资股权要多元化，尽量不要单干。要注意联合一些有影响力的外国公司一起投资，实践证明，这是规避风险的重要途径。比如在缅甸建密松水电站，对于带动缅北发展具有重大意义，本来是一件无可挑剔的好事，但是由于外国敌对势力挑拨，鼓动当地人闹事，工程刚刚展开，便不得不停下来，损失巨大。还有一个铜矿，由中国企业开采，结果敌对势力鼓动一些和尚闹事，使项目难以顺利进行。但是，缅甸皎漂港的港口和天然气开发项目进展顺利，其中一个重要原因，就是我们与韩国、印度，以及当地的公司联合投资。虽在澳大利亚中铝注资力拓交易失败，但在此之前，由中铝与美铝联合注资力拓就成功了。这次之所以失败，原因之一就是听从力拓的意见，不再与美铝合作。所以，与外国跨国公司合作，形成多元化的投资结构，更容易规避风险。

第三，要加强内部协调。现在我国企业在海外投资中竞相压价，肥水流入外人田的现象很多。这方面要向日本学习，日本会通过行业协会和驻外使领馆进行协调。日本驻外使领馆有一种权力，一旦发现日本企业在海外打内战，可以命令日本企业全都撤回去，内部协调好了再出来。在中国，协调中石油、中石化这样的企业，应该比日本企业间的协调更容易，而要把这个权力交给我们的大使馆、行业协会，还必须强化我国驻外使领馆和行业协会在海外投资中的协调职能。

第四,再次聚焦农村改革,缩小以至消除城乡发展差距。随着海外投资的增加,劳动密集型产业正向海外转移。要抓住机遇,加快农村改革,把农业现代化和农民工的市民化结合起来,尽快使农业的劳动生产率达到社会平均劳动生产率水平,使农村人均收入水平赶上城市人均收入水平。这样到2022年,我国人均GDP有可能达到12000美元,跨入高收入国家行列;到2030年,达到17000美元。在人均GDP达到17000美元之前,在国际上都属于快速增长期。所以,如果再次聚焦农村改革,加快土地的集约化、规模化经营,使中国农业建立在现代化的基础上,提高户籍的城市化率,使城市化率达到70%,就可以支持中国经济以7.5%以上的增长速度保持到2030年。否则,如果等到劳动密集型产业大部分都转移出去了,农村仍然是一家一户小规模的自然经济模式,那就只能长久地依靠财政补贴。我们长期背着这个沉重的包袱,甚至有可能被拖入"中等收入陷阱"。以日本为例,2014年日本农业增加值是6万亿日元,财政对农业的补贴也是6万亿日元。日本200多万个农业经营主体一年创造了一个零。好在日本的农村人口不多,否则政府也是补不起的。中国现在各级财政对"三农"的投入包括水利投入已经超过5万亿元,而农业增加值也不过9万多亿元,财政投入总额已经接近农业增加值的50%。这种生产效率低的农业注定是没有出路的。

第五节
建立竞争、开放、公平、有序的投资市场

建立竞争、开放、公平、有序的投资市场是投资体制改革的最终目标,也是一项复杂而艰巨的系统工程,需要经过较长时间的不断努力。近数十年来,在实现这一目标的过程中,我国投资体制改革取得了一些重要进展,如完善中小企业板与创业板、完善风险投资机制及完善与规范三板市场等。

一、完善中小企业板与创业板

一方面，中国的中小企业板与创业板市场发展迅速。中小企业板与创业板在直接融资领域具有重要的作用，是中小企业直接融资的重要渠道。中小企业板与创业板的不断发展，能够积累对资本市场管理的经验，有利于中国多层次资本市场体系的不断完善。但在另一方面，与企业的直接融资需求以及发达国家的中小企业板和创业板市场相比较，中国的中小企业板与创业板存在规模偏小、功能不足等问题，严重影响了相关企业的直接融资发展。如今，中国深圳交易所采取了中小企业批量发行与批量上市的形式，使得中小企业板与创业板的能力水平得到进一步提升。同时，降低中小企业的上市门槛。这些措施的实行，必能促进中国中小企业板与创业板市场的发展。另外，在法律法规体系建设、功能扩展等方面还有进行进一步改进的空间。

二、大力发展风险投资

风险投资是直接融资中重要的一部分，能够促进中小企业的发展，使得中小企业直接融资难的问题得到一定程度的解决。中国需要制定有关风险投资的法律法规与优惠政策，使风险投资得到快速发展，更好地为企业的直接融资服务。

第一，拓宽资金来源，扩大投资主体。目前，中国的风险投资市场不够完善，资金的来源较为狭窄，投资者较少。在中国，发展风险投资需要政府的大力引导，使民间资本成为风险投资市场上的生力军。在这个过程中，需要在政府的引导下，扩宽投资渠道。具体做法有以下几种：首先，政府科技投资需要在原有的基础上增加，以发挥政府对金融市场的导向作用；其次，银行原有的科技贷款要在增加的基础上继续发放，使风险资金的来源趋于稳定；再次，要鼓励企业大胆地投入风险投资，使企业投资成为风险投资的主体；最后，要充分利用民间资本、国际资本，使风险投资的来源扩大化。

第二，健全资本市场，满足风险投资需求。风险投资主要以股权投资的方式出现，需要有明晰的产权，以保障投资者的利益。同时，风险投资的基础是证券投资，因此，为了确保公平，使整个资本市场得到良性发展，需要制定相关的制度进行约束。得到风险投资的中小企业，如想实现自身的价值，需要通过上市来衡量自身的价值。企业的上市也能够得到风险投资的青睐。因此，为了吸引风险投资，需要让企业上市。所以，放宽企业的上市条件，建立与之适应的三板市场势在必行。

三、完善与规范三板市场

非正式股权融资市场的俗称为三板市场，是正式股权融资市场的重要补充形式。2001年，中国的三板市场正式成立，三板市场能够为未上市的公司提供服务，也能够为退市的公司提供股权流通渠道，能够有效弥补正式股权融资市场覆盖不到的领域和方面。经过10多年的发展，中国的三板市场日益完善。在2013年的12月13日，国务院发布了《国务院关于全国中小企业股份转让系统有关问题的决定》，出台了酝酿多年的新三板扩容方案。随后又发布相关的配套规则，扩容开始启动。2013年12月20日，中国证监会的相关人员表示，未来的新三板扩容将围绕三个方面来完善，值得期待，这将大大促进符合条件的企业在新三板市场挂牌。虽然国家日益重视新三板市场，并出台了相关的政策，但完善新三板市场并非一朝一夕之事，形成全国性的场外交易市场任重而道远。

四、完善与扩大债券市场

在证券市场中，债券市场是其中重要的组成部分。与股票市场和三板市场相比较，中国的债券市场发展较为缓慢，直接影响了直接融资的效果。因此，要实现融资体系的完善，使直接融资比重得到进一步增加，就要建立起完善的债券市场。

第一，降低企业债的发行要求。目前，中国对企业债的发行有着较为严格的限制，影响了债券市场的发展。在今后，要根据经济发展的步伐，以政府的机构改革为依靠，在企业债务市场和短期债务市场中纳入一批有定价能力、符合产业政策的企业。

第二，规范债券管理。目前，中国的债券管理尚不够规范，为了改变这种局面，要建立企业债券抵押机制。此外，要对评级体系进行整改，使之与中国经济的发展情况相适应。为了使债券市场规范运行，发债企业要经过严格的信息核查。

第三，建立多层次的企业债券市场。由于中国幅员辽阔，企业情况多种多样，为了满足不同企业发行债券的需求，需要建立与之相适应的债券市场。目前，中国的债券交易仅仅局限在场内交易市场，缺乏多种形式的场外交易方式，因此，亟需一个多层次的企业债券市场来满足各种交易形式的完成，以提高债券市场的流动性和灵活性。

第十五章
完善投资服务体系

为了建立平等竞争的投资市场，应当全面推行招标投标制，完善为投资主体服务的市场体系，扩大投资建设领域市场调节的范围。新上的建设项目，从建设地点、设计方案到施工和监理单位的确定，原则上必须通过市场机制择优确定，各地区、各部门要建立为投资主体服务的市场体系。

第一节
建立项目咨询管理体系

根据我国的实际情况，要建立三大类的咨询机构：第一类是以为宏观决策服务为主的咨询机构；第二类是以为建设项目编制项目建议书、可行性研究报告等设计文件服务为主的咨询机构；第三类是以为建设项目实施阶段服务为主的咨询机构。各类咨询机构应当面向市场、平等竞争、独立评估，并逐步走向国际市场。为了迅速提高我国咨询机构的水平，应允许国外咨询机构参与国内建设项目的投标和竞争。

一、工程项目咨询管理的主要内容

工程项目咨询管理是指专门从事工程项目咨询管理服务的公司接受业主的委托，对工程建设部分阶段或全过程进行相关咨询及管理的服务活动。一个工程项目从立项到交付使用历时较长，其全过程大致可分为决策阶段、设计阶段、施工阶段和保修阶段，在这一系列过程中，专业咨询管理公司要承担业主委托的工程项目咨询及管理业务，就必须以信息技术为基础，依靠有关专家的技能和知识经验对客户委托的业务进行深入的分析研究，提出可行的方案和措施，并在需要时对项目的具体实施予以协助。工程项目咨询管理的主要内容包括：一是在项目的决策阶段，给业主对项目的前期策划性研究报告提供投资决策参考；二是协助业主办理有关的建设手续，如土地征用规划许可等；三是协助业主提出项目的功能需求及工程设计要求，组织工程设计方案的评审和工程勘察设计的招标，与勘察设计单位签订合同并监督组织实施单位工程设计，对技术经济方案进行优化和比选并控制投资；四是协助业主审查设计文件，组织施工图纸会审和交底；五是协助业主开展施工招投标的相关工作，选择优秀施工单位并确定工程项目的中标价格，与中标单位签订施工合同；六是对工程项目的施工过程进行监督和管理，控制工程的质量、投资和进度，对工程安全和工程合同负管理责任，参与协调各参建方的关系；七是协助业主开展工程项目材料和设备采购的招投标工作，确定材料设备的最佳性价比以降低工程成本；八是协助业主组织竣工验收，完成工程项目交付使用的手续和项目评估工作。

二、我国工程咨询业的现状及存在的问题

我国工程咨询业起步相对较晚，制度体系不完善，与国际工程咨询业的差距明显：工程咨询业的数量远不能满足市场发展的需要，且行业整体竞争力不强，缺乏自主创新能力，产业结构不合理；该行业缺乏专业人才，从业人员业务素质有待提高；政府监管力度不够，公众对工程咨询业的重视程度亟待加强。只有提高行业管理水平，推动项目咨询企业发展，加快企业的专业化、规范化程度的脚步，才能真正提高企业的核心竞争力，从而实现社会效益、经济效益和环境效益的和谐统一。由此可见，我国的工程咨询业的发展任重道远。

三、项目咨询机构的发展方向及对策

我国加入 WTO 后，逐步加大国内建筑市场对外开放的力度。随着国家经济体制的改革，大中型建设项目的管理模式也势必发生相应变化。大型建设项目的专业

化、复杂化程度加深和投资主体的多元化，以及国内市场大量涌入的国外优秀的工程咨询公司和工程总承包公司，这些因素从产业生存的高度出发，进一步加剧了我国项目咨询行业与国际接轨的紧迫性。因此，我国项目咨询企业为了与国际建筑市场接轨，走国际化道路，就必须深入了解国际市场竞争中的项目管理机制和运作方法，分析我国项目咨询管理企业缺乏的功能及整个行业发展的症结，加快引进国际先进的管理经验和承发包模式，走具有我国特色的市场化道路。为了实现上述目标，项目咨询管理行业在日后的发展中必须注意以下几点要求与对策：

（一）完善相关法律法规，形成行业建设规范

目前，我国建筑市场的法律体系仍不完善，没有规范的项目管理条例。为了该行业持续稳定的发展，各级政府及相关部门必须贯彻国家的有关方针政策，建立健全各类建筑市场管理的法律法规，对不适应国际惯例和世贸组织规则的法律法规应加速清理废除，建筑市场管理的法律体系要做到门类齐全、互相配套，避免法律法规间的互相抵触、遗漏空缺和交叉重叠。

（二）加快完善投资体制与国际市场的接轨

项目咨询行业的融资应实现多元化，由项目法人责任制代替投资管理体制。为尽早加入国际市场的竞争，项目咨询企业需加快投资体制的改革，建立和完善相关的责任激励与约束机制，重视项目法人对资金的使用效果和投资风险的影响作用，大力推动项目咨询行业的发展。

（三）重视开拓和培育市场，加大宣传力度

在我国，政府相关部门、项目业主及民众对实行项目咨询管理的重要性不够了解。为了改变这一现状，政府应加快建立市场准入机制，加大对项目咨询管理的宣传力度，建立健全项目法人诚信体系和保险体系，以鼓励和激发项目法人的需求意愿和人才的市场进入意愿。

（四）寻求国外同类机构合作，学习先进经验

发达国家有着较完善的项目咨询管理经验。为了学习其先进经验，国内项目咨询管理企业要在国内的大型工程项目或外资项目上与国外优秀的项目管理公司或咨询公司合作管理项目，并在各个部门安排业务骨干，全面快速地学习国外项目咨询管理公司的管理技术。

（五）加快人才培养

我国项目咨询管理行业起步较晚，专业人才较缺乏。为了加快该行业的人才培养速度，提高行业的综合竞争力和从业人员的综合素质，企业要制订中长期的人才培养计划，按照复合型、开拓型的要求加强人才培养。完善人才的激励机制，尽力留住人才。实施人才多方引进政策，将既懂技术又懂管理的复合型人才充实到该行业。

（六）扶持和保护工程咨询行业协会的发展

我国工程咨询行业协会的生存问题已越来越严重，阻碍了该行业的发展。为了解决这个问题，首先要建立和完善行业管理体制。从产业经济的宏观层面考虑，我国应建立两种行业管理体制：第一，本行业企业联合组成的行业协会。借助行业协会的影响力和公信力来统一行业的规章制度，并协调、指导本行业企业在社会经济环境中的行为，促进行业平稳、快速发展。第二，政府部门通过制定各种政策来指导工程咨询业的发展。

第二节
完善项目融资服务体系

完善项目融资服务体系，要针对不同融资主体建立多层次的服务体系。尤其是针对非国有经济主体的融资难问题，需要加大力度完善相应的融资服务。

一、畅通融资渠道，增加金融服务

非国有经济普遍具有经营规模小、贷款额度小和求贷频繁等特点，靠大银行为它们提供融资服务存在许多实际困难，应尽快明确农村信用社、城市信用社、城市合作银行以及正在组建的城市商业银行，是为中小企业包括乡镇企业提供融资服务的主渠道。在上述渠道尚难以满足非国有经济发展需要的情况下，其他全国性商业银行特别是国有商业银行也应为其提供必要的服务，在这些银行内部设立专门为中小企业服务的部门，在各中小城市增设服务窗口，简化审批程序。要根据非国有经济的实际情况，制定相应的贷款条件和审批程序，对财务状况良好、产品有市场的企业，不能仅因为其规模达不到要求或所有制性质而不给贷款；对负债率较低、产品技术含量高、确有市场潜力、内部管理严的企业，可以适当放宽对抵押或担保的要求；对有效益的非国有企业、有潜力的民营高科技企业增加授信额度。对于属于国家重点扶持产业或产品的非国有企业，可选择若干有条件的，推荐其股票上市或发行债券。借鉴美国 NASDAQ 系统（全国证券协会自动报价系统）设立小型资本市场的经验，为规模虽小但极富市场潜力和成长潜力的非国有企业提供专门的直接融资场所。

二、建立支持非国有经济投资的信用保证制度，鼓励设立风险投资基金

借鉴国外政府扶持、援助中小企业发展的经验，用财政拨款设立政策性的贷款担保机构，为众多的非国有经济中小企业申请贷款提供担保。建立财政贴息机制，为产品确有市场、技术确实先进的非国有经济中小企业提供贴息贷款。通过建立民营高科技企业贷款风险基金等形式，探索设立主要投资中小企业的风险投资基金、创业基金，为非国有经济投资高技术及新兴产业领域的项目提供资金保障。

三、建立辅导中小企业发展的组织机构，加强信息服务

借鉴美国、中国台湾的经验，成立专门的辅导中小企业发展的组织机构。由这种机构主持，定期聘请产、官、学界专家学者组成辅导小组，按照行业特点与要求，分别举办各类经营管理人才培训班，提高管理人员的经营管理能力。建立和完善政府支持与服务非国有经济投资的体系，定期向全社会发布产业导向信息，制定鼓励、限制和禁止投资的产业、产品目录，帮助非国有经济全面了解经济发展的现状和前景，为非国有经济投资提供项目选择、申报、产品市场需求信息等方面的服务。建立和完善社会中介服务组织，为非国有经济投资提供法律、会计、金融、咨询、培训等方面的服务。

第三节
健全创意设计服务体系

随着投资市场的形成、投资服务市场的不断完善，工程设计相关行业不断壮大，并逐渐发展为包括以文化创意和设计服务为内容的创意设计服务市场。作为投

资体制不可或缺的重要支撑环节,创意服务设计体系的建立和完善,将进一步提升投资水平和创新能力。

一、健全创意设计服务体系的意义

根据《文化及相关产业分类(2012)》的分类方法,文化创意和设计服务市场分为广告服务、文化软件服务、建筑设计服务、专业设计服务四个种类。其中,专业设计服务涉及各种专业设计服务。近年来,新兴的现代文化创意与设计服务发展趋势良好,发展速度可谓迅猛;传统的广告业发展状态良好,但发展趋势也是朝向互联网广告;工程勘察和设计服务尚有巨大的升值和发挥空间。

创意经济涵盖了新经济的总体,传统的工业经济、服务经济、城市规划建设、环境建设,甚至农业经济,通过注入文化或创意的含量提升其附加值,都可以实现向创意经济的转化。文化创意与设计服务市场是创意产业的主要组成部分,创意产业是文化产业、知识经济的高级形态,其主要发展趋势是向创意经济融合发展。文化创意和设计服务体系是支撑投资和服务投资的重要内容。随着国民经济发展和人民生活水平日益提高,我国文化创意和设计服务市场成绩显著,但由于文化产业在我国起步晚,也存在一些问题。

二、创意设计服务体系的发展和问题

(一)创意和设计服务体系建设的发展状况

第一,行业快速发展,整体增长幅度大。2008—2010年,全国文化创意产业法人单位增加值年均增长24.2%,高于同期GDP的年均增长速度近1倍。2011年,文化创意产业总产值超过3.9万亿元,占GDP比重超过3%。近年来随着金融业支持文化项目的政策出台和一系列具体举措推出,文化创意与金融、资本市场的融合发展已经成为助推文化创意产业可持续发展的重要力量和主要手段。

第二,区域发展的基本格局形成,产业集群初具规模。从市场主体、就业人数、资产总额、营业收入等指标来看,我国文化创意和设计服务的区域市场可以分成四个层次。第一层：北京和上海，它们发展创意产业的基础条件优越，起步早、发展快，创意企业数量都已超过 5 万个，就业人数超过 100 万人，资产总额超过 1.5 万亿元，营业收入均在 5000 亿元以上。第二层：广州、深圳、杭州、武汉、成都、天津、重庆、苏州、南京、青岛、济南 11 个城市，它们的创意企业数量均在 1 万个以上，就业人数在 20 万人以上，资产总额在 1500 亿元以上，营业收入在 500 亿元以上。这些城市的创意产业已经具有较为明显的优势，正处于稳步发展阶段。第三层：大连、厦门、福州、泉州、沈阳、合肥、西安、宁波、昆明、长沙、哈尔滨、无锡、郑州、长春、佛山、太原、南宁 17 个城市，它们的创意企业数量均在 5000 个以上，就业人数在 10 万人以上，资产总额在 300 亿元以上，营业收入在 100 亿元以上。这些城市的创意产业处于成长阶段，发展的基础条件初步具备，增长潜力较大。第四层：石家庄、乌鲁木齐、绍兴、珠海、贵阳、南昌、呼和浩特、兰州、海口等 30 个城市，它们 4 个指标数值均比较低，创意产业发展的基础相对薄弱，尚处于萌芽和起步阶段，但发展空间也值得期待。目前，我国创意产业集群发展初现成效，已基本形成六大区域创意产业集群，分别是：以北京为核心的首都创意产业集群；以上海、杭州、苏州、南京为核心的长三角创意产业集群；以广州、深圳为核心的珠三角创意产业集群；以昆明、丽江、三亚为核心的滇海创意产业集群；以重庆、成都、西安为核心的川陕创意产业集群；以湖南长沙为代表的中部创意产业集群。

（二）创意和设计服务体系建设的主要问题

第一，创意产品附加值不高。我国有着上下五千年的文明历史，蕴含着无数的优秀文化传统，而如何充分利用这些文化资源，将它们转化为实实在在的生产力，是我们面临的一个重大历史课题。目前，我国运用现代高科技手段开发文化资源、改造传统文化产业、创新文化表现形式的能力较弱，文化创意产业与数字网络技术融合不够，新兴创意产业业态发展较慢，导致创意产品技术含量低、原创能力较弱，易被模仿，文化产业增加值率不高，文化深度和技术含量有待提高。创意产业发展还未能深度挖掘民族文化内涵，缺乏具有核心竞争力的产品，因而在全球竞争中还处于劣势地位。面对文化创意和设计产业在全球化潮流中的竞争，我国文化创意和设计服务在享有政府各项扶植政策的同时，产业竞争力亟须加强。

第二，产业集中度不高。根据初步统计，目前，我国创意产业的主体是以中小企业为主，这些企业的实力弱，竞争力不强，抗风险能力也不足，增加了创意产业发展的不稳定性因素。

第三，相关政策法规尚未建立完善。当前我国知识产权保护体系不完善，对知识产权的重视程度不够，缺乏自主版权，大量民族品牌被国外抢注，缺乏有效的保护监管机制。大部分企业忽视对知识产权的保护，知识产权保护管理制度不健全。在广告、建筑、时尚设计等一些创意产业领域，由于产品存在较强的同质性，还无法明确界定这些产品的商标、专利和版权内容，因此知识产权保护还存在很大不足，同时也存在产业政策滞后、缺乏指导性以及政策法规不完善的问题。

三、健全创意设计服务体系的措施

2014年，国务院出台《国务院关于推进文化创意和设计服务与相关产业融合发展的若干意见》（国发〔2014〕10号），其中对健全和发展创意设计服务体系的措施有以下几个方面：

第一，落实相关经济政策。加快推进文化创意和设计服务企业认定标准制定和认定试点工作，确定企业创意设计费用税前扣除范围和标准，将《意见》提出的税收、土地、价格等优惠政策落到实处。经认定的文化创意和设计服务企业按15%税率征收企业所得税，发生的职工教育经费支出不超过工资薪金总额8%的部分，准予在计算应纳税所得额时扣除。企业发生的符合条件的创意和设计费用执行税前加计扣除政策。推动落实文化创意和设计服务出口营业税免税政策。推动营业税改增值税试点有关政策在文化创意和设计服务领域落实。支持以划拨方式取得土地的单位利用存量房产、原有土地兴办文化创意和设计服务，并享受相关政策。推动落实文化创意和设计服务企业用水、用电、用气、用热与工业同价。推动落实对非物质文化遗产项目经营实行税收优惠政策。用好各类文化产业发展专项资金、投资基金，发挥财政资金杠杆作用，吸引社会资本广泛参与，促进文化创意和设计服务蓬勃发展。将文化创意和设计服务与相关产业融合纳入文化部文化金融合作工作框架、文化产业投融资服务体系的重点支持与服务范围。推动建立完善文化创意和设计服务企业无形资产评估体系，提高文化保险产品的开发力度和服务水平。

第二，营造创意创新环境。加强文化类知识产权运用和保护，促进知识产权转化和合理有效流通，加大对侵权行为的打击力度，健全创新创意激励保障机制。营造鼓励创新、宽容失败的文化创造环境，支持企业和个人加强产品研发和内容原创，推动文化内容、形式、手段创新。提高政府公共文化服务水平，发挥各类公共文化机构功能，培育公众文化创新创造意识。搭建各类文化交流平台，为文艺创作者、创意设计人才深入生活提供条件。积极推动创意社区建设。

第三，加大人才培养力度。发挥高校院所、文化企业、园区基地、创业创意孵化器等各自优势，推进产学研用合作培养人才。实施重点文化设施经营管理人才培养计划，有效提升剧院、图书馆、博物馆、文化产业园区基地等各类文化设施经营管理水平。办好国家数字文化产业高级研修班、国家原创动漫高级研修班、西部文化产业经营管理人才培训班、文化产业投融资实务系列研修班，组织全国演艺企业经营管理人才进行分批次系统化轮训。鼓励依托工作室、文化名人、艺术大师，培养具有较强创意创新能力和国际视野的文化创意和设计服务人才。推动将非物质文化遗产传承人培养纳入职业教育体系，推动将学艺者纳入免费中等职业教育范畴，并提供资金补助、免费培训等扶持。规范和鼓励举办国际化、专业化的创意和设计竞赛活动，促进创意和设计人才创新成果展示交易。

第四，扩大市场需求。加强全民文化艺术教育，提高人文素养，提升文化消费水平。积极推进与相关部门对文化消费现状和发展规律的研究，发布文化消费指数，引导文化消费。鼓励实施文化消费补贴制度，开展文化惠民活动，培育文化消费需求，扩大文化消费规模。结合公共文化服务体系建设，继续扩大各类文化产品和服务的政府采购。支持有条件的地区建设有特色、专业化的文化创意产品和设计服务的交易市场。鼓励文化创意和设计服务企业利用电子商务平台开展网络销售。

第五，加强公共服务。加强对文化创意和设计服务与相关产业融合发展的支撑，提高公共技术、资源信息、投资融资、交易展示、人才培养、交流合作等服务能力。完善创意创业服务体系，支持各类创意创业孵化器发展，促进创意成果转化和创业团队孵化。建设一批布局合理、功能完善、运营高效的文化产业技术服务平台。引导各类文化产业展会转型升级，提升其市场化、专业化、国际化水平。

第六，鼓励开拓境外市场。综合运用多种政策手段，对文化服务出口、境外投资、营销渠道建设、市场开拓、公共服务平台建设、文化贸易人才培养等方面给予支持。减少对文化出口的行政审批事项，简化手续，缩短时限。支持有条件的企业通过海外并购、联合经营、设立分支机构等方式开拓境外市场。加强对外文化贸易公共信息服务，及时发布国际文化市场动态和国际文化产业政策信息。在重点出口地区建立和完善创意设计产品出口服务平台，推动中国原创设计产品走入国际市场。支持文化创意和设计服务企业参加国际知名展会和文化活动。鼓励发展设计服务外包。鼓励文化创意和设计服务企业通过文化交流、项目合作等方式，积极参与国际交流合作。

第四节
建立投资造价审计体系

政府投资建设项目所追求的最重要的目标是以最小的资源投入来满足最合理的功能需求，而造价审计是科学合理使用项目资金投入的基础和前提。国家审计和社会审计是我国审计组织体系框架中重要的组成部分，整合国家审计和社会审计资源，让社会中介组织参与政府投资建设项目审计就成为解决目前审计任务重、审计力量不足的有效手段和重要途径。在继续加强项目的国家审计的同时，也要加快发展社会审计组织。社会审计组织即审计事务所，主要是接受法人委托对工程预算、决算进行审计验证和进行国有资产评估，以帮助项目法人控制投资和成本，确保国有资产效益的发挥。审计事务所还可对项目法人自有的和自行筹措资金进行验资查证。社会审计事务所实行有偿服务、自收自支、独立核算、依法纳税，审计失误的，要承担经济和法律责任。

一、加强政府建设项目投资决策审计

近年来，在财政部门的努力下，政府投资项目的决策机制已逐步理顺，投资估算的审核已经成为各政府投资评审机构的一项新任务。投资估算的审计一般指对于可行性研究投资估算的审查核实，它不仅仅是一个数字加减的审核过程，更是一个通过投资估算这个载体反复分析、推敲、论证建设方案的过程，有益于决策的科学性和合理性，其决策深度直接影响投资估算的精确度，也影响着造价控制的最终效果。因此，以价值管理为导向的决策审计具有提高项目效益，提升审计效率和审计效果的作用。如果批准建设，项目的使用者或利益相关者的功能要求是否符合经济性原则和相关政策要求，该项目对经济影响的评价结果及关键的技术经济指标，例如项目的规模、建设地点、成本、进度、质量能否满足要求，等等，要想对政府投资建设项目审计质量进行合理、公正、客观的评价，就必须遵循科学性原则。

二、加强事前审计，主动进行设计方案优化

通过事前按照设计标准和质量标准，估算出各部分计划费用支出，并对照各项费用进行审核，预先发现差异，主动进行设计优化，也可以在设计招标时增设项目设计方案的经济性评价标准作为选择中标者的依据之一。同时，加强设计单位的问责机制，签订设计合同时增设罚则条款，设立设计质量保证金，如果结算过程中发现设计不合理引发的设计变更超过某一百分比，则扣罚相应比例的设计费。

通过对设计阶段的造价审计促进工程的经济性和技术性的进一步结合，充分发挥专业审计人员的经济分析和判断能力，以提高工程造价的效率为目标，将经济、技术和使用功能有机结合，把造价控制观念渗透到工程设计和施工技术、措施的选择环节，最大限度地降低工程造价，提高项目绩效。也可以考虑将概算审批部门纳入设计概算审计范围之内，加强包括审批部门在内的全方位监管。

三、完善政府投资项目施工合同签订监督审核

建议相关部门进一步强化政府建设项目施工合同的审计监管工作，采取由建设单位、财政部门、审计机关分工审核的方法，制定标准规范的业务流程和管理流程，以期能够及时补救合同签订过程中的漏洞，尽量避免财政资金的浪费。对合同条款与招标文件实质性要求一致性、价格调整、工程结算等容易出现漏洞的条款进行进一步审核，同时建议相关部门抓紧制定一套施工合同标准管理细则，防范结算中可能出现的风险。

四、注重事中造价控制，为竣工结算审计提供良好的保障

目前，建设项目中因普遍存在合同签订和履行过程不够严格、变更过多、签证资料不够明确、施工现场签证资料与计价要求相脱节、工程签证的数据或者技术说明不满足计价要求等很多造价管理问题，使得结算审计工作难度倍增。因此，审计中应适当在造价控制的时效性和准确性上加强管理强度，派驻专业专职造价人员开展工作，形成"审计组＋社会审计咨询"和"项目管理＋监理"的管控格局，及时对问题进行纠偏处理，为全过程造价控制乃至竣工结算的顺利进行提供良好的保障。在全过程造价审计过程中，应注重以造价控制为中心审核各合同条款的严谨性和合法性，加强对材料价格的调整，对工程变更价款的调整，对签证费用、索赔款项的处理和对中间结算和竣工结算的审核等。

第五节
完善投资法律服务体系

法律服务体系包括法律服务市场和法律服务市场监管。法律服务市场是指为社

会提供法律服务的中介机构和具有中介机构性质的法律服务部门以及具有提供法律咨询服务资质的部门（含公民代理）进行法律服务活动的场所。这里讲的中介机构和具有中介机构性质的法律服务部门以及具有提供法律咨询服务资质的部门是指律师事务所（含法律援助机构）、基层法律服务所、法律咨询服务机构和有民事行为能力的公民。法律服务市场监督管理是指法律赋予司法行政机关对法律服务市场正常秩序行使监督和管理的全部活动。随着国家法治化进程步伐的加快和政治体制改革的逐步深入，作为承担法律服务职能的法律服务业面临着前所未有的机遇和挑战。法律服务是投资软环境的重要构成部分，属于法治环境的内容，投资者评价法治环境的优劣，首先关注的往往是法律服务的状况，我国要实现经济快速发展，就必须着眼于不断改善法治环境，提高法律服务水平。因此，对当前法律服务市场进行考察，并研究加以改善的相应对策，具有十分重要的现实意义。

社会法律服务体系是投资法律保障体系的基础和主要方面。投资所产生的各类经济行为均需有效的法律保障，包括项目前期的咨询、调查，项目施行过程中的风控、文件拟定、商务谈判以及诉讼代理等，其所涉及的内容也涵盖投资、借贷、知识产权、劳资关系等各领域。所以，法律服务体系为建设专业化、国际化的社会服务体系，培育高品质的服务机构提供了有力保障。

一、培育市场相关法律服务机构的机遇

投资涉及社会生活的方方面面，带来异常繁荣和丰富多样的社会生活。政治交往、经济往来、文化交流、教育合作等领域所产生的投资、贸易、求学、婚姻等社会生活，需要各种各样的专业领域的相关法律服务；纠纷与摩擦所引起的谈判、诉讼、仲裁等对律师、顾问等法律从业人员的需求将更加旺盛；民事、商贸往来中的政策、法律咨询等非诉讼法律服务的需求也将大量增加。巨大的市场需求必然要求建立与之匹配的律师事务机构等社会法律的相关组织。

二、培育市场法律服务机构的国家作为

我国目前以律师事务所及执业律师为主要行业代表的市场法律服务体系的发

展,还具有广阔的空间。律师事务所的发展还缺少政策扶持,律师的执业环境也存在诸多障碍和限制,律师的技能培训、权利保障等体系也还不完善。在代理投资案件以及在国外办理案件缺乏相应的制度和机构扶持与保护。在这样的背景下,国家应当:继续拓展律师合法执业空间,完善律师权益保护制度,建立律师执业培训体系;树立风险防控理念,支持律师事务所的政府业务、大型企业业务、国际业务等的拓展;进行相应的制度机制设计,将律师事务所及律师的法律工作嵌入政府行政、项目审批、投资决策等流程体系之中,发挥律师事务机构律师的业务能力突出、行为态度中立等优势,完善法律风险控制体系;培育符合发展潮流和特色的律师事务机构,提高法律服务水平。

三、市场法律服务机构的作用发挥

作为市场法律相关服务体系的核心与关键,律师事务机构应当认识到投资业务是有力增长点。

(一) 促进法律服务市场扩容

法律服务要向政府和社会全覆盖,这是十八届四中全会明确释放的信号,此后法律服务市场必然面临扩容的基本走势。十八届四中全会后,我国法律服务市场将面临增量和保值的需求。公共法律服务和传统基础业务将成为法律服务的热点和亮点。

(二) 互联网为市场法律服务带来新的机遇

互联网首先为法律服务行业带来的是机遇。比如 P2P 行业,它为法律服务提供者缔造了一个全新的法律服务种类。与此同时,它也为法律服务行业带来了巨大挑战。作为随时处于变化中的新生事物,互联网产业本身及其与其他产业的结合,产生了一系列尚无法律明确界定的问题。

第十六章
国外宏观调控体系比较与借鉴

　　综观世界上发达市场经济国家的经济体制，主要市场经济国家根据本国的情况，实行侧重有所不同的宏观调控体系，形成了不同的市场经济模式。大体说来，可以分为分散型市场经济和协调型市场经济两类。所谓分散型市场经济，即以美国、英国为代表，主要特征是：国家不制订统一的经济发展计划，只制订以经常项目为主的财政预算计划；国家不制定产业政策，但在不同时期对某些行业实行保护性关税政策；企业资金的来源以直接融资为主，以间接融资为辅。所谓协调型市场经济，即以德国、日本、韩国为代表，其主要特征是：国家制订统一的经济发展计划（包括中长期计划、年度计划和专项计划）；国家根据不同时期经济发展的任务，制定产业政策，并在财政、金融政策上给予扶持；企业资金的来源以间接融资为主，以直接融资为辅。

　　虽然德国、日本和韩国的宏观经济管理体制各有不同，但实践证明都是成功的。这是因为它们的体制符合本国的经济和技术发展水平、文化和社会背景、企业的国际竞争能力，同时适应了不同时期经济发展主要任务的要求。尽管目前日本和韩国的宏观经济体制同高速增长时期已经有了很大不同，但它们的历史经验以及其他新兴工业化国家和地区的经验都证明，后发展国家要实施赶超战略，在较短的时间内走完发达国家用两三百年走过的道路，必须发挥政府的主导作用，依靠国家的力量来弥补市场调节的不足，把资源集中配置到经济效益最好的地方。如果没有政府强有力的宏观调控，只依靠市场的自发调节，则工业的发展必然要走一条漫长的道路，即先是大量低水平的重复建设，然后再通过竞争不断提高生产的技术水平和集中度。如此，后发展的优势就不可能得以发挥。

第一节
日本宏观调控体系特点

日本经济模式可以概括为以市场机制为基础,政府干预为补充,并在一定时期和范围内起着主导性作用。日本政府对经济的中长期管理,是以工业政策为重点,以拥有广泛权力的通产省为中心展开的。通产省以强大的法律、经济和行政管理手段为后盾,对各产业,特别是对战略产业进行强有力的管理,是日本政府经济管理中的核心。

一、日本发展计划特点

日本在"二战"后经济的崛起,与成功地制定和实施了几个有名的计划关系极大,如国民收入倍增计划、列岛改造计划、节约能源计划等,都取得了很大成功。

日本的经济计划有三个显著的特点:一是计划具有指导性和预测性。著名的《国民收入倍增计划》(1961—1970年)对日本的计划性质有明确的表述:日本的经济计划是在以自由企业和自由市场为基础的体制下实行的,并不强制执行;它只是作为经济发展的指针性的东西。因而小宫隆太郎说,"日本的国民经济计划就等于是长期预报",是没有约束力的。二是政府以强有力的行政和经济手段,用计划表明政策走向和预测性的经济指标,具有很强的诱导力。政府通过与行业组织(如农协)的交流和协商对企业实行行政指导,对企业服从计划的状况予以经济上的奖惩。因此,日本模式被称为"政府主导型"的市场经济。三是有目标明确的产业政策。日本的产业政策目标是使产业结构合理化和高级化,重点在工业、制造业。

二、日本的市场经济模式

（一）日本的市场机制

日本的市场机制是"原则自由，部分限制"。这种限制涉及市场机制的各个方面，并且部分地具有政府主导的性质。日本的经济运行机制是以垄断企业集团相互持股为基础、市场横向协调为手段。与此同时，政府积极引入以诱导性为特征的计划协调机制，即政府通过对经济发展的预测，在计划中提出明确的经济发展目标，以唤起私人企业的积极性。并且通过运用财政、金融和法律手段，影响私人企业的经营活动，从而使其在一定程度上接近或达到政府所期望的经济发展目标，以弥补市场机制的不足。日本也正是通过这种计划和市场的结合，达到官民协调一致，有效地推动了"二战"后经济的高速增长。

长期以来，一些学者将日本的市场经济模式称之为"组织起来的市场""竞争性寡头垄断市场"或"有效竞争市场"。这是因为：

第一，日本的市场是在日本政府限制下组织起来的市场。从市场形成过程来看，政府干预发挥了一定程度的主导作用。但是，这种"组织起来的市场"有一定的范围，主要限于金融市场和重点产业市场，市场一旦形成，自由市场机制就会发挥作用，而且会突破政府有关部门（主要是通产省）的限制。

第二，日本的市场竞争一方面是垄断性企业之间的激烈竞争，另一方面是中小企业的系列化竞争。许多垄断大企业都把大量承包本公司零部件生产的中小企业组织在本公司的系统之内，从而形成中小企业系列化。这种竞争性寡头垄断和中小企业系列化，既可以发挥垄断性企业的规模效益又可以较好地发挥日本广泛存在的中小企业的作用，使日本企业的国际竞争能力在实力低于欧美国家企业的情况下赶上和超过欧美国家企业。

第三，日本的市场是"有效竞争"的市场。一方面针对"自由竞争"产生的"不当竞争"加以限制，另一方面通过促进企业合并以克服规模过小性。

总之，日本的市场机制是"原则自由，部分限制"。这种限制涉及市场机制的各个方面，并且部分地具有政府主导的性质。可是，从政府干预市场的活动来看，财政税收政策是主要政策手段，也是间接调控经济的重要工具。长期以来，日本坚持财政支出平衡政策。在此前提下，通过财政支出的扩大与紧缩，调整景气循环。在财政支出上抑制消费性支出，扩大政府投资支出，特别是制订具有特色的庞大的"财政投融资计划"，对于经济增长和间接诱导民间企业发挥了重要作用。财政补助金则成为最有效的间接诱导手段。地方财政收入只占地方支出的三成，大部分依靠中央财政支持，中央政府依靠这种经济力量诱导地方自治体系实现中央的政策目标。因此，日本号称"三成自治"，地方从属中央。

（二）日本的宏观调控以财政为中心

日本的宏观调控实际上是以财政为中心，特别是在20世纪六七十年代高速增长时期，政府用财政手段集中了大批建设资金，包括被称作特别会计的财政预算资金、国债基金、邮政储蓄和保险基金等，用于政策性投资贷款，并通过政府的窗口指导，引导商业银行的贷款，从而支持了产业政策的实施和国民经济发展计划的实现。日本在短时期内迅速实现重化工业化，出口大幅度增长，靠的是财政投融资的支持。可以说，财政投融资是日本宏观管理的最成功之处，是日本从20世纪50年代以来实现经济高速增长的重要原因之一。

三、日本的工业发展政策：政府与产业协调

（一）日本制定工业结构政策的背景

"二战"后，日本根据产业结构变动规律适时确定各个时期需要优先发展的重要产业。20世纪50年代，日本采取了"重点生产方式"，把当时有限的原料、能源和资金大部分重点分配给电力、钢铁、煤炭和化肥等工业，鼓励发展煤炭、钢铁等基础产业。20世纪60年代后半期，在加强基础产业的基础上，日本提出了关于产业结构高级化的设想，根据收入弹性基准和生产率上升基准，选择了重化学工业化的发展方向，振兴和扶持以合成纤维、石油化工、机械、电子、飞机等为主的新

兴产业及成长型产业,并确立其在国民经济中的主导地位。20世纪70年代,在石油危机的冲击下,产业布局转向以知识密集的加工装配业为中心的结构:一是使知识密集型产业在经济发展中发挥新的主导作用;二是制定《特定萧条产业安定临时措施法》,帮助企业改善结构或转产;三是采取促进出口的知识密集化结构和进口本国生产能力处于劣势地位的产品的措施。20世纪80年代后,日本以尖端技术为主导带动产业高级化。正是因为国家制定和实施了这些强有力的工业结构政策,才使日本经济能够顺利恢复,继而高速增长,最终让日本迅速跻身世界经济强国之列。

(二) 日本工业政策的目的

20世纪60年代日本的工业政策,一方面考虑到要慎重地、分阶段地推进贸易自由化与资本自由化,保护各种工业不因自由化而受到影响和冲击;另一方面从增强企业的国际竞争能力出发,建立和完善能够适应自由化的工业体制。20世纪60年代,日本政府对自由化的态度是极其慎重的。在分阶段推行贸易自由化的过程中,由于汽车、电子计算机等战略工业在质量和国际竞争能力方面还存在差距,因此政府就尽量延期实行自由化,同时也为这些工业早日具有国际竞争力争取了时间。另外,政府还修改了关税制度,提高部分进口商品的关税税率,由从价税改为从量税,并采用紧急关税制度,把关税配额制度和混合关税制度等保护性关税制度作为贸易自由化对策。日本在1964年就加入了经合组织,但在1967年才开始实行资本自由化,一直到1973年才完全实现资本自由化,其间经过了好几年的漫长时间。在向开放经济体制过渡的过程中,政府对建立新工业体制倾注了极大的热情和关心,把建立新工业秩序的着眼点放在以下几个方面:一是调整政府和工业的关系(扩大政府对工业活动进行干预的领域);二是调整竞争秩序;三是通过工业改组扩大企业规模。

日本十分重视通过制定和实施积极的工业发展政策,并把政府、企业以及有关产业社团组织起来,形成"政府产业协调体制"或"官民协调体制",以达到改善产业结构、增加经济总量、促进社会繁荣的目的。这是日本工业发展政策与其他国家的最大区别。日本工业政策的核心，是促进产业结构的高级化和合理化，使国民经济能够健康稳定发展。对需要大力发展的新兴产业或战略产业给予保护和扶持；对正在衰落的产业进行积极调整，促进资本和劳动力向其他产业转移，减少结构转换的社会和经济成本。

（三）日本制定工业政策遵循的基本原则

从20世纪50年代开始，日本许多企业就致力于通过开发新产品、实行质量管理和革新生产工艺等新方式，走上了企业自我发展的道路。到了20世纪60年代，日本的资本系数始终稳定于较低水平上，这无疑是技术革新带来的成果。但政府仍积极干预产业活动，其意图是要建立政府主导型工业体制，通过财政金融政策等间接政策手段，对实现宏观经济的平衡进行干预，并遵循以下两方面的原则来干预工业活动：一是以特定法律为根据的制度性干预；二是行政指导。

日本制定工业政策遵循四项基本原则：效率性原则，政府的工业政策必须是有效率的；补充性原则，政府所采取的措施只是对市场机制进行资源配置的一种补充；时效性原则，工业政策只是在特定条件下有效，环境变化后政策也需相应调整；明确性原则，政策必须界限清晰，内容明确，具有比较强的可操作性。在这些原则指导下，日本对高科技企业的扶植政策主要是将高科技产业扶植为有独立竞争能力的产业，其目的更加鲜明。主要措施：一是政府向高科技企业融资，促使企业达到规模经济；二是实行税收优惠，对高科技企业提供特殊的帮助和鼓励。

（四）日本产业组织政策的特点

日本的产业组织政策是很有特点的。"二战"后，随着国家统制机制的急剧缩小，日本形成了自由竞争的市场结构。到20世纪60年代，日本在提出产业结构高度化目标的同时，通产省又提出了新产业体制的目标，以克服过度竞争和规模不经济，逐步建立起"有效竞争"的组织结构，迅速提高日本企业的竞争力，适应关税保护政策的逐步取消。根据这一目标，日本采取了一系列措施，促进企业的合并和改组，推进经济规模。日本工业政策的一个重要特点是不仅对个别工业的扶植进行研究，而且是就经济整体的工业结构进行一般平衡分析，从中确立扶植产业，如60年代的"重化工业化"、70年代的"知识密集化"、80年代的"创造性的知识密集化"以及90年代的"创造出地球时代的人类价值"设想，日本政府正是在这个长期整体设想的基础上，确定应扶植战略产业的。以工业政策为中心的中长期管理，是日本宏观经济管理的核心，同时又是日本的首创。

四、日本的贸易立国战略

"二战"后日本经济从一片废墟中迅速崛起，被视为世界经济史上一大奇迹。日本本是个资源贫乏、人口稠密、科技水平相对落后的国家，经过短短几十年的发展，一跃成为世界经济强国，其原因是多方面的，而其中对外贸易扮演了相当重要的角色。战后日本以贸易立国，充分利用世界经济贸易发展的一切机会，在资源、技术、市场、外汇和资金积累等方面为经济的迅速恢复和发展提供了许多有利条件。在这一过程中，日本政府的外贸政策起了关键作用，它使日本一次次抓住了发展的机遇，在参与国际分工和国际竞争中成功地以较有利的经济结构实现经济的外向发展，并在不断发展中优化本国的产业结构，增强国际竞争力。

日本外贸政策的一个显著特点是：它不只是一般的商品进出口政策，而是把外贸政策同国家整个产业政策结合起来，通过扶植本国的产业、提高产业国际竞争力以振兴出口，使外贸的扩大能动地促进本国经济的发展和产业结构的优化。不断提高本国产业的国际竞争力，始终是日本外贸政策的支点。日本通过对外资进入本国经济的领域、数量和期限作出具体规定，以维护本国的产业安全。日本是最早有意识地制定执行产业政策的国家，利用外资的方式、规模、行业分布随其经济发展的各个阶段而变动；成为经济强国后，日本采取保守的技术输出方式，防止后发展国家形成强有力的竞争。

五、日本贸易逐步自由化

20世纪50年代以前，日本经济主要是通过价格机制来进行资源的分配，日本从控制经济向市场经济发展，政府对工业活动的干预逐渐减少，但仍能行使进口配额权和对技术引进以及外国对日直接投资批准权,以此干预工业活动。实行自由化使政府失去了对工业活动进行干预的余地,将利用价格机制分配资源的范围扩展到了对外贸易和对外资本交易领域。到了20世纪60年代,政府公布了贸易与外汇自由化大纲,并决定从保护贸易转向自由贸易体制。实行贸易自由化,意味着政府失去了进口配额权,而实行资本自由化则意味着政府失去了对引进技术、建立合资企业以及增建采用引进技术成套设备的批准权。除了农业等有限的几个领域外,经济的大多数领域已建立起来以企业自主选择为主的自由企业体制。日本推行其贸易自由化的过程也具有鲜明的特点,就是根据产业的国际竞争力的状况陆续开放,扶植成熟一个开放一个,然后用实行贸易自由化的产业"掩护"继续实施保护的产业发展,即所谓有选择、有节制的贸易自由化政策。

应该说,日本渐进式的自由化政策是相当成功的。一方面,根据各个产业国际竞争力的状况分期分批实行贸易自由化,有效地保护了本国工业尤其是重要产业的发展;另一方面,对本国产业不是无限期地进行保护,而是制定出一个可预见的实施自由化的时间表,这对被保护的产业来说是一种压力,也是一种动力,能促使其改善经营管理,提高生产效率以迎接自由化的挑战。实践证明,由于面临外国商品的竞争,日本企业进行大规模的设备投资,积极引进外国先进技术,从而使钢铁、化学、机械等工业部门得到迅速发展,出口急剧增加。

第二节
韩国宏观调控体系特点

韩国经济运行的基础是市场机制,资源的配置和企业的运行主要依据市场经济的原则,但是政府对经济发展实施有力的干预。政府干预的主要手段是通过制订经济发展计划及其相应的配套政策,确定宏观经济总量的产出目标,协调运用各种政策干预手段来规定经济的发展方向，推动经济增长达到预期的水平。

一、经济企划院及其主要职能

（一）经济企划院

韩国是一个市场经济国家，资源的配置和企业的运行主要依据市场经济的原则。在不损害市场功能的前提下，政府对经济干预的程度达到了最大限度。韩国经济企划院是政府干预经济的重要的综合经济部门，在韩国工业化过程中发挥了出谋划策、组织实施的重要作用。经济企划院是 1962 年建立的，这是韩国经济体制和经济发展出现重大转变的标志。在此之前，韩国经济处于资源匮乏、经济落后、通货膨胀、人民食不果腹的"贫穷的恶性循环"之中。面对世界形势的变化，韩国政府和军队中的一部分有识之士普遍感觉到了生存危机。朴正熙上台后，急于发展经济，摆脱困境，建立了权力高度集中的企划院体制。经济企划院在韩国政府机构中处于超级部的地位。副总理兼经济企划院院长，通过自己在内阁中和经济部长委员会中的重要地位，统一掌握财务、工商、农林、建设等主要政府机构业务的权限。经济企划院负责从起草经济社会发展计划到编制国家预算、协调各种经济政策和管理物价、维护公平贸易等各项综合性业务。经济企划院的机构设置有利于保证企划院院长有效地行使领导经济的职权，有利于内阁各经济部的工作互相协调配合。

（二）经济企划院的主要职能

1. 制订经济和社会发展计划

经济企划院负责制订经济和社会发展的五年计划和年度执行计划。制订计划的目的是合理配置有限的资源，实现"经济增长、物价稳定、提高效益、公平分配和增进福利"的经济发展总目标。随着工业化的实现、市场发育成熟和私人资本的积聚，计划内容也在不断改变。重点是制订指导性计划，即描述未来经济发展的前景和指明实现目标的政策、方法，计划的制订也由政府包揽变为由政府、学校和企业界专家组成的委员会讨论达成共识来完成。为了保证五年计划的贯彻执行，经济企划院还制订年度运营计划，根据变化的情况对五年计划进行补充和修订。

2. 对各种经济政策进行协调

为了保证各种政策的统一性和有效性，避免政出多门和政令不一，需要对各个部门之间的不同意见进行协调。由于各部门的利益冲突日益明显，政府公正地协调各部门间的利益非常重要，而经济企划院作为经济政策协调者的作用就更加重要了。副总理兼经济企划院院长，具有对重要经济事务综合协调的权力和责任。经济企划院负有日常经济政策协调职能的机构有价格政策局、产业政策协调局、实绩评估局和国际政策协调办公室。各部门拟定的重要经济规章和经济政策，都要在经济部长会议上进行讨论。

3. 编制预算方案

财政政策和金融货币政策是政府干预经济和促使计划实现的两大基本手段。在财政方面，财务部负责编制收入预算，并组织其实现。预算支出计划由经济企划院预算办公室负责。通过编制预算支出计划，使经济和社会发展计划与资金供应计划更好地衔接，保证发展计划的有效实现。

在重工业化时期，利用国外资金在预算支出计划中占相当大的比重，所有外国政府贷款和国际金融组织贷款以及政府通过其他渠道筹集的国外资金，也都由经济企划院统一分配。在金融货币方面，韩国的管理体制是：在总统之下设立金融通货运用委员会，负责统一管理金融货币政策。在20世纪60年代到70年代初期，政府为了集中资金实现工业化计划，将银行执行预算的决定权收归政府。银行按计划确定的投资方向，将从国内外筹集的资金以低利率贷给国家计划重点发展产业，特别是这些产业中的大企业。当时市场贷款利率高达30%~40%，而政府控制的贷款利率仅为7%~10%。政策性贷款计划有力地支持了工业化计划的实行。韩国产业银行是一个专门执行政策性贷款职能的长期信用银行。产业银行贷款在项目选择和决策方面，由经济企划院定计划、编预算、管协调。

4. 促进公平贸易

为了发挥市场的功能，保护合理竞争，经济企划院于1979年设置了公平贸易官员的职位,并于1980年颁布了《垄断法规和公平贸易法案》。随后,于1981年成立公平贸易委员会和公平贸易办公室。为了解决由于对某些部门和企业提供大量低息贷款而产生的不公平和不平等现象,经济企划院于1988年制订了"公平、平等和持续增长的实施计划",扩大国内市场的自由度,增强私营企业的自治能力。公平贸易委员会及其进行的各项工作的目标,就是建立一个自由和公平的市场机制,借以平衡国民经济各部门和不同规模的企业的发展,并鼓励企业的创新经营,保护消费者利益。公平贸易委员会的职责是:通过防止垄断和过度的经济实力的集中以促进竞争,查处不公正贸易和欺诈行为,保护消费者利益,保护中小企业在交易中免受大企业掠夺性商业行为的侵害。

二、韩国市场经济模式

(一)市场与政府调控并重

就韩国市场经济模式而言,在微观经济层次上所推行的市场经济原则与其他发达国家相同,这就是自愿交换、自由竞争,生产和再生产的全过程以市场调节为主。然而,在宏观层次与政府宏观经济调控方面,韩国与西方发达国家相比存在着明显的差异。西方发达国家是以市场调节为主,辅之以政府的有限干预;而韩国则是市场与政府调控并重。这主要体现在以下几个方面:

第一,多种所有制经济并存。所以,也有人把它称之为"混合型市场经济"。虽然私营经济是韩国经济的主体,但国有企业占相当大的比重。国家资本主要控制能源、交通、港口、邮电等全国性、垄断性和公用性的产业或行业,报纸、广播、电影和出版部门也都受政府的控制或影响。但政府对各种所有制成分一视同仁,根据优胜劣汰的原则进行公平竞争,不实行特殊保护和优待政策。

第二,政府广泛介入经济过程。"二战"以后,尤其是从20世纪60年代以来,韩国实行了长达20余年的所谓"开发专制"。"开发专制"不仅导致政府对经济过程的广泛介入,而且也使从民众、雇员到厂商的许多经济行为直接或间接地受政府强制性政策的支配。"开发专制"虽然在20世纪80年代中后期随着民选政府代替军人政府而消除，但韩国市场经济体制在"开发专制"下却逐步形成了一种以政府为中心，政府是"万能的指导者"的经济模式。

第三，政府对宏观经济的调节具有更大的强制性。它通常实行集中的宏观经济决策，并以此规定产业、企业的发展方向；通过指导性计划和控制经济参数，调节国民经济的运行，以推动政府宏观经济政策的实施。韩国也借助于经济立法，但更多场合下采用行政手段，强行推行政府的主要经济决策。在韩国，政府与企业的关系是支配与被支配的关系。政府干预经济决策的主要方式有三种：一是制订发展计划，通过确立各种宏观经济总量目标，规定经济发展方向。20世纪80年代以来，总量目标的约束有所放松，强调诱导，更多地发挥市场机制的作用。二是确立政府对经济运行的宏观决策权，适时采用行政手段进行直接调控。三是利用经济立法和行政手段进行控制和干预。韩国政府通过行政手段和国家立法大力扶植出口产业便是典型的例子。比如先后颁布了《出口产业基地建设法》和《外资引进促进法》等法律，以此确立出口产业在整个国民经济中的核心地位。

第四，韩国政府宏观经济调控方式、方法的调整速度较慢。针对自20世纪80年代以来日益暴露出的政府对宏观经济干预过度的种种弊端，韩国经济界提出了调整现行政府宏观经济管理体制的迫切要求。随着总统选举制的实施，韩国在"开发专制"政体逐步过渡的同时，经济体制也进入了一个新的调整时期——从政府主导型向民间主导型的转化过程。其主旨是：适当减少政府对经济的直接干预，相应加强市场调节作用，以有效地增强企业活力，促进经济的合理化、高效化。但是，这一过渡时间延续到了2000年前后，宏观调控方式、方法的转换速度相对缓慢。

（二）计划、财政、金融在宏观调控中的作用

韩国的宏观调控是以计划为中心的。韩国于20世纪60年代初期成立的经济企划院负有制订计划、协调政策、编制预算和维护市场四大职能。经济企划院是一个超级部，是政府主导下的市场经济体制的中枢。把财政预算支出计划和经济发展计划统一起来，用预算计划和信贷计划支撑经济发展计划，是韩国宏观经济管理体制上的一大特点。韩国从1962年起编制第一个五年计划，国民经济发展基本上是按

照计划的路子走过来的。

在韩国的经济起飞过程中,政府运用的财政税收政策发挥了重要作用。财政税收政策同计划目标和产业政策紧密结合,以财政资金支持经济计划和产业政策的实施,是韩国财政体制的重要特点。20世纪60年代以前,韩国的金融业落后,直到60年代初期,只有5家全国性国营商业银行,1961年以前,没有专业银行。20世纪60年代中期建立了6家专业银行和一批地方银行。20世纪70年代,非银行金融机构如保险公司、财务公司等纷纷建立起来,已形成完整的金融体系,在宏观经济调控中发挥着重要作用。

三、经济企划院在宏观经济管理中的重要作用

韩国实行政府主导下的市场经济,经济的高速发展,主要是靠市场经济的活力和政府的组织、引导。经济企划院在发挥政府主导作用和维护市场机制正常运行中起到了特殊重要的作用。

(一)政府主导下的市场经济体制的中枢

经济企划院是政府主导下的市场经济体制的中枢。经济企划院负有制订计划、协调政策、编制预算和维护市场四大职能,使它在宏观管理中居于十分重要的地位。经济企划院通过制订五年计划,提出不同时期的发展目标、发展战略和重要政策,使解决经济发展中的重大关键问题成为举国一致的行动。同时,经济企划院负责编制预算计划,这就使财政资金和信贷资金、国内资金和可以利用的外资都动员起来,用于支持经济发展计划。特别是在20世纪六七十年代高速工业化时期,把银行资金也纳入政府计划管理的范围内,要求银行以政府规定的利率向指定的企业和建设项目贷款,这在市场经济国家是极其少见的。这种宏观调控权限高度集中的管理体制,保证了大规模建设对资金的需要,是一个高效率的体制。经济学家把这种现象称之为"开发专制"。尽管韩国在20世纪80年代后逐步放弃了这种做法,提出由"政府主导型"向"民间主导型"转变,银行可自主决定贷款方向,政府对利率的控制也逐步放开,但资金管理上的集权体制对重化工业化的贡献是不可磨灭的。

(二) 促进市场机制正常运行

经济企划院对经济的干预不是干扰,而是促进市场机制的正常运行。经济企划院提出的计划和政策,是对经济和市场的行政干预,但这种干预不是对市场运行的干扰,而是恰到好处的调控和引导。政府对某些行业和企业提供优惠贷款和一定期限内减免税的优惠政策,都是有前提条件的,即必须按照政府的布点进行建设,必须采用国际经济规模和先进技术,所借贷款必须按期归还等。经济企划院还提出许多办法限制垄断,保护公平竞争。

(三) 集中全力研究和解决宏观经济中的重大问题

经济企划院不干预微观经营决策,集中全力研究和解决宏观经济中的重大问题。在工业化时期,虽然由政府控制的资金占全部资金供应量的60%,但政府只是决定由自己控制的资金的投向和大型建设项目的布点,至于新建项目的决策,包括可行性研究等,全部由企业自己决定,政府从不干预。经济企划院设置的职能局中也没有具体管理投资项目的机构。至于对企业的经营决策,政府更是不予过问。经济企划院作为政府机构中最大的综合经济管理部门,管理的范围覆盖经济的各个领域,这种地位有助于经济企划院研究经济发展中的综合性问题,提出有关方针、政策和实施方案。如20世纪70年代初期,韩国面临着要不要实现重化工业化和如何迅速实现重化工业化的战略抉择。经济企划院在研究韩国的工业发展阶段和国外经验的基础上,提出了出口导向型重化工业化战略,取代20世纪60年代的进口替代型重点发展劳动密集型产业的工业化战略。为此,政府制定了振兴电子、造船、汽车、化工、钢铁等一系列法律,修改了《外资引进促进法》,采取投资倾斜政策和优惠政策,鼓励外商和国内企业向重化工业投资,实现出口结构由劳动密集型产品向技术和资金密集型产品转变,进而迅速带动国内工业化。

(四) 注重国际环境的研究

注重国际环境的研究,把利用国外资源、开拓国际市场作为经济企划院工作的重要课题。贸易立国的政策，使经济企划院非常重视国际经济政策的研究。在经济企划院的机构设置中，40%以上是专司对外经济事务或与对外经济有关的部门。如对外经济协作局的中国课就有7个人专门研究如何扩大同中国的贸易关系，对中国经济情况的了解非常详细。韩国缺乏工业资源，所需石油、煤炭、矿石均依赖进口，产品主要依靠外销。因此，韩国对国际市场的变化非常敏感。经济企划院在研究国际市场方面花了很大力气。

（五）重视经济信息和智囊团的作用

经济企划院设立了调查统计局，后改为经济信息办公室，在企划管理局又设了经济调查官，专门负责对经济信息的采集、统计和分析。20世纪80年代中后期，由于公共需求增长过快带来经济困难，1989年经济企划院又将经济信息办公室改为经济信息局，以加强对政府经济政策与企业实绩的评估，注意收集和观测公众对政府经济政策的反馈意见，以利于提高政府经济决策的科学性。经济企划院附属的经济开发研究院和国际经济政策研究院是经济企划院的智囊团，主要从事经济对策研究，直接参与经济发展计划的制订，被誉为韩国经济起飞的"产房"。

四、韩国的工业发展政策：计划主导型的政策体系

（一）政府政策的作用

在韩国经济增长方式转变过程中，政府政策发挥了重要作用，政府能够根据经济发展阶段以及环境的变化及时制定有效的政策，促进经济增长方式的转变。例如，通过实施政策性贷款，扩大教育投资，建立以计划为主导的宏观调控体系，建立合理的财政、租税体系等促进经济增长方式的转变。

与日本类似，"二战"后特别是20世纪60年代以后，韩国经济取得了突飞猛进的发展，令世人瞩目。在经济高速发展的同时，产业结构也不断调整、升级。这里面，工业发展政策的作用是明显的。从总体上看，韩国产业结构的变化并没什么独特之处，只是由于制定和实施了强有力的工业政策，使得韩国产业结构的变化速

度要比其他国家快得多，工业政策的实施适应了产业结构变化的内在要求，并把这一速度大大加快了。韩国仅用 30 年的时间就实现了从一个落后的农业国到新兴工业化国家的转变。韩国工业发展政策与其工业化进程紧紧结合在一起。20 世纪 50 年代，重点发展轻工业。1962—1972 年，重点发展轻纺工业和出口加工工业等劳动密集型产业，加强基础设施建设。1973—1981 年，集中发展重化工业，确定了钢铁、造船、机械、电子、石油化工和有色金属等重点产业，使产业结构出现了轻重工业协同发展的多元化格局。1982 年以后，为适应国际竞争和新技术革命的发展，韩国把重点放在以增加工业附加价值和技术密集型产业比重为中心的产业结构调整上，促进产业结构高级化。通过大力引进国外先进技术并加以消化吸收，最终转向知识技术密集型制造业，实现技术密集型产业的稳定增长。调整的方向是建立三个相互协调发展的产业群。第一产业群主要包括纺织、水泥、石化、钢铁、家用电器、汽车、造船等传统优势产业，政策目标是对它们进行技术改造和更新，靠技术升级换代来提高产品的附加值和国产化率。第二产业群主要包括精密化工、精密机械、精密材料、计算机、电子、航空等高技术产业。第三产业群主要包括新能源、信息、新材料、生物工程等新兴技术产业，韩国把它们作为未来产业给予大力扶植。

（二）韩国工业发展政策的特点

韩国工业发展政策的制定、实施，具有下面四个方面的特点：

一是以扩大制造业产品出口带动工业化。不断扩大开放、发展出口主导型经济是韩国工业化进程中长期坚持的基本国策，出口贸易始终是经济工作的重点。韩国从 20 世纪 60 年代开始实行出口导向战略，强调具有出口潜力产业的发展，并赋予出口企业一定的优惠政策。它以外销来带动整个国民经济的发展，充分利用内外市场的有机结合和相互渗透，在开放的条件下实现资源的优化配置。

二是以建立合理的产业结构为目标，选择一些重点产业进行扶植，实行投资倾斜和优惠政策，迅速实现重化工业化。在 1973 年公布的发展重化工业的 10 项原则中，韩国明确规定钢铁、造船、金属、石油化工、炼油、汽车制造、有色金属、化肥等工业为重点扶植对象,还在东南沿海等地设立了 15 个重工业区,对符合产业发展重点并且进入重工业区的企业,提供长期低息的政策性贷款和外汇贷款。政府对发展前景广阔的企业还直接参股投资。区内企业可享受减免税优惠,自投产之日起三(年)免两(年)减半;对进口原材料和出口产品,视情况减免 70%～100% 的关税。国家建立了国家投资基金(来源为合作社和中小型企业的零散资金、养老基金、商业银行定期存款的一部分、政府政策资金),主要用于为重点产业提供优惠利率贷款。

三是重视人才培训,积极消化和吸收先进技术,不断实现技术创新。韩国政府特别重视教育和科技的发展,公共教育经费占 GNP 的 4%,占政府预算支出的 21.9%,以优厚的待遇和工作条件动员技术人才回国效力。韩国大力支持高科技产业的发展。这可分为两个阶段,即 20 世纪 60 年代中期到 70 年代末以引进国外技术为主要目标的第一阶段和致力于提高本国科研能力的第二阶段,并在财政上对高科技领域的科研项目如电子、机械工程、化工、能源等提供直接的支持。20 世纪 80 年代税制改革后,韩国政府通过一系列优惠税收政策对高科技企业给予扶植。如对高科技开发实行减税,从所得税中扣除科研专项资金,数额一般为 1% 的周转额或 20% 的收入,最高可达 1.5% 的周转额或 30% 的收入。同时,政府通过韩国 KTB 投资集团扩大对技术开发和技术商品化的资金支持,对商品化的投资成本实行减税或加大折旧率,通过公共采购的方式,鼓励私营企业将高科技成果转化为生产力,并使之初步进入市场。为了促进产业技术的开发,政府提供了各种激励政策,鼓励私营企业的开发活动,使私营企业在市场经济中起到产业技术开发的主导作用。

四是建立以计划为主导的宏观调控体系,引导工业化发展方向。韩国是一个政府主导下的市场经济国家,属于计划主导型市场经济。早在 1962 年韩国就建立了集经济计划、物价政策、政策调整、对外经济调整等职能于一身的经济企划院,保证了政府干预在政策和手段方面的协调,也使政府干预具有很强的及时性。

第三节
德国宏观调控体系特点

德国的市场经济模式是社会市场经济模式。它的基本点是充分发挥私有制基础上的市场自由竞争的作用,把它作为资源配置的最基本手段。与此同时,政府又对市场机制的作用加以必要和适当的国家调控,其目的在于提高经济效益,促进社会进步和保持社会公平。

一、德国发展计划的主要内容

德国的经济管理或经济调控从管理权限上来分,主要划分为两个层次,即联邦政府和州政府。联邦政府主要负责为市场机制正常发挥作用提供条件和环境,运用货币政策和进出口政策来实现整个国家经济发展的平衡和稳定,制定社会经济发展整体规划。联邦经济部负责制定整体经济政策目标,行业的发展目标和相关政策由行业主管部制定,联邦经济部参与。从这个意义上说,联邦政府没有总体性发展计划。与此同时,德国的各个州制订自己的经济促进计划,来安排本地区的经济社会发展。其主要内容是:提供充分的就业岗位;改善地区居民的收入状况;改善企业的经营状况;改善单一的经济结构;促进男女同工同酬。另外,联邦政府提出的规划和政策主要通过州政府来组织实施。州政府还制定本地区的经济结构调整政策,实现经济结构的转换目标,保证在本州建立平衡的生活条件和使本州经济具有较强的竞争能力。

二、政府与企业的关系

虽然德国奉行社会市场经济,充分尊重市场机制在配置资源方面的基础作用,但在政府与企业的关系上，政府也在一定时间内通过对企业提供政策和资金上的支持，为企业参与国内外市场竞争创造良好的环境。

（一）政府对企业的资金资助

德国政府对企业的一般性资金支持主要采取两种方式：一是财政无偿拨款；二是无息贷款和贴息贷款。这些贷款分别由联邦政府、大区政府和欧洲联盟提供。德国政府贴息贷款的对象是工商企业及原东德地区的自由职业者。它由国家担保，年利率为1%，期限为20年。政府对企业提供资金支持有比较严格的条件规定。首先，政府对企业的资金支持并非是企业（项目）所需资金的全部，而是局部的资金支持，以便用政府提供的少量资金调动企业大量的资金和生产要素，实现政府要达到的经济目标。其次，政府并不是仅对国有企业或大企业提供资金支持，而是面向所有企业。资金支持对象的选择是由其所处的部门、行业决定的。重点行业的重点企业有更多得到政府资金支持的机会。

（二）政府对中小型企业的支持

一是为中小型企业提供发展的基本条件。在德国既存在具有国际竞争力的大公司和大型企业集团，又有大批中小型企业。如德国北威州就有60万家中小型企业（德国划分企业规模的标准是，雇员在1000人以下的是中小型企业）。这些中小型企业的产生和发展都离不开联邦政府和州政府的扶植。除设立技术开发中心和技术转化中心外，其他支持中小型企业的措施还有：提供新建中小型企业启动资金的80%，帮助它们解决新建期的资金短缺问题；资助中小型企业到国外参加产品技术博览会，并为它们提供摊位费的50%。

二是为企业增加雇工提供资金帮助。德国为了降低高失业率，给予吸纳失业人员的企业各种优惠。如企业雇用一个长期失业者，即可在两年内免缴社会负担费用，并享受每月2000马克的补贴。

三、德国经济管理体制与调控方式

（一）德国联邦和地方经济管理权限划分

德国奉行社会市场经济，经济发展主要依靠市场机制和竞争，政府干预严格局限在禁止垄断、干预不公平的价格标准、收入再分配等方面。联邦政府主要负责为市场机制正常发挥作用提供条件和环境，运用货币政策和进出口政策来实现整个国家经济发展的平衡和稳定，制定社会经济发展整体规划。联邦经济部负责制定整体经济政策目标。行业的发展目标和相关政策由行业主管部制定，联邦经济部参与。州政府负责安排本地区社会经济发展，联邦政府提出的整体规划和政策，主要通过州政府来组织实施。州政府制定本地区经济结构调整政策，实现经济结构的转换目标，保证在本州内建立平衡的生活条件和使本州经济具有较强的竞争能力。

（二）地区经济发展和经济政策的协调

州政府负责制订本州经济促进计划。包括的主要内容是：提供充分的就业岗位；改善地区居民的收入状况；改善企业的经营状况；改善单一的经济结构；促进男女同工同酬。州经济政策的协调机制：一是成立州内各地区代表组成的联席会议，负责分析本地区经济发展方向、发展战略和制定经济发展政策。在联席会议中，州政府的代表仅以普通一员的身份出现。二是州经济部协调政府内部各个部门的意见。由于州政府各部门管理的领域不同，考虑问题的角度存在着差异。州经济部主要协调与经济有关的问题，如经济结构、城市建设、住房和培训等。协调程序为：州经济部拟订经济结构调整的初步方案；对经济部文件中所述问题有分歧时，由州经济结构委员会协调（州经济部长为经济结构委员会主席）；部门之间达成一致意见后，提交州内阁会议讨论，通过后付诸实施。

（三）地区经济发展中资金的筹措与使用

联邦政府和州政府重点资助的项目有：企业新设、扩建与搬迁；企业内部生产条件的优化;为保证就业对有关企业的支持;开发区的建设,开发区与城市连接的道路建设,废水处理设施,科技园的建设,原有工业用地的改造等。对于上述重点建设项目所需资金,政府均是以财政补贴的方式无偿地提供给地区。州政府与欧洲联盟的联合计划项目,双方各出所需资金的50%;州政府与联邦政府的资助项目,双方各出资金的50%;州政府自己设立的项目资金全部由自己负责筹集。符合上述条件后,向政府申请资助还有一套严格的程序。首先是向开户行提出申请,然后开户行将申请转到州投资银行,州投资银行对申请进行研究后,递交州贷款委员会,最后州贷款委员会根据促进计划的标准批准资金申请。

(四) 财政、金融在宏观调控中的作用

在德国,金融调控居于中心地位,中央银行独立于政府,全权负责货币发行和市场物价的稳定。独立运行的银行体系,是德国经济管理体制的最大特点。正是由于这种体制,德国才从20世纪50年代后期以来始终保持了物价的稳定,为经济在较长的时期内保持稳定增长提供了环境条件。

四、德国的工业发展政策:以技术政策为核心推动结构升级

(一) 重点扶持新技术产业

德国一向重视新技术,积极培育和发展新技术产业,把技术优势作为推动产业结构高级化、提高产业竞争力的最重要、最大的源泉。国家通过有目的地实施干预政策,对经济目标进行有策略的扶持,并通过财政、税收等措施,扶植骨干产业倾斜投资,加快发展,促进产业结构升级。德国的工业发展政策有两个主要目标:一是在不同地区建立起比较均衡的生产条件,促进区域经济协调发展;二是促进技术合理化,保证经济具有较强的竞争能力。如20世纪50年代德国以电力、化学、交通运输、电子工业为主攻方向,不断提高投资比重。为了促进电力工业发展,政府制定了《投资援助法》,规定除冶金、煤炭和国营企业外,其他一切企业必须按时缴纳电力基金,以长期贷款形式集中投资电力工业和其他骨干重工业部门。德国在

调整产业结构过程中，始终把重点放在收入弹性相对较高的产业和技术进步速度快、生产率上升快的产业上，不断推动工业化过程向重工业化、高附加价值化和知识密集化方向发展。在联邦政府政策的指导下，地方政府也都根据各自经济发展的实际，大力支持具有区位优势的区域支柱产业。如北威州在进行结构调整时，注重更多地依靠智力和交通，以大学和研究开发为核心形成新产业区，建设新型技术城市，实现高新技术产业布局。

（二）促进科研成果转化

德国始终重视科技在产业发展中的突出作用，大力推动技术进步，促进科研成果转化为现实生产力，充分利用国家的有限干预，创造一种有利的环境，为企业吸收先进的科技成果服务。

一是建立技术开发中心，使已有的科技成果尽快投入生产。科技对经济发展的推动作用日益增强，在巨大利益的引导下，新的科研成果也不断涌现。但有些成果可能是实用的但无力开发，有的则不十分成熟而存在着开发上的风险。对于这些科研成果单靠企业和个人的力量进行开发，往往不会取得预期效果，甚至根本就难以进行开发。为了使这些成果能够尽快在生产中发挥效益，德国政府通过资助设立技术开发中心（或称技术代理服务社），为新技术持有人创办企业提供比较完备的基础技术条件，如办公地点、通信设备、技术咨询，促进技术尽快转化为生产力。如在北威州，由州政府资助设立了 52 个技术开发中心，分别分布在生态、生化等重要领域。政府还对技术项目持有人进行投资经营方面的咨询，并在 3 年内在税收、贷款等方面给予政策上的优惠，促使比较成熟的技术项目持有人尽快将技术投入生产开发。但如果在 3 年内没有新的技术产品开发出来，技术开发者所享受的优惠将被取消，要从技术开发中心搬出，让位于新的技术开发者。

二是建立科技成果转化中心，推动科技成果向中小型企业转移。德国的工业科研有着悠久的历史，20 世纪初政府就与企业合作进行科研和技术开发，并取得重要成就。为了保证工业技术具有竞争能力，作为产业技术进步主体的大型企业一般都设有研究和开发部，并把大学的基础研究力量引进企业，直接把科研和生产结合起来，解决了科技直接转化为生产力的问题。与美、日等工业化国家相似，德国企业的科研费用一般要占到整个国家科研费用支出的七成，企业投资的重点越来越向科研倾斜。对于财力有限的中小型企业和个人，政府通过在大学和其他科研机构周围建立科技成果转化中心，把他们的科研成果及时向社会和企业发布、推广，政府部门、研究单位与企业定期举办技术讲习会，就有关成果对企业进行技术咨询和成果演示，尽快把成果介绍给企业进行开发和生产。

三是通过直接投资、补贴和特殊折旧手段促进企业技术进步。德国一直重视对科研活动的资助，虽然国家不直接投资建立自己的科研机构，但却大力资助有益的私营科研活动。联邦研究和发展部负责对企业和个人科研投资的资助。联邦政府为了鼓励企业投资，更新生产工艺和技术，采取两种办法：一种是特别折旧，商法规定一般的折旧期为15年，特别折旧则为5年，额度可达到生产成本的50%。这项补贴使国家每年减少税收16亿马克，但得到特殊折旧的前提是企业必须盈利。一种是从税前利润中提取准备金。这两种优惠由企业自行选择。

德国非常重视把握各种发展阶段的科学技术政策基础研究方向和研究重点，强调生产技术的研究和开发，特别是对能够迅速提高劳动生产率和国际竞争能力的关键技术和共性技术更为重视，鼓励和引导企业集中攻关，加快其产业化进程。正是由于在现代化技术冲击下形成的工业基础结构，促使了德国在战后从相当高的工业化水平上起步并迅速起飞。例如，德国实施的"工业4.0计划"，就是运用信息和网络技术改造工业体系，这是提升国际竞争力的重要举措。

第四节
美国宏观调控体系特点

美国是高度发达的市场经济国家。它实行的基本上是建立在私人所有制基础上的"自由企业制度",即分散型的市场经济模式。在这种市场经济体制中,作出日常经济决策的是消费者、生产者和政府三方,消费者和生产者是经济发展的原动力。消费者寻求的是所花费的钱能得到最好的价值;生产者为的是使出售的东西得到最好的价格和利润;而各级政府则是寻求促进公共安全、保证公平竞争和提供一些它们认为是公营企业能比私营企业搞得更好的服务,如邮政、教育、道路系统等。

一、美国相对独立的宏观经济调控部门——美国联邦储备委员会

美国联邦储备委员会建立之初完全是政府的附属部门,其主要职能也不是进行国家的宏观经济调控。甚至到了第二次世界大战时期,金融政策在宏观经济调控中相对于财政政策来说,一直处于从属地位。战后美联储与财政部在国家金融政策方面发生了一场较大的争执,结果以美联储赢得自己的独立地位而告终。

在20世纪70年代末,纽约筹备银行总裁保罗·渥尔被卡特被提名为美联储主席后,第一次使金融杠杆在经济调控中显示其独立的作用,并从此使金融政策调控走上了国家干预的正轨。与此同时,美联储成功地保持了自身与白宫和国会之间的距离,维护了美联储的独立地位。虽然因此曾先后几度与卡特政府以及后来的里根政府关系紧张,但在原则问题上很少妥协。虽然经常可以听到人们对美联储所制定的金融政策议论纷纷,褒贬不一,但却极少有人对美联储的地位和权力提出任何质疑。

二、发展计划在美国经济中的地位与作用

虽然,美国没有全国性、完整的经济计划。但是,从政府对经济的干预来看,美国的经济发展又是处在政府的宏观经济政策干预之下,而这些宏观经济政策又都渗透着计划调节的内容。因此,从这种意义上说,计划手段在分散型的市场经济国家——美国成为政府干预经济的必要手段。这主要表现在美国政府对工业、农业和交通运输、通信业、公用事业、某些能源部门等方面的干预上。

第一,在工业方面,尤其是在工业的核心——制造业方面,美国政府采取多种

措施帮助美国制造业降低生产成本,提高竞争能力。如在制成品的进出口方面实施贸易保护主义,实行纺织品的进口配额制;在汽车和钢铁等方面迫使其他国家接受自愿进口限制等。另外,为了支持本国制造业的发展,美国政府每年拿出大部分资金用于向制造业部门订货,尤其是军事订货部分,对于美国高技术工业的发展产生了相当大的影响。

第二,在农业方面,为了稳定农产品的价格,保证农民的收入,联邦政府长期以来一直对粮食、棉花等主要农产品进行价格支持,以保证农民出售的农产品价格不低于官方提出的目标价格。针对国内不断出现的农产品生产过剩的问题,美国政府每年制订以限制生产为目标的有补偿的休耕、限耕计划。休耕是指将一定比例的农产品耕种面积停耕;限耕则是指限制农场某些产品的最大耕种面积。正如前文所述,农场主是否参加政府的休耕、限耕计划是自愿的,但是凡是参加这一计划的农场主都可得到现金、实物或贷款补偿,这扩大了农产品的消费。美国政府还在采取措施鼓励农产品出口的同时,对一些农畜产品的进口实施严格的限制制度,以保护国内的有关生产者。这对稳定本国农产品的产量和价格都产生了重要影响。

第三,在社会福利方面,联邦政府的社会福利计划对保持社会稳定、保障人民的基本收入和基本生活需要起到了重要作用。同时,它也是一个重要的经济调节手段。首先,政府对个人的转移支付是战后美国人民,特别是低收入阶层个人收入的一个重要来源,其占个人收入的比重目前仍具有上升的趋势,这就增加了社会购买力。其次,社会福利支出和个人所得税一样,也是一个"自动稳定器",具有反周期的性质,从而有助于经济稳定。最后,社会福利支出弥补了个人特别是贫困家庭劳动力培育、训练费用的不足,是本国经济中人力资本的重要组成部分,这对高度科技化、知识化的美国经济来说,是至关重要的。例如,美国政府在支付社会福利费用时尽量增加食品的消费,这包括向低收入者发放用于领取食品的"食品券"以及向在校儿童供应有政府补贴的早、午餐等。

第四,美国政府在和平时期保持庞大的军事支出,除了其政治和军事需要,也有其经济意义。庞大的军事支出是美国政府缓和国内危机的一项重要措施。一是它缓和了严重的失业问题。战后美国直接在联邦军事部门就业的人数,始终保持在

300万~400万人，占联邦雇员总数的60%~70%，占美国总就业人数的3%~5%，此外，与军工生产有关的就业人数占美国总就业人数的6%，二者合计占美国总就业人数的10%左右。二是增加了总需求，刺激了经济发展。美国国防部的军事采购和军事设施建筑费用，是美国经济中一股强大的购买力，为美国垄断大公司提供了长期可靠的市场和优厚的利润。同时国防部雇员的薪金支付也是一笔不小的购买力。三是带动了尖端技术和新兴产业的发展。

三、美国的工业发展政策：隐蔽的政府干预

即使是标榜自己在经济中实行自由主义原则、是世界上唯一一个没有制订经济计划的国家，美国其实也有自己干预和引导产业发展的政策，所不同的只是表现得比较特殊、比较隐蔽和零碎，政府干预缺乏自觉性和连贯性罢了。特别是克林顿上台以后，美国政府对经济的干预逐渐增多，工业发展政策也变得更为明显、更具有整体性，贸易保护主义加剧，与贸易伙伴的摩擦日渐增多。在美国，一般人既不相信政府，也不相信企业。同时由于工业发展政策隐含着强烈的政府干预的因素，因此，美国很少使用工业发展政策这一概念。尽管如此，美国政府实际上还是以多种形式在有限的领域实行着自己的工业政策，国防和高科技是其作用的两大领域。

（一）美国的工业发展政策

美国的工业发展政策有三种类型：一是创新型，以促进和鼓励发明与创新为目标；二是市场开发型，目的在于保证市场的稳定与市场的扩展；三是调整型，重点是调节产业与劳动力的关系，把资源从衰落产业转移到其他产业。区域政策也属于调整型工业发展政策的范畴。这三种类型的政策是与一个产品的生命周期紧密相关的。

创新型工业发展政策包括研究与开发政策、技术转让政策和鼓励风险资本投资政策，主要使用于产品成长的初级阶段，包括对产品开发的基础研究提供拨款。专利政策以及与之相联系的版权制度是研究开发政策的核心，有力地鼓励和支持了私人投资。技术转让政策主要使用于产品的市场扩创新型工业发展政策，包括研究与开发政策、技术转让政策和鼓励风险资本投资政策，主要使用于产品成长的初级阶

段,包括对产品开发的基础研究提供拨款。专利政策以及与之相联系的版权制度是研究开发政策的核心,有力地鼓励和支持私人投资。技术转让政策主要使用于产品的市场扩展阶段,目的在于把技术推向市场,从而迅速提高产品在国际市场的占有率。在产品成熟或衰落阶段,政府通过贸易政策和产业结构调整政策来促进产业的转移和升级。贸易政策主要是通过双边和多边约束协定来拉长产业衰落的进程,缓解产业调整中的一系列矛盾。

(二)促进产业结构调整的政策

在促进产业结构调整方面,美国主要通过加强职工培训、督促企业提高产品质量来增强企业的竞争力。与前几任总统相比,克林顿上台以后,虽然没有直接宣称自己有什么工业发展政策,但实际上是在刻意追求,并有一整套政策体系。

一是致力于政府各部门之间政策的协调,进一步加强和完善与企业界的沟通、磋商。克林顿上台以后,加强了政府机构与工商企业界的合作,同时强调政府机构的服务功能。克林顿政府通过"清洁汽车计划"同美国汽车制造业三巨头——通用、福特和克莱斯勒结成历史性的新伙伴关系,进行为期10年的技术合作。这已成为政府与工业界新型合作关系的一种模式。这项研究计划把国家研究机构在基础研究方面的专长和联邦实验室的先进设备,用三大汽车公司面向市场的工程技术和应用研究能力结合起来,力图保持住美国汽车工业在技术上的领先地位,增强其国际竞争力。

二是实行一种进攻性的贸易政策,不惜冒着打贸易战的危险不断向贸易伙伴施压,要求对方开放市场,甚至动辄用"301条款"对贸易伙伴进行调查,非关税壁垒措施也有所增加,保护主义(特别是对汽车市场)的色彩渐趋浓厚。

三是促进新技术开发,如国家实验室积极为民用技术服务,推行的信息高速公路计划,对科技进步和经济增长都起到了重要的拉动作用。政府已提出联合私人机构参与国家信息基础系统等重大国家级基础设施的研究与开发,以加速其全面发展和使用。

四是推动和培训计划,加强人力资本投资。这一点多少是借鉴了欧洲工业化国家特别是德国的经验。

第十七章
进一步完善中国特色宏观调控体系

党的十八大提出加快完善社会主义市场经济体制,重要任务之一就是完善宏观调控体系。完善社会主义市场经济体制,核心问题是处理好政府与市场、宏观调控与市场调节的关系,既要更加尊重市场规律,使市场在资源配置中起决定性作用,又要更好地发挥政府宏观调控作用,有效弥补市场失灵。

第一节
完成"三步走"战略部署对宏观调控的要求

在今后的发展过程中,适时用强有力的宏观调控,是我们实现"三步走"战略目标的基本要求。

一、"三步走"战略的提出和主要内容

党的十一届三中全会召开以后,我们党把工作重点转移到了经济建设方面。党中央和邓小平同志逐步提出了社会主义现代化建设"三步走"战略。1982年9月召开的党的十二大提出:"从1981年到20世纪末的20年,我国经济建设总的奋斗目标是,在不断提高经济效益的前提下,力争使全国工农业总产值翻两番,即由1980年的7100亿元增加到2000年的2.8万亿元左右。实现了这个目标,人民的物质文化生活可以达到小康水平。"到1987年,我国国民生产总值已超过1万亿元,

7年时间完成了预定10年完成的目标,国民生产总值翻了一番。

1987年,党的十三大又进一步明确我国现代化建设分"三步走"的"百年战略"。即第一步实现国民生产总值比1980年翻一番,解决人民温饱问题;第二步,到20世纪末使国民生产总值再增长一倍,人民生活达到小康水平;第三步,到21世纪中叶,人均国民生产总值达到中等发达国家水平,人民生活比较富裕,基本实现现代化,然后在这个基础上继续前进。这就是我国现代化建设"温饱—小康—比较富裕"的"三步走"的发展战略。

在党的十四大报告中,又对"三步走"战略作为建设中国特色社会主义理论的重要组成部分加以强调。在党的十五大报告中,对第三步战略目标进行了进一步的描述。党的十五大指出:21世纪我们的目标是,第一个十年实现国民生产总值比2000年翻一番,使人民的小康生活更加宽裕,形成比较完善的社会主义市场经济体制;再经过十年的努力,到建党100年时,使国民经济更加发展,各项制度更加完善;到21世纪中叶新中国成立100年时,基本实现现代化,建成富强民主文明的社会主义国家。这实际上是我们党在新世纪提出的一个新的"三步走"发展战略。新的"三步走"发展战略是对党的十三大制定的"三步走"发展战略的进一步展开,是原"三步走"发展战略中的第三步发展战略的具体化。

党的十六大重申:根据党的十五大提出的到2010年、建党100年和新中国成立100年的发展目标:我们要在本世纪头20年,集中力量,全面建设惠及十几亿人口的更高水平的小康社会;到本世纪中叶基本实现现代化,把我国建成富强民主文明的社会主义国家。至此,"三步走"战略得以完整地阐述。"三步走"战略提出的是长远的发展目标,是新中国成立以来展望时间最长的发展规划,为全国人民指明了长期奋斗的目标,是编制中长期计划的重要指导。

二、"三步走"战略的核心思想

"三步走"战略体现了邓小平同志把发展经济作为一切工作中心的思想。1991年4月通过的《关于国民经济和社会发展十年规划和第八个五年计划纲要的报告》提出,我国社会主义现代化建设大体分"三步走"的战略部署,正确反映了我们这样一个经济文化不发达国家实现现代化的客观进程。温饱问题的基本解决，标志着我国社会主义现代化建设已经走过了一个重要的发展阶段。《报告》特别提出，我国经济不发达，在条件许可的前提下，应该努力争取有较快的经济发展速度。但是，建设不能急于求成。对速度要求过高，往往容易造成经济不稳定。根据历史的经验和现实的经济态势，我国经济发展的关键在于优化产业结构和提高经济效益。

三、"三步走"的战略目标实现情况

"三步走"战略突出了经济发展计划要注意可行性，体现了发展计划目标必须切合实际的思想。"三步走"战略提出于1987年，而1978—1987年中国国内生产总值（可比价）年均增长率为9.92%，按照这一增长率水平，中国国内生产总值8年就能够翻一番多，考虑到人口增长因素，一般年均为8.2%左右，人均国内生产总值9年也可以翻一番多。按照这一速率，人均国内生产总值翻四番用35年时间就可以完成。从1980年算起，到2016年即可以实现"三步走"的战略目标。但邓小平同志充分考虑到了使中国从贫困落后国家转变为中等发达国家这一过程的艰难，因此把时间整整延长了一倍。这不仅强调了中国经济赶超发展的长期性，也强调了完成这一任务的艰巨性。从我国出现的经济结构调整和产业升级的困难，以及经济体制改革进入攻坚阶段面临的困难看，"三步走"战略的预见性是很高的。当然，我们应该面对困难，正确抉择，奋发努力，使我国经济持续、快速、健康发展的势头保持下去。

经过20多年的努力，我们已提前实现第一、第二步战略目标。到1997年，"三步走"战略的第二步目标，即人均国内生产总值按可比价格计算比1980年翻两番的目标已经实现。在20世纪末的时候，开始提前向第三步战略目标迈进。实现第三步战略目标，时间跨度大，任务更加艰巨。"三步走"战略，已证明是深得人心的发展战略，是已经大见成效的发展战略。我国社会生产力、综合国力和人民生活水平都有了大幅度提高，社会经济面貌发生了历史性的巨大变化。新"三步走"现代化战略是经济、政治、文化、社会四位一体的战略，是全面的现代化战略，要保持持续的较高发展速度，必须用统筹兼顾的方法，按照全面、协调、可持续的要

求完善适合我国国情的发展道路和发展模式，转变发展方式，更加注重发展目标的协调性。从加强和改善宏观调控的要求看，无论是对取得年内成效的短期目标，还是对巩固宏观调控成果、建立完善的宏观调控体系的长远任务，都必须加大改革的力度，着眼于从根本上建立适应现阶段经济发展要求，符合社会主义市场经济改革方向的宏观调控体系。

第二节
深化宏观经济管理体制改革需考虑的因素

党的十八届三中全会通过的《中共中央关于全面深化改革若干重大问题的决定》，是在新的历史起点上，继续把改革开放伟大事业推向前进的行动纲领，是实现党的十八大提出的，到2020年全面建成小康社会的根本保证，是对中国特色社会主义的完善和发展。《决定》涉及的改革有300多项。其中经济体制改革是全面深化改革的重点，主要涉及以下几个方面的问题。

一、发挥市场对资源配置的决定性作用

《决定》指出，市场决定资源配置是市场经济的一般规律。我们搞社会主义市场经济体制，就应该遵循这种规律，充分发挥价值规律的作用。搞经济工作，违背价值规律就是吃力不讨好，抓住价值规律就是抓住了经济工作的牛鼻子。各个行业之间通过按照价值规律由市场主体来配置资源，就能实现按社会的需求，在各个部门之间分配社会劳动。也就是说，哪一个部门供过于求，这个部门的资金利润率就低于社会资金平均利润率，那么资金就转移出来了；哪一个部门资金利润率高于社会平均资金利润率，那么资金就会投向这个领域，这样很快就能实现各个部门的供需平衡。现在我们很多领域产能过剩，如果发挥了价值规律的调节作用，这种产能

过剩可能就容易解决。同样，解决供给不足问题，只要发挥市场作用，也容易做到。例如，2013年上半年，256个制造业企业实现的利润总额，只有5家银行利润的56%。如此，谈何支持实体经济发展？由于金融领域进入的门槛过高，限制社会资金进入，所以金融领域长期处于垄断经营，获得的是垄断利润。如果允许民营资金进入，企业的融资成本马上就能降下来，金融领域过高的资金利润率也能降下来。在一个行业内部，通过价值规律的作用，资源向优秀的企业积聚，好的企业就能获得充分发展。现在由于市场机制不完善，落后企业照样生产，好企业不能充分发展，不能充分实现优胜劣汰，主要原因在于市场决定资源配置的作用没有发挥好。

1992年党的十四大提出建立社会主义市场经济体制，并提出使市场在宏观政策调控下对资源配置起基础性作用。20多年来，这已经成为全党的共识。现在要把基础性作用改为决定性作用，这是重大转变，体现了我们党对市场经济规律认识的深化。如果说提出基础性作用，是我们党对市场经济规律认识的第一次飞跃，那么，提出决定性作用，是党对市场经济规律认识的第二次飞跃。当前经济发展中面临的很多难题，都可以从市场决定资源配置上找到解决的钥匙。比如，城乡发展差距不断拉大，深层次原因就在于城乡之间生产要素不能自由流动，大量劳动力、资金、土地，从农村可以流向城市，但是城市的人才、技术、资金却流不进农村，农村形成了一个屏蔽。如何让城市的生产要素毫无障碍地流向农村，形成城乡之间生产要素的环流，这个问题要尽快解决。

发挥市场配置资源的决定性作用，有三个前提条件：首先是要培育具有独立经营能力的市场主体，包括国有企业、民营企业等；其次要有完善的市场体系，有些要素市场发育程度比较低，特别是土地市场、资本市场，影响到市场对资源配置的决定性作用；再次要有良好的市场竞争秩序，大家能够平等竞争，站在同一个起跑线上。需要指出的是，《决定》特别提出，发挥市场的决定性作用要和更好地发挥政府的作用相结合，这两件事同等重要。发挥市场决定性作用不是说政府干的事越少越好，而是要求政府转变职能，重点搞好宏观调控、市场监督、社会管理以及公共产品的供应。

二、坚持和完善基本经济制度

一是对国有企业要从以管资产为主向以管资本为主转变。改革初期，西方一些经济学家认为，中国搞市场经济是不可能的，除非实行全盘私有化，因为市场经济是建立在私有制基础上的。党的十五大探索公有制的实现形式，提出国有企业要实现所有权和经营权分离，建立现代企业制度。经过多年实践，党的十八届三中全会指明了深化改革的方向，从以管资产为主转向以管资本为主。两者的最大区别在于，后者对企业的经营、决策干预比较少。国有资本管理公司作为股东可以根据国家战略和企业发展选择是否投入资金，如果投进去能产生比较多的长期收益和社会效益，就增加企业的资金投入；如果资本回报率低，社会也不需要，就抽出资金。这就使我们的国有企业能更好地与国际竞争相适应。

二是积极发展混合所有制经济。《决定》指出，国有资本、集体资本、非公有资本等交叉持股、相互融合的混合所有制经济，是基本经济制度的重要实现形式，而且还提出允许混合所有制经济实行企业员工持股，这些都是非常重要的改革。总结改革开放30多年的经验，混合所有制比单一所有制有更强的适应力，更利于建立一个科学的治理结构来适应企业经营决策的需要。特别是员工持股，使企业更有向心力、凝聚力。员工持股本质上是劳动联合和资本联合相结合的合作制，这种合作制经济是集体所有制的一种实现形式，集体所有制又是社会主义公有制的一种形式，因此，员工持股是社会主义基本经济制度的一个特点，适应社会主义初级阶段的要求。

三是对垄断性行业也提出了改革措施，即实行网运分离。铁路、通信、电网、管道的建设不可能搞很多套，属于自然垄断行业，但是运营的部分可以分离，吸引社会资本进来开展竞争。像通信的增值服务、铁路货运客运，甚至铁路的建设都可以吸引民营经济进入。

总之，坚持完善基本经济制度有利于扩大国有资本的控制力和影响力。用1亿元资金办独资国有企业，与参股控股相比，会起到不同的作用。必须清楚地认识到，改革有利于多种所有制经济发展，有利于发挥国有经济的主导作用，有利于发挥民营经济活力。未来,以所有制来界定企业将会越来越淡化,只要国有资本越来越大,保证全体人民的根本利益,那就够了。

三、农村土地制度改革

党的十八届三中全会送给农民三个大红包:

第一个大红包是土地的承包经营权可以抵押、担保、转让,承认了土地的承包经营权是一种法人财产权,它的所有权归集体,但经营权归农户个人。农户对土地的法人财产权不落实,制约了农业现代化,制约了农民致富,导致城乡居民收入差距越来越大。现在要从两权分离这个思路来改革农村土地制度,探索土地公有制的实现形式。所有权归集体就是土地不能买卖,转让的只是承包经营权。承包经营权具有价值,可以商品化,农村土地的交换价值就可以实现了。

第二个大红包是宅基地可以抵押、担保、转让。为了避免一哄而上,特别提出选择若干试点,慎重稳妥地推进这项改革。宅基地可以转让,宅基地上的房子也可以转让。过去我们也探讨过这件事,之所以没有推开,是担心农民失掉住房后,住在大街上怎么办?但这种情况不会发生,因为我们是社会主义制度,而且这里主要还有一种道德约束。在中国农村,如果某户人家的房子产权变成银行的了,户主恐怕都抬不起头。况且,若真正出现这种困难,社会各种救助组织也会想办法。因此,实行这项改革势在必行。

第三个大红包是建立城乡统一的建设用地市场。提出农村集体经营性建设用地与国有土地同等入市、同权同价,保障农民公平分享土地增值收益。

这三项改革如果能够推进,将会增加农民的财产性收入。有了这笔收入,农业转移人口的市民化就有了资金的支持,城乡收入差距将明显缩小,农村的巨大消费潜力将释放出来。2014年我国城乡建设用地一共是22万平方公里。城市直到县、城关镇占地才5万平方公里,而村庄建设用地为17万平方公里。农村一个人占有的建设用地是城市人均用地的3.5倍。现在进行农村宅基地的整理,可以节约土地50%。如果允许把农村的房子卖掉,在城里买房子,农村宅基地就可以退耕了。这样,18亿亩的耕地红线不仅可以守住,还可以增加。

四、深化财税体制改革

这次财税体制改革涉及的领域比较多。改进预算管理制度,提出预算要进一步透明、要全覆盖,包括社保预算、国有资本的预算都要纳入预算体系中。要完善税收制度,逐步使税收向以直接税为主过渡,逐步建立综合与分类相结合的个人所得税制。加快房地产税立法并适时推进改革,加快资源税改革,推动环境保护费改税。过去,税收在调解个人收入差距方面功能受到很大限制,主要原因就是税制以间接税为主。间接税的优点是征收比较容易,其征收对象主要是企业。现在,要转向以个人所得税即直接税为主,这需要有前提条件,就是收入的透明化,要建立个人财产和收入的信息系统。另外,中央和地方要建立事权和支出责任相适应的制度。中央的一些事权下放到地方后,相应地应该把财权下放给地方。

五、完善金融市场

一是放宽准入。提出允许具备条件的民间资本依法发起设立中小型银行等金融机构,如贷款公司、消费信贷公司等。这是金融体制在市场准入上的重大突破。我们现在的金融机构不是多了,而是少了。美国现在有7000多家银行,我们现在只有几百家,而且很多是"巨无霸"国有大型银行。由于经营规模大,资金主要投向国家重点项目、大企业、大城市等,小企业、农户、民营经济获得贷款受到很大限制。这不是一个小事情,而是涉及微观经济有没有活力。现在我们的金融体系就像一个人,主动脉、静脉都有了,也很通畅,但是毛细血管欠缺。有了毛细血管,小微经济小额贷款的需求就能得到满足,群众创业的积极性才能够调动起来。但是,放宽准入不能乱套,必须健全地方监管。小型金融机构是区域型的,其存贷款只能在一个县或地级市的范围内进行,不允许跨区域经营。监管的责任就交给地方政府,要求相应成立地方性的金融监管机构,银监会负责业务指导。

二是建立存款保险制度,由市场机制化解风险。按照金融改革的路线图,放宽准入是第一步。有了放宽准入和充分竞争,企业的融资成本就会下降,金融行业过高的资金利润率就会降低到社会平均水平,小微企业融资难的问题就可以得到解决。与放宽准入相应的改革，就是建立地方性金融监管机构和建立存款保险制度，这三项改革必须同步推进。

三是健全多层次资本市场体系，推进股票发行注册制改革。由市场来决定哪些企业能够发行，哪些企业不能够发行。另外，提出要发展多层次的资本市场，股票市场、债券市场、基金、风险投资都要鼓励发展。加快实现人民币资本项目可兑换，完善人民币汇率市场化形成机制。

这些改革对进一步完善金融市场体系，增强金融对实体经济的支持，增强金融企业的国际竞争力都很重要。

六、构建开放型经济新体制

一是放宽投资准入，包括对内资、外资投资的准入都应当放宽。当前，对外资来讲，主要是金融、教育、医疗、文化要有序地对外开放。我们国家的开放政策步子比较稳，先开放第二产业，然后再有序地开放金融业和其他服务业。在这方面，上海是走在前面的。

二是加快自贸区建设。上海建立自贸试验区也写入了《决定》。怎么把自贸试验区办好、创造经验，上海责任重大。在上海试验成功的基础上，国务院会选择若干具备条件的地方发展自由贸易园（港）区。发展自贸区是对外开放新阶段的需要。自贸区和保税区最大的区别是，管住二线、放开一线。在自贸区范围内，实行境内关外政策，人员、货物、货币都可以自由往来、自由交易。通过形成一个自由贸易的环境，可以吸引全世界的生产要素在自贸区集聚，形成中国市场和中国价格，增强我们对大宗进口物品定价的发言权，进而为建立贸易中心、金融中心提供支持，为人民币国际化探索出一条路。这是我们办自贸区最大的好处。搞自贸区不是让渡主权，而是形成一个区域，吸引全世界的资源都往这里集中，甚至人才、科研都往这里集中。国内市场会影响自由贸易区的商品定价，自贸区交易的商品主要还是满足国内市场需要。所以，办好自贸区，以开放促改革、促发展，对下一步的产业升级、发展方式转变都会产生重要的带动作用。

三是鼓励"走出去"。要把外汇储备用好，这可以解决我们经济发展中的一些重大问题,如资源能源的瓶颈问题。而且,下一步人民币国际化之后,可以直接用人民币到海外投资,进口用人民币来支付,留那么多外汇储备也就没有必要了。在人口红利逐步减弱的情况下,更大的红利就是人民币国际化,人民币成为国际储备货币。但是,人民币要国际化,首先人民币本身要稳定,国内经济要保持持续健康发展,外汇储备中黄金的储备要增加,从而增强人民币的吸引力、定力。

第三节
完善中国特色宏观调控体系的主要任务

社会主义市场经济条件下的宏观调控体系初步建立,但与发展的要求相比还存在一定的差距。在宏观调控目标方面,宏观目标与微观指标界限及关系不够清晰,微观指标较多,体现发展质量和效益、人民生活改善、生态建设的指标不足,不同领域的指标之间、区域目标和全国目标之间衔接不够;在宏观调控的手段上,市场化工具不完善,行政手段使用仍然较多,政策之间效应相互抵消或负面效应叠加时有发生;在决策支撑方面,统计指标不完善,政策研究不够系统,智库作用发挥不够,社会参与度有待提高;在宏观调控机制方面,决策机制、实施机制不足,政策传导机制不畅,统筹协调作用有待加强。要想有效解决这些问题,需要使市场在资源配置中起决定性作用,加强和改善宏观调控。《中共中央关于全面深化改革若干重大问题的决定》指出,"经济体制改革是全面深化改革的重点,核心问题是处理好政府和市场的关系,使市场在资源配置中起决定性作用和更好发挥政府作用。"

一、健全宏观调控体系

1993年,党的十四届三中全会通过的《中共中央关于建立社会主义市场经济体制若干问题的决定》,确立了适应社会主义市场经济体制的新的宏观调控体系,进一步明确了计划在宏观调控中的地位、作用、范围和职能，为深入进行计划体制改革指明了方向。《决定》指出，要"建立计划、金融、财政之间相互配合和制约的机制，加强对经济运行的综合协调。计划提出国民经济和社会发展的目标、任务，以及需要配套实施的经济政策""计划工作的任务，是合理确定国民经济和社会发展的战略、宏观调控目标和产业政策，搞好经济预测，规划重大经济结构、生产力布局、国土整治和重点建设。计划工作要突出宏观性、战略性、政策性，把重点放到中长期计划上，综合协调宏观经济政策和经济杠杆的运用"。

党的十六届三中全会通过的《中共中央关于完善社会主义市场经济体制若干问题的决定》，提出了完善社会主义市场经济体制的目标、任务和指导思想，特别是提出要按照"五个统筹"的指导思想来深化改革，即按照统筹城乡发展、统筹区域发展、统筹经济社会发展、统筹人与自然和谐发展、统筹国内发展和对外开放的要求，在更大程度上发挥市场在资源配置中的基础性作用，增强企业活力和竞争力，健全国家宏观调控体系，完善政府社会管理和公共服务职能，为全面建设小康社会提供强有力的体制保障。这"五个统筹"的要求，是总结中国改革开放20多年的经验，适应新形势、新阶段的任务提出来的，也是针对中国经济社会发展中存在的突出问题提出来的，是我们这次确定改革目标的重要出发点。

党的十八大提出加快完善社会主义市场经济体制，要求更大程度、更广范围发挥市场配置资源的基础性作用，完善宏观调控体系。党的十八届三中全会通过的《中共中央关于全面深化改革若干重大问题的决定》对转变政府职能、健全宏观调控体系提出了一系列改革举措，指出要"健全宏观调控体系。宏观调控的主要任务是保持经济总量平衡，促进重大经济结构协调和生产力布局优化，减缓经济周期波动影响，防范区域性、系统性风险，稳定市场预期，实现经济持续健康发展。健全以国家发展战略和规划为导向、以财政政策和货币政策为主要手段的宏观调控体系，推进宏观调控目标制定和政策手段运用机制化，加强财政政策、货币政策与产业、价格等政策手段协调配合，提高相机抉择水平，增强宏观调控前瞻性、针对性、协同性。形成参与国际宏观经济政策协调的机制，推动国际经济治理结构完善"。《决定》从市场的作用、基本经济制度、收入分配制度、政府宏观调控等方面所作出的改革部署，很好地坚持了社会主义市场经济改革方向，应当认认真真学习领会，不折不扣地贯彻落实。通过全面深化改革，实现党的十八大提出的到 2020 年全面建成小康社会的宏伟目标。

二、处理好政府和市场的关系

社会主义市场经济条件下的宏观调控体系初步建立，但与发展的要求相比还存在一定的差距。应紧紧围绕使市场在资源配置中起决定性作用，加强和改善宏观调控。

（一）使市场在资源配置中起决定性作用是深化经济体制改革的努力方向

经过多年改革，中国在发挥市场配置资源的作用方面取得了历史性进步，但是，由于生产要素的市场化程度和市场发育程度都比较低，市场对资源配置的作用远远没有发挥出来，降低了市场配置资源的效益和效率。具体表现在：

由于社会体制改革滞后，对社会事业、公共服务领域形成屏蔽，资金等生产要素难以进入，造成经济和社会发展一条腿长、一条腿短，诸如交通拥堵、进养老院难、上学难、停车难等问题，都是由于社会资金进入难带来的。

由于城乡一体化改革滞后，形成城乡之间的市场壁垒，阻碍了生产要素在城乡之间的双向自由流动。一方面是城市大量闲置的资金、技术、人才等要素难以进入农村市场，另一方面是农村大量资源由于不能市场化而难以吸引投入，农民只能"捧着金碗要饭吃"，这些都严重制约了农业的现代化和农村的发展，直接导致城乡差距的不断拉大。

由于地区之间的行政分割，严重扭曲了生产要素在地区之间的配置，形成了城市与周边地区发展水平的巨大落差。在城市内，人口和产业高度密集，土地、淡水等资源严重短缺，房价不断攀升，而在邻近地区，经济发展落后，投资严重不足，资源大量闲置，削弱了城市对周边地区的辐射带动作用。

由于生态体制改革滞后，阻碍了生产要素对生态环境的投入，直接导致大面积雾霾天气和水资源严重污染。这其中的核心问题是没有找到共享性公共产品的价值补偿机制，生态环保工作停留在空喊阶段，治理者得不到回报，污染者大赚其钱。

由于文化体制改革滞后，文化产品的市场交换价值难以实现，制约了社会资金对文化产业的投入，使广大人民文化创新的智慧和能力受到抑制。

根据《中共中央关于全面深化改革若干重大问题的决定》的要求，今后深化经济体制改革，应当朝着扩大市场配置资源作用的方向来进行。发挥市场配置资源的决定性作用，是深化经济体制改革的"牛鼻子"，紧紧抓住这个关键环节，就能带动和影响各方面的改革，不断取得改革的新进展、新成就。

（二）更好发挥政府作用

《中共中央关于全面深化改革若干重大问题的决定》指出，科学的宏观调控，有效的政府治理，是发挥社会主义市场经济体制优势的内在要求，并提出了"切实转变政府职能，深化行政体制改革，创新行政管理方式，增强政府公信力和执行力，建设法治政府和服务型政府"的改革总目标。

在市场经济条件下，政府在经济领域的主要职能是宏观调控。宏观调控的主要任务是保持经济总量平衡，促进重大经济结构协调和生产力布局优化，减缓经济周期波动影响，防范区域性、系统性风险，稳定市场预期，实现经济持续健康发展。为此，要健全以国家发展战略和规划为导向、以财政政策和货币政策为主要手段的宏观调控体系。面对全球金融危机的压力，我们要把挑战变为机遇，以转方式、调结构实现稳增长，尤其是要强化政府对宏观经济调控的功能。

简化行政审批环节、减少对企业经营活动的干预，是政府职能转变的重要方面。许多企业反映新建项目的审批环节过多，手续过于烦琐；有些行业进入门槛过高，存在着"玻璃门"；不少市场可以解决的问题，仍习惯于用行政手段解决。为此，应对现行审批事项进行认真清理，凡属于市场调节和企业经营决策的事务，都应交由市场和企业来解决。

市场经济是各类企业公平竞争的法制经济，政府的职责就在于规范市场秩序，营造各类企业平等竞争的环境。对于不正当竞争行为，政府有关部门应严格依法打击，并制定科学严格的质量标准，加强市场监管。同时，在税收、信贷、用地、市场准入等方面，对各类所有制企业应一视同仁，让企业平等获得生产要素，使先进企业充分发展，落后企业得以淘汰，保证市场经济优胜劣汰的机制真正发挥作用。

三、加强和改善宏观调控

第一，按照宏观调控的主要任务，完善宏观调控目标体系。宏观调控目标反映了政府的意图和导向，是一种预测性、指导性的指标。科学的宏观调控目标体系既包括经济发展方面的目标，又包括社会发展和科技进步等方面的调控目标；既包括速度指标，还应包括经济效益指标。根据保持经济总量平衡、促进重大经济结构协调和生产力布局优化，减缓经济周期波动影响，防范区域性、系统性风险，稳定市场预期，实现经济持续健康发展的要求，健全涵盖关键领域、重点突出、相互衔接、导向明确的宏观调控目标体系。

第二，健全以国家发展战略和规划为导向、以财政政策和货币政策为主要手段的宏观调控体系。要继续健全灵活、高效的宏观调控手段。要发挥财政政策在促进经济增长、优化结构、调节收入方面的重要功能，发挥货币政策在保持币值稳定和总量平衡方面的重要功能。为实现保持经济总量平衡，促进经济结构优化的宏观调控目标：要注重运用利率杠杆，调节资金供求，实现信贷平衡；利用税率杠杆，调节国民收入分配，实现财政收支平衡；运用汇率杠杆，调节外汇供求，实现国际收支平衡；通过调整折旧率，加速产业技术进步。还要运用政策性金融和财政收支，支持新的经济增长点的形成，加大结构调整的力度，加强财政政策及货币政策与产业、价格等政策手段协调配合。同时，还要发挥投资、消费、外资外贸、市场准入、土地、区域政策、节能环保等政策工具的支撑作用。

第三，推进宏观调控目标制定和政策手段运用机制化。包括：建立健全宏观经济形势分析研判机制和监测预测预警信息会商机制，完善现代化的经济信息系统和经济监测、预测体系，建立以政策引导、信息发布等间接调控手段为主的投资宏观调控体系，建立和完善信息网络组织；建立健全重大问题研究和政策储备工作机制；建立健全社会听证、信息公开、公众参与、专家咨询等民主决策机制；建立健全政策评估和调整机制，提高相机抉择水平；推进宏观调控政策统筹协调机制建设,增强宏观政策调控前瞻性、针对性、协同性。

第四,形成参与国际宏观经济政策协调的机制,进一步完善国际经济治理结构。密切跟踪国际经济形势和主要经济体宏观经济政策变化,主动加强与主要经济体的政策协调和沟通,更加积极地参与多双边国际经济合作。通过协调各国宏观经济政策、支持多边贸易体制和反对贸易保护主义、加强经济技术合作等,促进国家和地区之间的合作,实现互利共赢。提升国际话语权,促进国际经济秩序更加公正合理,营造有利于国内发展的制度环境,加快构建开放型经济新体制。

第五,建立强有力的发展战略和政策研究系统。在社会主义市场经济条件下,发展战略体系包括国民经济和社会发展的总体战略、产业结构优化和升级战略、区域经济协调发展战略、科教兴国战略、可持续发展战略、国际经济合作与竞争战略等。政府通过制定发展战略和政策,引导经济运行,是社会主义市场经济条件下,加强宏观管理的一个重要手段。在国民经济市场化和国际化程度不断提高的情况下,战略和政策的制定必须建立在科学研究和理性分析的基础之上,必须要有一个强有力的研究系统来支撑,要加强现有战略和政策研究队伍建设,提高队伍的政治素质和业务水平。

参考文献

[1] 郑新立. 郑新立文集. 北京：中国社会科学出版社，2016.

[2] 郑新立. 郑新立经济文选. 北京：社会科学文献出版社，2011.

[3] 郑新立. 国际经济分析与展望（2010—2011）. 北京：社会科学文献出版社，2011.

[4] 郑新立. 加快转变经济发展方式研究（2010—2011）. 北京：社会科学文献出版社，2011.

[5] 郑新立. 中国经济分析与展望（2010—2011）. 北京：社会科学文献出版社，2011.

[6] 郑新立. 国际经济分析与展望（2009—2010）. 北京：社会科学文献出版社，2010.

[7] 郑新立. 加快第三产业发展问题研究. 南宁：广西教育出版社，2010.

[8] 郑新立. 建立和完善深圳开放型经济体系. 北京：研究出版社，2010.

[9] 郑新立. 中国与世界年中经济分析与展望（2009—2010）. 北京：社会科学文献出版社，2010.

[10] 郑新立. 21世纪初的中国经济. 北京：社会科学文献出版社，2005.

[11] 郑新立. 乘势而上的中国经济. 北京：中国计划出版社，2004.

[12] 郑新立，周喜安. 中国：21世纪的工业化. 北京：经济科学出版社，2003.

[13] 郑新立. 论改革是中国的第二次革命. 北京：中国物价出版社，2001.

[14] 郑新立. 论新经济增长点. 北京：中国物价出版社，2001.

[15] 郑新立. 论抑制通胀和扩大内需. 北京：中国物价出版社，2001.

[16] 郑新立. 十五届五中全会文件学习读本. 北京：研究出版社，2001.

[17] 郑新立. 发展计划学. 北京：中国计划出版社，1999.

[18] 郑新立. 腾飞：经济建设的重大抉择与实践. 南宁：广西人民出版社, 1998.

[19] 郑新立. 迈向集约经营的战略转变. 北京：中国计划出版社, 1997.

[20] 郑新立. 新经济增长带. 北京：中国计划出版社, 1997.

[21] 郑新立. 工业发展政策. 北京：经济科学出版社, 1996.

[22] 郑新立. 学习全国人大八届四次会议《政府工作报告》辅导. 北京：中共中央党校出版社, 1996.

[23] 郑新立. 宏观经济政策分析（1993—1994，1994—1995）. 北京：中国计划出版, 1995.

[24] 郑新立. 经济体制六大改革. 北京：中共中央党校出版社, 1995.

[25] 郑新立. 中国支柱产业振兴方略. 北京：中国计划出版社, 1995.

[26] 郑新立. 现代政策研究全书. 北京：中国经济出版社, 1991.

[27] 郑新立. 提高经济效益之路. 北京：中国经济出版社, 1985.

[28] 徐伟. 中国开放型经济需求管理. 北京：中国经济出版社, 2011.

[29] 徐伟. 加快服务业发展的重点和政策. 北京：社会科学文献出版社, 2011.

[30] 徐伟. 我国消费投资比例关系变动趋势分析. 中国经济分析与展望（2012—2013）. 北京：社科文献出版社, 2013.

[31] 徐伟. 我国消费需求现状分析与对策. 中国智库经济观察（2011—2012）. 北京：社科文献出版社, 2012.

[32] 徐伟. 适应全球需求结构的重大变化，加快调整产业结构. 加快转变经济发展方式研究（2010—2011）. 北京：社科文献出版社, 2011.

[33] 綦鲁明. 我国政府与社会资本合作（PPP）模式实践与展望. 中国经济分析与展望（2014—2015）. 北京：社会科学文献出版社, 2015.

[34] 郑新立. 发展特色小镇可改变资源过度向大城市集聚趋向. 农村工作通讯, 2017 (7).

[35] 郑新立. 把土地资源用活、搞活、集约化. 农村工作通讯, 2017 (6).

[36] 郑新立. 全面把握好经济工作中的几个辩证关系. 求是, 2017 (4).

[37] 郑新立. 走新型城镇化道路 实施"千企千镇"工程. 宏观经济管理. 2017 (3).

[38] 郑新立. 实现十三五最大的新动能. 当代财经, 2017 (1).

[39] 郑新立. 要扩大企业按劳分配的比例. 中国经贸导刊, 2017 (13).

[40] 郑新立. 党的十八大以来坚持和完善我国基本经济制度的理论与实践. 求是, 2017 (12).

[41] 郑新立. 牢固树立并贯彻落实新发展理念. 求是, 2016 (13).

[42] 郑新立. 城乡一体化是最大的新动能. 全球化, 2016 (12).

[43] 郑新立. 当前宏观调控应把握好的三个辩证关系. 宏观经济管理, 2016 (12).

[44] 郑新立, 盛树仁, 李维敏等. 韩国的企划院制度及其在宏观调控体系中的地位和作用. 北方经济（黑龙江）, 1993 (2).

[45] 徐伟. 中国改革发展的理论开拓和实践探索——《郑新立文集》评介. 全球化, 2017 (3).

[46] 徐伟. 我国收入分配改革的演进过程、突出问题及解决对策. 中国经贸导刊, 2013 (10).

[47] 徐伟. 扩大消费需多策并举. 经济研究参考, 2012 (7).

[48] 徐伟. 服务业发展的重点领域分析. 中国市场, 2013 (3).

[49] 徐伟. 改善我国公共服务供给的对策建议. 中国经贸导刊, 2011 (13).

[50] 徐伟. 建立有利于转变经济发展方式的体制机制. 南风窗, 2011 (7).

[51] 武力. 中国计划经济的重新审视与评价. 当代中国史研究, 2003 (4).

[52] 穆敏, 杨明清. 中国计划经济体制的选择与历史评价. 工会论坛, 2001 (1).

[53] 刘国光. 改革开放前的中国的经济发展和经济体制. 中共党史研究, 2002 (4).

[54] 林中萍, 黄振奇. 关于由计划经济体制向社会主义市场经济体制过渡问题. 教学与研究, 1994 (3).

[55] 郑新立. 抓住重大问题推进供给侧结构性改革. 人民日报, 2017-02-16.

[56] 郑新立. 释放城乡一体化发展的新动能. 人民日报, 2017-01-17.

[57] 郑新立. 使改革精准对接发展所需. 光明日报, 2016-11-06.

[58] 郑新立. 中国经济增长的四大动能. 中国财经报, 2016-11-29.

[59] 郑新立. 把特色小镇作为城乡一体化突破口. 经济日报, 2016-11-10.

[60] 郑新立. 实施精准扶贫决胜全面小康. 光明日报, 2016-06-08.

[61] 郑新立. 抓住转变发展方式的历史机遇. 人民日报, 2016-08-18.

[62] 朱佳木. 关于在国史研究中如何正确评价计划经济的几点思考. http://www.hprc.org.cn/gsyj/jjs/jjzhds/200909/t20090914_31043.html.

[63] 沈宗武. 新中国学习苏联模式建设社会主义的原因、过程和结果. http://www.hprc.org.cn/gsyj/yjjg/zggsyjxh_1/gsnhlw_1/erguoshixslwj/200906/t20090628_12798.html.